1 MONTH OF
FREE
READING

at

www.ForgottenBooks.com

By purchasing this book you are
eligible for one month membership to
ForgottenBooks.com, giving you
unlimited access to our entire
collection of over 1,000,000 titles via
our web site and mobile apps.

To claim your free month visit:

www.forgottenbooks.com/free927460

ISBN 978-0-260-09347-9
PIBN 10927460

This book is a reproduction of an important historical work. Forgotten Books uses
state-of-the-art technology to digitally reconstruct the work, preserving the original format
whilst repairing imperfections present in the aged copy. In rare cases, an imperfection in
the original, such as a blemish or missing page, may be replicated in our edition. We do,
however, repair the vast majority of imperfections successfully; any imperfections that
remain are intentionally left to preserve the state of such historical works.

OEUVRES

COMPLÈTES

E VOLTAIRE,

AVEC

DES REMARQUES ET DES NOTES

HISTORIQUES, SCIENTIFIQUES ET LITTÉRAIRES.

COMMENTAIRES.

TOME III.

DEUXIÈME ÉDITION.

PARIS.

BAUDOUIN FRÈRES, ÉDITEURS,

RUE DE VAUGIRARD, N° 17.

M DCCC XXVI.

COMMENTAIRES

SUR

MOLIÈRE, CRÉBILLON, SHAKESPEARE ET CORNEILLE.

REMARQUES

SUR DON SANCHE D'ARAGON,

COMÉDIE HÉROÏQUE REPRÉSENTÉE EN 1651.

———

PRÉFACE DU COMMENTATEUR.

Ce genre, purement romanesque, dénué de tout ce qui peut émouvoir, et de tout ce qui fait l'ame de la tragédie, fut en vogue avant Corneille. *Don Bernard de Cabrera*, *Laure persécutée*, et plusieurs autres pièces, sont dans ce goût; c'est ce qu'on appelait *comédie héroïque*, genre mitoyen qui peut avoir ses beautés. La comédie de *l'Ambitieux*, de Destouches, est à peu près du même genre, quoique beaucoup au dessous de *Don Sanche d'Aragon*, et même de *Laure*. Ces espèces de comédies furent inventées par les Espagnols. Il y en a beaucoup dans Lope de Vega. Celle-ci est tirée d'une pièce espagnole, intitulée *el Palacio confuso*, et du roman de Pélage.

Peut-être les comédies héroïques sont-elles préférables à ce qu'on appelle la *tragédie bourgeoise*, ou la *comédie larmoyante*. En effet, cette comédie larmoyante, absolument privée de comique, n'est au fond qu'un monstre né de l'impuissance d'être ou plaisant ou tragique.

Celui qui ne peut faire ni une vraie comédie ni une vraie tragédie, tâche d'intéresser par des aventures bourgeoises attendrissantes : il n'a pas le don du comique ; il cherche à y suppléer par l'intérêt : il ne peut s'élever au cothurne ; il rehausse un peu le brodequin.

Il peut arriver sans doute des aventures très funestes à de simples citoyens ; mais elles sont bien moins attachantes que celles des souverains, dont le sort entraîne celui des nations. Un bourgeois peut être assassiné comme Pompée ; mais la mort de Pompée fera toujours un tout autre effet que celle d'un bourgeois.

Si vous traitez les intérêts d'un bourgeois dans le style de *Mithridate,* il n'y a plus de convenance ; si vous représentez une aventure terrible d'un homme du commun en style familier, cette diction familière, convenable au personnage, ne l'est plus au sujet. Il ne faut point transposer les bornes des arts : la comédie doit s'élever, et la tragédie doit s'abaisser à propos ; mais ni l'une ni l'autre ne doit changer de nature.

Corneille prétend que le refus d'un suffrage illustre fit tomber son *Don Sanche.* Le suffrage qui lui manqua fut celui du grand Condé. Mais Corneille devait se souvenir que les dégoûts et les critiques du cardinal de Richelieu, homme plus accrédité dans la littérature que le grand Condé, n'avaient pu nuire au *Cid*. Il est plus aisé à un prince de faire la guerre civile que d'anéantir un bon ouvrage. *Phèdre* se releva bientôt malgré la cabale des hommes les plus puissans.

Si *Don Sanche* est presque oublié, s'il n'eut jamais un grand succès, c'est que trois princesses amoureuses d'un inconnu, débitent les maximes les plus froides d'amour et de fierté; c'est qu'il ne s'agit que de savoir qui épousera ces princesses; c'est que personne ne se souaie qu'elles soient mariées ou non. Vous verrez toujours l'amour traité, dans les pièces suivantes de Corneille, du style froid et entortillé des mauvais romans de ce temps-là. Vous ne verrez jamais les sentimens du cœur développés avec cette noble simplicité, avec ce naturel tendre, avec cette élégance, qui nous enchantent dans le quatrième Livre de Virgile, dans certains morceaux d'Ovide, dans plusieurs rôles de Racine; mérite que, depuis Racine, personne n'a connu parmi nous, dont aucun auteur n'a approché en Italie depuis le *Pastor fido;* mérite entièrement ignoré en Angleterre, et même dans le reste de l'Europe.

Corneille est trop grand par les belles scènes du *Cid*, de *Cinna,* des *Horaces*, de *Polyeucte*, de *Pompée, etc.*, pour qu'on puisse le rabaisser en disant la vérité. Sa mémoire est respectable; la vérité l'est encore davantage. Ce *Commentaire* est principalement destiné à l'instruction des jeunes gens. La plupart de ceux qui ont voulu imiter Corneille, et qui ont cru qu'une intrigue froide, soutenue de quelques maximes de méchanceté qu'on appelle *politique,* et d'insolence qu'on appelle *grandeur,* pourrait soutenir leurs pièces, les ont vues tomber pour jamais. Corneille suppose toujours, dans les examens de ses pièces, depuis *Théodore* et *Pertharite,* quelque petit défaut qui a nui à ses ouvrages; et il oublie toujours que le froid, qui est le plus grand défaut, est ce qui les tue.

La grandeur héroïque de don Sanche, qui se croit fils d'un pêcheur, est d'une beauté dont le genre était inconnu en France; mais c'est la seule chose qui pût soutenir cette pièce, indigne d'ailleurs de l'auteur de *Cinna.* Le succès dépend presque toujours du sujet. Pourquoi Corneille choisit-il un roman espagnol, une comédie espagnole, pour son modèle, au lieu de choisir dans l'histoire romaine et dans la fable grecque?

C'eût été un très beau sujet qu'un soldat de fortune qui rétablit sur le trône sa maîtresse et sa mère, sans les connaître; mais il faudrait que dans un tel sujet tout fût grand et intéressant.

DON SANCHE D'ARAGON,

COMÉDIE HÉROÏQUE.

———

ACTE PREMIER.
SCÈNE I.

V. 1.   Après tant de malheurs, enfin le ciel propice
   S'est résolu, ma fille, à nous faire justice.

On a déja observé qu'il ne faut jamais manquer à la grande loi de faire connaître d'abord ses personnages et le lieu où ils sont. Voilà une mère et une fille dont on ne connaît les noms que dans la liste imprimée des acteurs. Comment les deviner ; comment savoir que la scène est à Valladolid ? On ne sait pas non plus quelle est cette reine de Castille dont on parle. Si votre sujet est grand et connu comme la mort de Pompée, vous pouvez tout d'un coup entrer en matière ; les spectateurs sont au fait, l'action commence dès le premier vers, sans obscurité : mais si les héros de votre pièce sont tous nouveaux pour les spectateurs, faites connaître dès les premiers vers leurs noms, leurs intérêts, l'endroit où ils parlent.

V. 3.   Notre Aragon, pour nous presque tout révolté...
   Se remet sous nos lois, et reconnaît ses reines ;
   Et par ses députés, qu'aujourd'hui l'on attend,
   Rend d'un si long exil le retour éclatant.

Il semble, par la phrase, que ce soit l'exil qui retourne. La diction est aussi obscure que l'exposition.

V. 16. Le peuple vous rappelle, et peut vous dédaigner,
    Si vous ne lui portez, au retour de Castille,
    Que l'avis d'une mère, et le nom d'une fille.

Au retour de Castille n'est pas plus Français que le retour de l'exil, et est beaucoup plus obscur.

V. 24. On aime votre sceptre, on vous aime ; et, sur tous,
    Du comte don Alvar la vertu non commune
    Vous aima dans l'exil, et durant l'infortune.

Le comte don Alvar qui aima dona Elvire sur tous est bien moins français encore.

V. 27. Qui vous aima sans sceptre, et se fit votre appui,
    Quand vous le recouvrez, est bien digne de lui.

Lui ne se dit jamais des choses inanimées à la fin d'un vers. Cela paraît une bizarrerie de la langue, mais c'est une règle.

V. 41. . . . . Une secrète flamme
    A déja malgré moi fait ce choix dans votre ame :

Une secrète flamme qui fait un choix!

V. 51. Mais combien a-t-on vu de princes déguisés...
    Dompter des nations, gagner des diadèmes,

On ne dit-point *gagner des diadèmes;* c'est peut-être encore une bizarrerie.

V. 56. J'aime et prise en Carlos ses rares qualités.
Il n'est point d'ame noble en * qui tant de vaillance
N'arrache cette estime et cette bienveillance :
Et l'innocent tribut de ces affections,
Que doit toute la terre aux belles actions,
N'a rien qui déshonore une jeune princesse.
En cette qualité je l'aime et le caresse, etc.

Carlos, en qui tant de vaillance arrache l'estime et la bienveillance; et l'innocent tribut des affections que toute la terre doit aux belles actions; et *dona Elvire qui l'aime et le caresse en cette qualité!* Il faut avouer que voilà un amas d'expressions impropres et de fautes contre la syntaxe, qui forment un étrange style.

V. 81. S'y voyant sans emploi, sa grande ame inquiète
Veut bien de don Garcie achever la défaite.

Il faudrait que ce don Garcie fût d'abord connu; le spectateur ne sait ni où il est, ni qui parle, ni de qui l'on parle.

V. 85. Mais, quand il vous aura sur le trône affermie,
Et jeté sous vos pieds la puissance ennemie...

Jeter une puissance sous les pieds!

V. 89. Madame, la reine entre.

Quelle reine? Rien n'est annoncé, rien n'est développé. C'est surtout dans ces sujets romanesques entièrement inconnus au public, qu'il faut

* L'édition suivie par Voltaire porte *en qui;* le véritable texte est à *qui.*

avoir soin de faire l'exposition la plus nette et la plus précise.

> J'aimerais encor mieux qu'il déclinât son nom,
> Et dît : Je suis Oreste, ou bien Agamemnon.

SCÈNE II.

V. 1. . . . . Aujourd'hui donc, madame,
    Vous allez d'un héros rendre heureuse la flamme,
    Et, d'un mot, satisfaire aux plus ardens souhaits
    Que poussent vers le ciel vos fidèles sujets.

Des souhaits qu'on pousse ! et madame, qui va rendre heureuse la flamme !

V. 7. Je fais dessus moi-même un illustre attentat
    Pour me sacrifier au repos de l'état.
    Que c'est un sort fâcheux et triste que le nôtre
    De ne pouvoir régner que sous les lois d'un autre ;
    Et qu'un sceptre soit cru d'un si grand poids pour nous,
    Que pour le soutenir il nous faille un époux !

Et Isabelle qui fait un illustre attentat sur elle-même, et un sceptre qui est cru !

V. 30. On vous obéira, qui qu'il vous plaise élire.

Cela n'est ni élégant ni harmonieux.

V. 33. Le rang que nous tenons, jaloux de notre gloire,
    Souvent dans un tel choix nous défend de nous croire,
    Jette sur nos désirs un joug impérieux, etc.

Un joug impérieux jeté sur les désirs !

SCÈNE III.

V. 14. Mais quoique mon dessein soit d'y borner mon choix...
Je veux, en le fesant, pouvoir ne le pas faire.

Quels vers! Nous avons déja dit qu'on doit éviter ce mot *faire* autant qu'on le peut.

V. 23. Ce n'est point ni son choix, ni l'éclat de ma race,
Qui me font, grande reine, espérer cette grace.

Ce n'est point est ici un solécisme; il faut *ce n'est ni son choix.*

V. 25. Je l'attends de vous seule et de votre bonté,
Comme on attend un bien qu'on n'a pas mérité,
Et dont, sans regarder service ni famille,
Vous pouvez faire part au moindre de Castille.

Au moindre de Castille est un barbarisme; il faut *au moindre guerrier, au moindre gentilhomme de la Castille.* La plus grande faute est que cela n'est pas vrai. Elle ne peut choisir le moindre sujet de la Castille.

V. 64. Tout beau, tout beau, Carlos! d'où vous vient cette audace?

Tout beau, tout beau, pourrait être ailleurs bas et familier, mais ici je le crois très bien placé; cette manière de parler est assez convenable, d'un seigneur très fier à un soldat de fortune. Cela forme une situation singulière et intéressante, inconnue jusque là au théâtre. Elle donne lieu tout naturellement à Carlos de parler dignement de ses grandes actions. La vertu qui s'élève quand on veut l'avilir produit presque toujours de belles choses.

V. 72. . . . . Nous vous avons vu faire,
Et savons mieux que vous ce que peut votre bras.

Faire est ici plus supportable ; mais il n'est que supportable. Racine n'aurait jamais dit, *nous vous avons vu faire.*

V. 74. Vous en êtes instruits, et je ne la suis pas.

Elle devrait certainement le savoir : Carlos est à sa cour ; Carlos a fait des actions connues de tout le monde ; il a sauvé la Castille, et elle dit qu'elle n'en sait rien ! Il était aisé de sauver cette faute, et la reine, qui a de l'inclination pour Carlos, pouvait prendre un autre tour. Observez qu'il faut *et je ne le suis pas**. S'il y avait là plusieurs reines, elles diraient, *nous ne le sommes pas*, et non *nous ne les sommes pas*. Ce *le* est neutre ; on a déjà fait cette remarque, mais on peut la répéter pour les étrangers.

V. 75. . . . . Il importe aux monarques
Qui veulent aux vertus rendre de dignes marques,
De les savoir connaître, et ne pas ignorer
Ceux, d'entre leurs sujets qu'ils doivent honorer.

Rendre de dignes marques est un barbarisme.

---

* Les éditions de Corneille, et notamment l'*in-folio* de 1664, portent *je ne le suis pas.*

V. 79. **Je ne me croyais pas être ici pour l'entendre.**

C'est un solécisme ; il faut : *je ne croyais pas être ici.*

V. 91. **Ce même roi me vit dedans l'Andalousie.**

On a déja fait voir combien *dedans* est vicieux, et surtout quand il s'agit d'une province; c'est alors un solécisme.

V. 108. **Voilà dont le feu roi me promit récompense.**

Voilà dont est un solécisme; il faut, *voilà les services, les exploits, les actions, dont, etc.*

V. 112. **Je prends sur moi sa dette, et je vous la fais bonne,**

est trop trivial; c'est le style des marchands.

V. 121. **Se pare qui voudra des noms de ses aïeux,**
    Moi, je ne veux porter que moi-même en tous lieux, etc.

Cette tirade était digne d'être imitée par Corneille, et l'on voit que si elle n'était pas dans l'espagnol, il l'aurait faite. Il est vrai que *mon bras est mon père* est trop forcé.

V. 125. **Mais pour en quelque sorte obéir à vos lois,**
    Seigneur, pour mes parens, je nomme mes exploits;
    Ma valeur est ma race, et mon bras est mon père.

Quand *pour* est suivi d'un verbe, il ne faut ni d'adverbe entre deux, ni rien qui tienne lieu d'adverbe.

V. 147. . . . .·. . Hé bien, je l'anoblis,
    Quelle que soit sa race et de qui qu'il soit fils.

Il faut éviter soigneusement ces cacophonies. On a déja remarqué cette faute.

V. 154. Au choix de ses états elle veut demeurer.

Demeurer au choix est un barbarisme; il faut *s'en tenir au choix,* ou *demeurer attachée au choix des états.*

V. 156. Elle prend vos transports pour un excès de flamme...
    . . . . Au lieu d'en punir le zèle injurieux,
    Sur un crime d'amour elle ferme les yeux.

Le zèle injurieux d'un excès de flamme!

V. 160. Ne faites point ici de fausse modestie.

Faire de fausse modestie, barbarisme et solécisme; il faut *n'affectez point ici de fausse modestie.* Mais il ne s'agit pas ici de modestie quand Manrique parle d'antipathie : c'est jouer au propos interrompu.

V. 175. Marquis, prenez ma bague...

La bague du marquis vaut bien l'anneau royal d'Astrate. Cela est tout espagnol.

Ibid. . . . . Et la donnez pour marque
    Au plus digne des trois, que j'en fasse un monarque;

barbarisme et solécisme.

SCÈNE IV.

V. 18. Comtes, de cet anneau dépend le diadème :
Il vaut bien un combat; vous avez tous du cœur :
Et je le garde... — A qui, Carlos? — A mon vainqueur.

Cela est digne de la tragédie la plus sublime. Dès qu'il s'agit de grandeur, il y en a toujours dans les pièces espagnoles. Mais ces grands traits de lumière, qui percent l'ombre de temps en temps, ne suffisent pas : il faut un grand intérêt; nulle langueur ne doit l'interrompre; les raisonnemens politiques, les froids discours d'amour, le glacent; et les pensées recherchées, les tours forcés, l'affaiblissent.

SCÈNE V.

V. 13. Les rois de leurs faveurs ne sont jamais comptables;
Ils font, comme il leur plaît, et défont nos semblables.

Cela n'était pas vrai dans ce temps-là; un roi de Castille ou d'Aragon n'avait pas le droit de destituer un homme titré.

ACTE SECOND.
SCÈNE I.

Cette scène et toutes les longues dissertations sur l'amour et la fierté ont toujours un défaut; et ce vice, le plus grand de tous, c'est l'ennui. On ne va au théâtre que pour être ému. L'ame veut toujours être hors d'elle-même, soit par la gaieté, soit par l'attendrissement, et au moins par la curiosité. Aucun de ces buts n'est atteint, quand une Blanche dit à sa reine: *Vous l'avez honoré sans vous déshonorer;* et que la reine réplique que, *pour honorer sa générosité, l'amour s'est joué de son autorité, etc.*

Les scènes suivantes de cet acte sont à peu près dans le même goût, et tout le nœud consiste à différer le combat annoncé, sans aucun événement qui attache, sans aucun sentiment qui intéresse.

Il y a de l'amour, comme dans toutes les pièces de Corneille; et cet amour est froid, parce qu'il n'est qu'amour. Ces reines qui se passionnent froidement pour un aventurier ajouteraient la plus grande indécence à l'ennui de cette intrigue, si le spectateur ne se doutait pas que Carlos est autre chose qu'un soldat de fortune. On a condamné l'infante du *Cid,* non seulement parce qu'elle est inutile, mais parce qu'elle ne parle que de son amour pour Rodrigue. On condamna de même, dans son *Don Sanche,* trois princesses éprises d'un inconnu, qui a fait bien moins de grandes choses que le Cid; et le pis de tout cela c'est que l'amour de ces princesses ne produit rien du tout dans la pièce. Ces fautes sont des auteurs espagnols; mais Corneille ne devait pas les imiter.

A l'égard du style, il est à la fois incorrect et recherché, obscur et faible, dur et traînant. Il n'a rien de cette élégance et de ce piquant qui sont absolument nécessaires dans un pareil sujet.

Il faudrait charger les pages de remarques plus longues que le texte, si on voulait critiquer en détail les expressions. Les remarques sur le premier acte peuvent suffire pour faire voir aux commençans ce qu'ils doivent imiter, et ce qu'ils ne doivent pas suivre. Les solécismes et les barbarismes dont cette pièce fourmille seront assez sentis. Comme Corneille n'avait point encore de rivaux, il écrivait avec une extrême négligence; et quand il fut éclipsé par Racine il écrivit encore plus mal.

V. 28. Je voulais seulement essayer leur respect, etc.

Essayer le respect; un choix qui donne la peine; il est bien dur à qui se voit régner; l'amour à la faveur trouve une pente aisée; il est attaché à l'intérét du spectre; un outrage invisible revêtu de gloire! Que dire d'un pareil galimatias, il faut se taire, et ne pas continuer d'inutiles remarques sur une pièce qu'il n'est pas possible de lire. Il y a quelques beaux morceaux sur la fin : nous en parlerons avec d'autant plus de plaisir, que nous ressentons plus de peine à être obligés de critiquer toujours. C'est suivant ce principe que nous ne les reprenons qu'au cinquième acte.

ACTE CINQUIÈME.

SCÈNE V.

V. 27. Je suis bien malheureux si je vous fais pitié.

Tout ce que dit ici Carlos est grand, sans enflure, et d'une beauté vraie. Il n'y a que ce vers, pris de l'espagnol, dont le bon goût puisse être mécontent :

> A l'exemple du ciel, j'ai fait beaucoup de rien.

Ces traits hardis surprennent souvent le parterre; mais y a-t-il rien de moins convenable que de se comparer à Dieu? Quel rapport les actions d'un soldat qui s'est élevé peuvent-elles avoir avec la création? On ne saurait être trop en garde contre ces hyperboles audacieuses qui peuvent éblouir des jeunes gens, que tous les hommes sensés réprouvent, et dont vous ne trouverez jamais d'exemple, ni dans Virgile, ni dans Cicéron, ni dans Horace, ni dans Racine.

Remarquez encore que le mot *ciel* n'est pas ici

à sa place, attendu que Dieu a créé le ciel et la terre, et qu'on ne peut dire en cette occasion que *le ciel a fait beaucoup de rien.*

V. 87. **Mais je vous tiens ensemble heureux au dernier point**
         D'être né d'un tel père et de n'en rougir point.

Ce dernier vers est très beau et digne de Corneille. Au reste, le dénoûment est à l'espagnole.

REMARQUES SUR NICOMÈDE,

TRAGÉDIE REPRÉSENTÉE EN 1652.

PRÉFACE DU COMMENTATEUR.

Nicomède est dans le goût de *Don Sanche d'Aargon*. Les Espagnols, comme on l'a déja dit, sont les inventeurs de ce genre qui est une espèce de comédie héroïque. Ce n'est ni la terreur ni la pitié de la vraie tragédie : ce sont des aventures extraordinaires, des bravades, des sentimens généreux, et une intrigue dont le dénoûment heureux ne coûte ni de sang aux personnages ni de larmes aux spectateurs. L'art dramatique est une imitation de la nature, comme l'art de peindre. Il y a des sujets de peinture sublimes, il y en a de simples ; la vie commune, la vie champêtre, les paysages, les grotesques même, entrent dans cet art. Raphael a peint les horreurs de la mort, et les noces de Psyché. C'est ainsi que dans l'art dramatique on a la pastorale, la farce, la comédie, la tragédie, plus ou moins héroïque, plus ou moins terrible, plus ou moins attendrissante.

Lorsqu'on rejoua, en 1756, *Nicomède*, oubliée pendant plus de quatre-vingts ans, les comédiens du roi ne l'annoncèrent que sous le titre de tragi-comédie. Cette pièce est peut-être une des plus fortes preuves du génie de Corneille, et je ne suis pas étonné de l'affection qu'il avait pour elle. Ce genre est non seulement le moins théâtral de tous, mais le plus difficile à traiter. Il n'a point cette magie qui transporte l'ame, comme le dit si bien Horace :

« Ille per extentum funem mihi posse videtur
« Ire poeta meum qui pectus inaniter angit,
« Irritat, mulcet, falsis terroribus implet
« Ut magus ; et modo me Thebis, modo ponit Athenis. »

HOR., *ep.* 1, lib. 11.

Ce genre de tragédie ne se soutenant point par un sujet pathétique, par de grands tableaux, par les fureurs des passions, l'auteur ne peut qu'exciter un sentiment d'admiration pour le héros de la pièce. L'admiration n'émeut guère l'ame, ne la trouble point. C'est de tous les sentimens celui qui se refroidit le plus tôt. Le caractère de Nicomède avec une intrigue terrible, telle que celle de *Rodogune,* eût été un chef-d'œuvre.

NICOMÈDE,

TRAGÉDIE.

———

ACTE PREMIER.

SCÈNE I.

V. 1. Après tant de hauts faits, il m'est bien doux, seigneur,
De voir encor mes yeux régner sur votre cœur.

On ne voit point ses yeux. Cette figure manque un peu de justesse; mais c'est une faute légère.

V. 3. De voir sous les lauriers qui vous couvrent la tête...

Ce *vous* rend l'expression trop vulgaire. *Je me suis couvert la tête; vous vous êtes fait mal au pied.* Il faut chercher des tours plus nobles. Rarement alors on s'étudiait à perfectionner son style.

V. 4. Un si grand conquérant être encor ma conquête.

Corneille paraît affectionner ces vers d'antithèse :

Ce qu'il doit au vaincu brûlant pour le vainqueur,
Et pour être invaincu l'on n'est pas invincible.
J'irai sous mes cyprès accabler ses lauriers.

Ces figures ne doivent pas être prodiguées. Racine s'en sert très rarement. Cependant il a imité ce vers dans *Andromaque* :

Mener en conquérant sa superbe conquête.

Il dit aussi :

> Vous me voulez aimer, et je ne puis vous plaire.
> Vous m'aimeriez, madame, en me voulant haïr.

> « ... Non ego paucis
> « Offendar maculis... ».
>
> HORAT.

V. 5.   Et de toute la gloire acquise à ses travaux
    Faire un illustre hommage à ce peu que je vaux.

Cette manière de s'exprimer est absolument bannie. On dirait à présent, dans le style familier, *au peu que je vaux.* L'épithète d'*illustre* gâte presque tous les vers où elle entre, parce qu'elle ne sert qu'à remplir le vers, qu'elle est vague, qu'elle n'ajoute rien au sens.

V. 9.   Je vous vois à regret, faut mon cœur amoureux
    Trouve la cour pour vous un séjour dangereux.

Il ne sied point à une princesse de dire qu'elle est amoureuse, et surtout de commencer une tragédie par ces expressions qui ne conviennent qu'à une bergère naïve. Nous avons observé ailleurs qu'un personnage doit faire connaître ses sentiments sans les exprimer grossièrement. Il faut qu'on découvre sans ambition, sans qu'il ait besoin de dire *je suis ambitieux;* sa jalousie, sa colère, ses soupçons; et qu'il ne dise pas, *je suis colère, je suis soupçonneux, jaloux,* à moins que ce ne soit un aveu qu'il fasse de ses passions.

V. 15. La haine que pour vous elle a si naturelle...

L'inversion de ce vers gâte et obscurcit un sens clair, qui est: *la haine naturelle qu'elle a pour vous.* Que Racine dit la même chose bien plus élégamment!

> Des droits de ses enfans une mère jalouse
> Pardonne rarement au fils d'une autre épouse.

V. 16. A mon occasion encor se renouvelle.

A mon occasion est de la prose rampante.

V. 18. Je le sais, ma princesse, et qu'il vous fait la cour.

Faire la cour, dans cette acception, est banni du style tragique. *Ma princesse* est devenu comique, et ne l'était point alors.

V. 19. Je sais que les Romains, qui l'avaient en otage,
L'ont enfin renvoyé pour un plus digne ouvrage;
Que ce don à sa mère était le prix fatal
Dont leur Flaminius marchandait Annibal.

Cette expression populaire, *marchandait,* devient ici très énergique et très noble, par l'opposition du grand nom d'Annibal, qui inspire du respect. On dirait très bien, même en prose: « Cet empe- « reur, après avoir *marchandé* la couronne, trafi- « qua du sang des nations. » Mais ce *don dont leur Flaminius* n'est ni harmonieux ni français; on ne marchande point d'un don.

V. 23. Que le roi par son ordre eût livré ce grand homme,
      S'il n'eût par le poison lui-même évité Rome.

Éviter une ville par le poison est une espèce de barbarisme ; il veut dire, *éviter par le poison la honte d'être livré aux Romains, l'opprobre qu'on lui destinait à Rome.*

V. 25. Et rompu par sa mort les spectacles pompeux
      Où l'effroi de son nom le destinait chez eux.

Rompre des spectacles n'est pas français. Par une singularité commune à toutes les langues, on interrompt des spectacles, quoiqu'on ne les rompe pas ; on corrompt le goût, on ne le rompt pas. Souvent le composé est en usage quand le simple n'est pas admis ; il y en a mille exemples.

V. 37. Et je ne vois que vous qui le puisse arrêter,
      Pour aider à mon frère à vous persécuter.

Aider à quelqu'un est une expression populaire : *aidez-lui à marcher.* Il faut *pour aider mon frère.*

V. 41. Annibal, qu'elle vient de lui sacrifier,
      L'engage en sa querelle, et m'en fait défier.

A quoi se rapporte cet *en? Me fait défier* n'est pas français. Il veut dire, *me donne des soupçons sur elle, me force à me défier d'elle.*

V. 45. Ma gloire et mon amour peuvent bien peu sur moi,
      S'il faut votre présence à soutenir ma foi.

Une présence à soutenir la foi n'est pas français. On dit, *il faut soutenir,* et non *à soutenir.*

V. 49.   Attale, qu'en otage ont nourri les Romains,
          Ou plutôt qu'en esclave ont façonné leurs mains,
          Sans lui rien mettre au cœur qu'une crainte servile,
          Qui tremble à voir une aigle et respecte un édile.

La crainte qui tremble paraît une expression faible et négligée, un pléonasme. Ce vers est très beau, *qui tremble à voir une aigle et respecte un édile.*

V. 56.   Et si Rome une fois contre nous s'intéresse.

On se ligue, on entreprend, on agit, on conspire *contre*, mais on s'intéresse *pour*. On peut dire : *Rome est intéressée dans un traité contre nous. Contre* tombe alors sur le traité. Cependant je crois qu'on peut dire en vers, *s'intéresse contre nous :* c'est une espèce d'ellipse.

V. 63.   . . . . La reine d'Arménie
          Est due à l'héritier du roi de Bithynie,
          Et ne prendra jamais un cœur assez abject
          Pour se laisser réduire à l'hymen d'un sujet.

Cette expression de *prendre un cœur*, pour signifier *prendre des sentimens*, n'est guère permise que quand on dit : *prenez un cœur nouveau*, ou bien, *reprendre un cœur, reprendre courage.*

V. 73.   Et saura vous garder même fidélité
          Qu'elle a gardée aux droits de l'hospitalité.

Même fidélité qu'elle a gardée est un solécisme; il faut *la même fidélité*, ou *cette fidélité.*

V. 77. **Seigneur, votre retour, loin de rompre ses coups,**
    Vous expose vous-même, et m'expose après vous.

On ne rompt pas plus des coups que des spectacles.

V. 79. **Comme il est fait sans ordre, il passera pour crime.**

Faire un retour est un barbarisme.

V. 83. **Si j'ai besoin de vous de peur qu'on me contraigne,**
    J'ai besoin que le roi, qu'elle-même vous craigne.

.Il faudrait, pour que la phrase fût exacte, la négation *ne*, *qu'on ne me contraigne*. En général, voici la règle. Quand les Latins emploient le *ne*, nous l'employons aussi. *Vereor ne cadat*, je crains qu'il ne tombe; mais quand les Latins se servent de *ut*, *utrum*, nous supprimons ce *ne*. *Dubito utrum eas*, je doute que vous alliez; *opto ut vivas*, je souhaite que vous viviez. Quand *je doute* est accompagné d'une négation, *Je ne doute pas*, on la redouble pour exprimer la chose : *Je ne doute pas que vous ne l'aimiez*. La suppression du *ne* dans le cas où il est d'usage est une licence qui n'est permise que quand la force de l'expression la fait pardonner.

V. 88. **S'ils vous tiennent ici, tout est pour eux sans crainte,**

n'est pas français, et n'a de sens en aucune langue. Il veut dire, *tout est sûr pour eux, ils n'ont rien à*

*craindre, ils sont maîtres de tout; ils peuvent tout;
tout les rassure.*

V. 89. Et ne vous flattez point, ni sur votre grand cœur,
      Ni sur l'éclat d'un nom cent et cent fois vainqueur.

Un nom n'est pas vainqueur, à moins qu'on
n'exprime que la terreur seule de ce nom a tout
fait. On dit alors noblement, *son nom seul a vaincu.*
Il ne faut jamais se servir de ces mots inutiles,
cent et cent fois.

V. 91. Quelque haute valeur que puisse être la vôtre...

Ce vers est défectueux. Il est vrai qu'il n'était
pas facile; mais ce sont ces mêmes difficultés qui,
lorsqu'elles sont vaincues, rendent la belle poésie
si supérieure à la prose.

V. 92. Vous n'avez en ces lieux que deux bras comme un autre.

Voilà de ces vers de la basse comédie qu'on se
permettait trop souvent dans le style noble.

V. 101. Deux (assassins) s'y sont découverts, que j'amène avec moi,
      Afin de la convaincre et détromper le roi.

Il faut pour l'exactitude, *et de détromper.* Mais
cette licence est souvent très excusable en vers; il
n'est pas permis de la prendre en prose.

V. 105. Trois sceptres à son trône attachés par mon bras
      Parleront au lieu d'elle, et ne se tairont pas.

Toute métaphore, comme on l'a dit, pour être

bonne, doit être une image qu'on puisse peindre. Mais comment peindre trois sceptres qu'un bras attache à un trône, et qui parlent? D'ailleurs, puisque les sceptres parleront, il est clair qu'ils ne se tairont pas. Ces sortes de pléonasmes sont les plus vicieux; ils retombent quelquefois dans ce qu'on appelle le style niais: *Hélas! s'il n'était vas mort, il serait encore en vie.*

V. 118. Il ne m'a jamais vu; ne me découvrez pas.

Il serait mieux, à mon avis, que Nicomède apportât quelque raison qui fît voir qu'il ne doit pas être reconnu par son frère avant d'avoir parlé au roi. Il semble que Nicomède veuille seulement se procurer ici le plaisir d'embarrasser son frère, et que l'auteur ne songe qu'à ménager une de ces scènes théâtrales. Celle-ci est plutôt de la haute comédie que de la tragédie. Elle est attachante, et, quoiqu'elle ne produise rien dans la pièce, elle fait plaisir.

SCÈNE II.

V. 5. Si ce front est mal propre à m'acquérir le vôtre,
       Quand j'en aurai dessein j'en saurai prendre un autre.

Mal propre, dans toutes ses acceptions, est absolument banni du style noble; et par la construction il semble que le front de Laodice soit mal propre à acquérir le front d'Attale. De plus, *prendre un front* èst un barbarisme. On dit bien , *il prit un visage sévère, un front serein* ou *triste;* mais en général on ne peut pas dire *prendre un front,* parce qu'on ne peut pas prendre ce qu'on a. Il faut ajouter une épithète qui marque le sentiment qu'on peint sur son front, sur son visage.

V. 7.   Vous ne l'acquerrez point, puisqu'il est tout à vous.

Ces complimens, ces dialogues de conversation, ne doivent pas entrer dans la tragédie.

V. 8.   Je n'ai donc pas besoin d'un visage plus doux.

Avoir besoin d'un visage !

V. 10.   C'est un bien mal acquis, que j'aime mieux vous rendre.

Laodice commence à prendre le ton de l'ironie, Corneille l'a prodiguée dans cette pièce d'un bout à l'autre. Il ne faut pas soutenir un ouvrage entier par la même figure. L'ironie par elle-même n'a rien de tragique; il faudrait au moins qu'elle fût noble : mais *un bien mal acquis* est comique.

V. 14.   Pour garder votre cœur, je n'ai pas où le mettre.

Après les beaux vers que Laodice a débités dans la scène précédente et va débiter encore, on ne peut, sans chagrin, lui voir prendre si souvent le ton du bas comique. Ce vers serait à peine souffert dans une farce.

V. 15. La place est occupée...

ressemble trop à *la signora è impedita* des Italiens. On ne doit jamais employer de ces expressions familières qui rappellent des idées comiques. C'est alors surtout qu'on doit chercher des tours nobles.

V. 18. Que celui qui l'occupe a de bonne fortune!

Ce vers est comique et n'est pas français. On ne dit point, *il a bonne fortune, mauvaise fortune;* et on sait ce qu'on entend par *bonnes fortunes* dans la conversation : c'est précisément par cette raison que cette expression doit être bannie du théâtre tragique.

V. 19. Et que serait heureux qui pourrait aujourd'hui
　　　　Disputer cette place, et l'emporter sur lui!

Que serait heureux qui n'est pas français. *Qu'ils sont heureux ceux qui peuvent aimer!* est un fort joli vers. *Que sont heureux ceux qui peuvent aimer!* est un barbarisme. Remarquez qu'un seul mot de plus ou de moins suffit pour gâter absolument les plus nobles pensées et les plus belles expressions.

V. 23. Et l'on ignore encor parmi ses ennemis
　　　　L'art de reprendre un fort qu'une fois il a pris. —
　　　　Celui-ci toutefois peut s'attaquer de sorte
　　　　Que, tout vaillant qu'il est, il faudra qu'il en sorte.

Toutes les fois que l'on emploie un pronom

dans une phrase, il se rapporte au dernier nom substantif; ainsi, dans cette phrase, *celui-ci* se rapporte au *fort*, et les deux pronoms *il* se rapportent à *celui-ci*. Le sens grammatical est, *quelque vaillant que soit ce fort, il faudra qu'il sorte;* et l'on voit assez combien ce sens est vicieux. Corneille veut dire, *quelque vaillant que soit le conquérant;* mais il ne le dit pas.

V. 27. Vous pourriez vous méprendre. — Et si le roi le veut?

On peut faire ici une réflexion. Attale parle de son amour, et des intérêts de l'état, et des secrets du roi, devant un inconnu. Cela n'est pas conforme à la prudence dont Attale est souvent loué dans la pièce. Mais aussi, sans ce défaut, la scène ne subsisterait pas; et quelquefois on souffre des fautes qui amènent des beautés.

V. 30. . . . . S'il est roi, je suis reine;
Et vers moi tout l'effort de son autorité
N'agit que par prière et par civilité.

Civilité, terme de comédie. Ce sentiment de fierté est beau dans Laodice; mais est-il bien fondé? Elle est reine d'Arménie, mais elle n'est point dans son royaume; elle est à la cour de Prusias, qui de son aveu est le dépositaire de *ses jeunes ans;* qui a sur elle les plus grands droits par l'ordre de son père; qui est le maître enfin, et dont les prières sont des ordres. La jeune Laodice peut avec bienséance n'écouter que sa fierté, et se tromper un peu par grandeur d'ame. Elle peut avoir tort dans le fond ; mais il est dans son caractère d'avoir ce tort. Enfin, *n'agit que par prière* peut signifier *ne doit agir que par prière.*

V. 38. Seigneur, je crains pour vous qu'un Romain vous écoute.

Voyez la remarque ci-dessus. C'est encore ici une expression de doute, et la négation *ne* est nécessaire ; *je crains qu'un Romain ne vous écoute.* Mais en poésie on peut se dispenser de cette règle.

V. 47. Et ne savez-vous plus qu'il n'est princes ni rois
        Qu'elle daigne égaler à ses moindres bourgeois ?

Bourgeois ; cette expression est bannie du style noble. Elle y était admise à Rome, et l'est encore dans les républiques ; le *droit de bourgeoisie,* le *titre de bourgeois.* Elle a perdu chez nous de sa dignité, peut-être parce que nous ne jouissons pas des droits qu'elle exprime. Un bourgeois, dans une république, est en général un homme capable de parvenir aux emplois ; dans un état monarchique, c'est un homme du commun. Aussi ce mot est-il ironique dans la bouche de Nicomède, et n'ôte rien à la noble fermeté de son discours.

V. 69. Mais je crains qu'elle échappe...

Voyez les notes ci-dessus. Il faudrait : *qu'elle n'échappe.*

V. 77. Puisqu'ils se sont privés, pour ce nom d'importance,
Des charmantes douceurs d'élever votre enfance.

Une affaire est d'importance, un nom ne l'est pas.

V. 79. Dès l'âge de quatre ans ils vous ont éloigné.

Ce vers est très adroit; il paraît sans artifice; et il y a beaucoup d'art à donner ainsi une raison qui empêche évidemment qu'Attale ne reconnaisse son frère.

V. 84. Madame, encore un coup, cet homme est-il à vous?

Encore un coup; ce terme trop familier a été employé par Racine dans *Bérénice :*

Madame, encore un coup, qu'en peut-il arriver?

Ce sont des négligences qui étaient pardonnables.

V. 85. Et pour vous divertir est-il si nécessaire
Que vous ne lui puissiez ordonner de se taire?

Le mot *divertir,* et même les trois vers que dit Attale, sont absolument du style comique.

V. 94. Et, loin de lui voler son bien en son absence...

Le mot *voler* est bas; on emploie dans le style noble, *ravir, enlever, arraeher, ôter, priver, dépouiller, etc.*

V. 101. Sachez qu'il n'en est point que le ciel n'ait fait naître
Pour commander aux rois et pour vivre sans maître.

Ces deux vers sont de la tragédie de *Cinna* dans

le rôle d'Émilie; mais ils conviennent bien mieux à Émilie, Romaine, qu'à un prince arménien.

Au reste, cette scène est très attachante, toutes les fois que deux personnages se bravent sans se connaître, le succès de la scène est sûr.

SCÈNE III.

Presque toute la fin de la scène seconde et le commencement de celle-ci sont une ironie perpétuelle.

V. 5. . . . . Seigneur, vous êtes donc ici ?

C'est une naïveté qui échappe à tout le monde, quand on voit quelqu'un qu'on n'attend pas. Cette familiarité et cette petite négligence doivent être bannies de la tragédie.

V. 6. Oui, madame, j'y suis, et Métrobate aussi.

Si Nicomède eût établi dans la première scène que ce Métrobate était un des assassins gagés par Arsinoé, ce vers ferait un grand effet; mais il en fait moins parce qu'on ne connaît pas encore ce Métrobate.

V. 12. J'avais ici laissé mon maître et ma maîtresse.

Maîtresse; on permettait alors ce terme peu tragique. *Maître* et *maîtresse* semblent faire ici un jeu de mots peu noble.

V. 19. Il ne tiendra qu'au roi qu'aux effets je ne passe.

Souvent en ce temps-là on supprimait le *ne* quand il fallait l'employer, et on s'en servait quand il fallait l'omettre. Le second *ne* est ici un solécisme. *Il tient à vous,* c'est-à-dire il dépend de vous que je passe, que je fasse, que je combatte, etc. *Il ne tient qu'à vous* est la même chose que *il tient à vous* : donc le *ne* suivant est un solécisme.

V. 25. Ah, seigneur! excusez, si, vous connaissant mal...—

On connaît mal quand on se trompe au caractère. Laodice dit à Cléopâtre : Je vous connaissais mal. Photin dit : J'ai mal connu César. Mais quand on ignore quel est l'homme à qui l'on parle, alors il faut, *je ne connaissais pas.*

V. 26. Prince, faites-moi voir un plus digne rival, etc.

Tout ce discours est noble, ferme, élevé; c'est là de la véritable grandeur; il n'y a ni ironie, ni enflure.

V. 35. Et nous verrons ainsi qui fait mieux un brave homme,
Des leçons d'Annibal ou de celles de Rome.

Dans la règle il faut, *qui font,* et *faire mieux un brave homme* n'est pas élégant.

SCÈNE IV.

V. 3. Ce prompt retour me perd, et rompt votre entreprise.—
Tu l'entends mal, Attale; il la met dans ma main.

Tu l'entends mal est comique; et *mettre dans la main* n'est pas noble.

V. 6. Dedans mon cabinet amène-le sans suite.

Voyez les remarques des autres tragédies sur le mot *dedans*.

SCÈNE V.

V. 3. Je crains qu'à la vertu par les Romains instruit...—
Il ne conçoive mal qu'il n'est fourbe ni crime
Qu'un trône acquis par là ne rende légitime.

Ces derniers vers sont de la conversation la plus négligée, et ce sentiment est intolérable. On retrouve le même défaut toutes les fois que Corneille fait raisonner un prince, un ministre; tous disent qu'il faut être fourbe et méchant pour régner. On a déja remarqué que jamais homme d'état ne parle ainsi. Ce défaut vient de ce qu'il est très difficile de ménager ses expressions, et de faire entendre avec art des choses qui révoltent. C'est une grande imprudence et une grande bassesse dans une reine de dire qu'il faut être fourbe et criminel pour régner. *Un trône acquis par là* est une expression de comédie.

V. 11. Rome l'eût laissé vivre, et sa légalité
N'eût point forcé les lois de l'hospitalité.

Légalité n'a jamais signifié *justice*, *équité*, *magnanimité*; il signfie *authenticité d'une loi revêtue des formes ordinaires.*

V. 15. Savante à ses dépens de ce qu'il savait faire,
Elle le souffrait mal auprès d'un adversaire.

Savante de est un barbarisme. *Savante, savait,* répétition fautive.

V. 16. De chez Antiochus elle l'ait fait bannir;

expression trop basse; *de chez lui, de chez nous.*

V. 21. Car je crois que tu sais que, quand l'aigle romaine...

Tout écrivain doit éviter ces amas de monosyllabes qui se heurtent, *car, que, quand.* Mais ce qu'on doit plus éviter, c'est de dire à sa confidente ce qu'elle sait. Ce tour n'est pas assez adroit.

V. 22. Vit choir ses légions aux bords du Trasimène:
Flaminius son père en était général.

Choir, expression absolument vieillie.

V. 25. Ce fils donc, qu'a pressé la soif de la vengeance...

Cacophonie qu'il faut éviter encore, *donc qu'a.*

V. 26. S'est aisément rendu de mon intelligence

n'est pas français. On est en intelligence, on se rend du parti de quelqu'un,

V. 27. L'espoir d'en voir l'objet entre ses mains remis
A pratiqué par lui le retour de mon fils.

Il faut un effort pour deviner quel est cet *objet*: c'est par la phrase, l'objet de leur intelligence; par le sens, c'est Laodice. La première loi est d'être clair; il ne faut jamais y manquer.

V. 29. Par lui j'ai jeté Rome en haute jalousie

n'est pas français. On inspire de la jalousie, on la fait naître. La jalousie ne peut être haute; elle est grande, elle est violente, soupçonneuse, etc.

V. 35. Il s'en est fait nommer lui-même ambassadeur.

Cet *il* se rapporte au prince Attale, mais il en est trop loin. Cela rend la phrase obscure, de même que *borner sa grandeur*; il semble que ce soit la grandeur de l'hymen. Les articles, les pronoms mal placés, jettent toujours de l'embarras dans le style; c'est le plus grand inconvénient de la langue française, qui est d'ailleurs si amie de la clarté.

V. 37. Et voilà le seul point où Rome s'intéresse.

Pourquoi Arsinoé dit-elle tout cela à une confidente inutile? Cléopâtre dans *Rodogune* tombe dans le même défaut. La plupart des confidences sont froides et déplacées, à moins qu'elles ne soient nécessaires. Il faut qu'un personnage paraisse avoir besoin de parler, et non pas envie de parler.

V. 38. Attale à ce dessein entreprend sa maîtresse !

On entreprend de faire quelque chose, ou bien on entreprend quelque chose ; mais on n'*entreprend* pas quelqu'un. Cela ne se pourrait dire, à toute force, que dans le bas comique, et encore c'est dans un autre sens ; cela veut dire, *attaquer*, *demander raison*, *embarrasser*, *faire querelle*. Ce vers n'est pas français.

V. 43. .,.,...,,.... Et j'ai cru pour le mieux
     Qu'il fallait de son fort l'attirer en ces lieux.

Pour le mieux, expression de comédie.

V. 45. Métrobate l'a fait, par des terreurs paniques...

L'a fait et *terreurs paniques*, expressions qui n'ont rien de noble.

V. 46. Feignant de lui trahir mes ordres tyranniques

est un barbarisme ; il faut, *de lui dévoiler*, *de lui déceler*, *de lui apprendre*, *de trahir mes ordres tyranniques en sa faveur.*

V. 53. Tantôt en le voyant j'ai fait de l'effrayée.

Les comédiens ont corrigé, *j'ai feint d'être effrayée;* mais la chose n'est pas moins petite et moins indigne de la grandeur du tragique.

V. 63. Et, si ce diadème une fois est à nous,
     Que cette reine après se choisisse un époux.

Cet *une fois* est une explétive trop triviale.

V. 67. Le roi, que le Romain poussera vivement,
De peur d'offenser Rome agira chaudement.

Cet adverbe est proscrit du style noble.

V. 69. Et ce prince, piqué d'une juste colère,
S'emportera sans doute et bravera son père.

Piqué d'une juste colère n'est pas français. On
est piqué d'un procédé, et animé de colère.

V. 72. Et, comme à l'échauffer j'appliquerai mes soins...
Mon entreprise est sûre et sa perte infaillible.

Cette phrase et ce tour qui commencent par
comme sont familiers à Corneille. Il n'y en a aucun
exemple dans Racine. Ce tour est un peu trop
prosaïque. Il réussit quelquefois ; mais il ne faut
pas en faire un trop fréquent usage.

V. 75. Voilà mon cœur ouvert...

Mais pourquoi a-t-elle ouvert son cœur à
Cléone ? qu'en résulte-t-il ? Je sais qu'il est permis
d'ouvrir son cœur ; ces confidences sont pardon-
nées aux passions. Une jeune princesse peut
avouer à sa confidente des sentimens qui échappent à son cœur ; mais une reine politique ne doit
faire part de ses projets qu'à ceux qui les doivent
servir. Cette scène est froide et mal écrite.

V. 76. Mais dans mon cabinet Flaminius m'attend,

Il est clair que Flaminius attend la reine ; qu'elle
a les plus grands intérêts du monde de hâter son

entretien avec lui. Nicomède est arrivé; il va trouver le roi. Il n'y a pas un moment à perdre; cependant elle s'arrête pour détailler inutilement à Cléone des projets qui sont d'une nature à n'être confiés qu'à ceux qui doivent les seconder. Cette manière d'instruire le spectateur est sans art et sans intérêt.   •

V. dern. Vous me connaissez trop pour vous en mettre en peine.

Cela est trop trivial, et ce vers fait trop voir l'inutilité du rôle de Cléone. C'est un très grand art de savoir intéresser les confidens à l'action. Néarque, dans *Polyeucte,* montre comment un confident peut être nécessaire.

ACTE SECOND.

SCÈNE I.

V. 3. . . . . La hauté vertu du prince Nicomède
Pour ce qu'on peut en craindre est un puissant remède.

Une *haute vertu, remède pour ce qu'on en peut craindre,* n'est ni correct ni clair.

V. 6.   Un retour si soudain manque un peu de respect.

Un retour qui *manque de respect!*

V. 11.   Il n'en veut plus dépendre, et croit que ses conquêtes
Au dessus de son bras ne laissent point de têtes.

Des têtes au dessus des bras! Il n'était plus permis

d'écrire ainsi en 1652. Mais Corneille ne châtia jamais son style; il passe pour valoir mieux par la force des idées que par l'expression. Cependant observez que toutes les fois qu'il est véritablement grand, son expression est noble et juste, et ses vers sont bons.

V. 16. A suivre leur devoir leurs hauts faits se ternissent.

Il semble que les hauts faits suivent un devoir, et qu'ils se ternissent en le suivant. Ce n'est pas parler sa langue.

V. 17. Et ces grands cœurs, enflés du bruit de leurs combats...
Font du commandement une douce habitude.

Des cœurs enflés de bruit sont aussi intolérables que *des têtes au dessus des bras.*

V. 21. Dis tout, Araspe; dis que le nom de sujet
Réduit toute leur gloire en un rang trop abject.

Qu'est-ce que le rang d'une gloire? On ne réduit pas *en*, on réduit *à.* Presque tout le style de cette pièce est vicieux; la raison en est que l'auteur emploie le ton de la conversation familière, dans laquelle on se permet beaucoup d'impropriétés, et souvent des solécismes et des barbarismes. Le style de la conversation peut être admis dans une comédie héroïque; mais il faut que ce soit la conversation des Condé, des La Rochefoucauld, des Retz, des Pascal, des Arnauld.

V. 23. Que, bien que leur naissance au trône les destine,
　　　Si son ordre est trop lent, leur grand cœur s'en mutine.

L'ordre de qui? de la naissance? cela ne fait point de sens; et *mutine* n'est ni assez fort, ni assez relevé.

V. 27. Qu'on voit naître de là mille sourdes pratiques
　　　Dans le gros de son peuple et dans ses domestiques.

Ces expressions n'appartiennent qu'au style familier de la comédie.

V. 37. Si je n'étais bon père, il serait criminel, etc.

On retrouve un peu Corneille dans cette tirade, quoique la même pensée y soit répétée et retournée en plusieurs façons; ce qui était un vice commun en ce temps-là. Mais à quoi bon tous ces discours? Que veut Prusias? Rien. Quelle résolution prend-il avec Araspe? Aucune. Cette scène paraît peu nécessaire, ainsi que celle d'Arsinoé et de sa confidente. En général, toute scène entre un personnage principal et un confident est froide, à moins que ce personnage n'ait un secret important à confier, un grand dessein à faire réussir, une passion furieuse à développer.

V. 46. Il n'est rien qui ne cède à l'ardeur de régner;
　　　Et, depuis qu'une fois elle nous inquiète,
　　　La nature est aveugle, et la vertu muette.

Inquiète n'est pas le mot propre; *depuis* est ici

un solécisme. Le sens est, dès qu'une fois cette passion s'est emparée de nous.

V. 59.　. . . . . Si je lui laisse un jour une couronne,
　　　　Ma tête en porte trois que sa valeur me donne.
　　　　J'en rougis dans mon ame ; et ma confusion...
　　　　Sans cesse offre à mes yeux cette vue importune
　　　　Que qui m'en donne trois peut bien m'en ôter une ;
　　　　Qu'il n'a qu'à l'entreprendre et peut tout ce qu'il veut.
　　　　Juge, Araspe, où j'en suis, s'il veut tout ce qu'il peut.

Ces antithèses et ces figures de mots, comme on l'a déja remarqué, doivent être bien rares. La versification héroïque exige que les vers ne finissent point par des verbes ou monosyllabes ; l'harmonie en souffre : *il peut, il veut, il fait, il court,* sont des syllabes sèches et rudes ; il n'en est pas de même dans les rimes féminines, *il vole, il presse, il prie :* ces mots sont plus soutenus ; ils ne valent qu'une syllabe ; mais on sent qu'il y en a deux qui forment une syllabe longue et harmonieuse. Ces petites finesses de l'art sont à peine connues, et n'en sont pas moins importantes.

V. 81.　Et le prends-tu pour homme à voir d'un œil égal
　　　　Et l'amour de son frère et la mort d'Annibal ?...
　　　　Il est le dieu du peuple et celui des soldats.
　　　　Sûr de ceux-ci, sans doute il vient soulever l'autre,
　　　　Fondre avec son pouvoir sur le reste du nôtre.

Expressions vicieuses. On ne peut dire *l'autre,* que quand on l'oppose à *l'un.* Le *nôtre* ne se peut dire à la place *du mien*, à moins qu'on ait déjà parlé au pluriel. Je le répète encore, rien n'est si difficile et si rare que de bien écrire.

> **V. 91.** Je veux bien toutefois agir avec adresse,
> Joindre beaucoup d'honneur à bien peu de rudesse, etc.

Tout cela est d'un style confus, obscur. *Le reste du nôtre qui n'est pas tout-à-fait impuissant*, et *bien peu de rudesse*, et *le prix d'un mérite mêlé doucement à un ressentiment!* Il n'y a pas là deux mots qui soient faits l'un pour l'autre.

SCÈNE II.

> **V. 8.** Je viens remercier et mon père et mon roi...
> D'avoir choisi mon bras pour une telle gloire.

On ne choisit point un bras pour une gloire.

> **V. 12.** Vous pouviez vous passer de mes embrassemens...
> Et vous ne deviez pas envelopper d'un crime
> Ce que votre victoire ajoute à votre estime.

Il a promis à son confident d'avoir *bien peu de rudesse*, et il commence par dire à Nicomède la chose du monde la plus rude. Il le déclare criminel d'état.

Ajoute à votre estime n'est pas français en ce sens. L'estime où nous sommes n'est pas *notre estime*. On ne peut dire *votre estime*, comme on dit *votre gloire*, *votre vertu*.

V. 16.　Abandonner mon camp en est un capital,
　　　Inexcusable en tous, et plus au général.

Au général est un solécisme; il faut *dans un général.*

V. 27.　... Un bonheur si grand me coûte un petit crime.

Un petit crime; cette épithète n'est pas du style de la tragédie. Le crime de Nicomède est en effet bien faible. Nicomède parle ici ironiquement à son père, comme il a parlé à son frère; car par *ce desir trop ardent* il entend le désir qu'il avait de voir sa maîtresse. Il n'a point du tout d'*amour* pour son pere; le public n'en est pas fâché. On méprise Prusias. On aime beaucoup la hauteur d'un héros persécuté. *Petit crime, bonheur si grand;* ces contrastes affectés font un mauvais effet.

V. 38.　. . . . .　L'âge ne m'en laisse
　　　Qu'un vain titre d'honneur qu'on rend à ma vieillesse.

On rend un honneur; on ne rend point un titre d'honneur.

V. 41.　L'intérêt de l'état vous doit seul regarder.

Seul semble dire que Prusias abdique; et il est si loin d'abdiquer, qu'il vient de menacer son fils, C'est trop se contredire.

V. 42.　Prenez-en aujourd'hui la marque la plus haute.

La marque haute!

V. 43. **Mais gardez-vous aussi d'oublier votre faute ;
Et, comme elle fait brèche au pouvoir souverain,
Pour la bien réparer, retournez dès demain.**

Cette expression *faire brèche* n'est plus d'usage;
ce n'est pas que l'idée ne soit noble; mais, en
français, toutes les fois que le mot *faire* n'est pas
suivi d'un article, il forme une façon de parler
proverbiale trop familière. *Faire* assaut, *faire* force
de voiles, *faire* de nécessité vertu, *faire* ferme,
faire brèche, *faire* halte, etc.; toutes expressions
bannies du vers héroïque.

V. 46. **Remettez en éclat la puissance absolue.**

Comme on ne met rien en éclat, on n'y remet
rien; on donne de l'éclat; on met en lumière, en
évidence, en honneur, en son jour.

V 48. . . . . **N'autorisez pas
De plus méchans que vous à la mettre plus bas.**

Cette manière de s'exprimer n'est plus d'usage,
et n'a jamais fait un bon effet. Remarquez que *bas*
est un adverbe monosyllabe; ne finissez jamais un
vers par *bas, à bas, plus bas; haut, plus haut.*

V. 58. **Il est temps qu'en son ciel cet astre aille reluire.**

Cette métaphore est vicieuse, en ce qu'elle suppose que cet astre de Laodice est descendu du ciel
en terre.

V. 63. Vous savez qu'il y faut quelque cérémonie ;

Prusias veut aussi railler. Cette pièce est trop pleine de raillerie et d'ironie.

V. 66. Elle est prête à partir sans plus grand équipage.

Ce dernier hémistiche est absolument du style de la comédie.

V. 67. Je n'ai garde à son rang de faire un tel outrage.
Mais l'ambassadeur entre, il le faut écouter ;
Puis nous verrons quel ordre on y doit apporter.

Ce dernier vers est trop familier ; mais à quoi se rapporte cet ordre ? à *l'ambassadeur* à *l'ou-trage,* ou à *l'équipage ?*

SCÈNE III.

V. 4. . . . Vous pouvez juger du soin qu'elle en a pris
Pár les hautes vertus et les illustres marques
Qui font briller en lui le sang de vos monarques.

Illustres marques; on a déja plusieurs fois re-marqué ce mot vague qui n'est que pour la rime.

V. 9. Si vous faites état de cette nourriture,
Donnez ordre qu'il règne...

Nourriture est ici pour *éducation*, et dans ce sens il ne se dît plus ; c'est peut-être une perte pour notre langue. *Faire état* est aussi aboli.

V. 11. . . . Vous offenseriez l'estime qu'elle en fait.

On ne fait point l'estime ; cela n'a jamais été français ; on a de l'estime, on conçoit de l'estime, on sent de l'estime ; et c'est précisément parce qu'on la sent qu'on ne la fait pas. Par la même raison on sent de l'amour, de l'amitié; on ne fait ni de l'amour, ni de l'amitié.

V. 17. Je crois que pour régner il en a les mérites.

Ni ces expressions, ni cette construction, ne sont françaises; *il en a les mérites pour régner!*

V. 23. Souffrez qu'il ait l'honneur de répondre pour moi.

Le roi Prusias, qui n'est déja pas trop respectable, est peut-être encore plus avili dans cette scène, où Nicomède lui donne, en présence de l'ambassadeur de Rome, des conseils qui ressemblent souvent à des reproches. Il est même assez étonnant que, connaissant la fierté de son fils, et sachant combien ce disciple d'Annibal hait les Romains, il le charge de répondre à l'ambassadeur de Rome, qu'il croit avoir grand intérêt de ménager. Prusias n'a nulle raison de répondre à l'ambassadeur par une autre bouche, et il s'expose visiblement à voir l'ambassadeur outragé par Nicomède.

Il a commencé par dire à son fils : Vous êtes criminel d'état, vous méritez d'être puni de mort; et il finit par lui dire : Répondez pour moi à l'ambassadeur de Rome en ma présence; faites le personnage de roi, tandis que je ferai celui de subalterne. C'est, au fond, une scène de lazzi : passe encore si cette scène était nécessaire; mais elle ne sert à rien. Prusias joue un rôle avilissant; mais celui de Nicomède est noble et imposant. Ces personnages plaisent toujours à la multitude, et révoltent quelquefois les honnêtes gens.

C'est toujours un problème à résoudre, si les caractères bas et faibles peuvent figurer dans une tragédie. Le parterre s'élève contre eux à une première représentation. On aime à faire tomber sur l'auteur le mépris que lui-même inspire pour le personnage; les critiques se déchaînent. Cependant ces caractères sont dans la nature. Maxime dans *Cinna*, Félix dans *Polyeucte*.

V. 40.   C'est un rare trésor qu'elle devrait garder,
          Et conserver chez soi sa chère nourriture.

Cela n'est pas français; et *conserver* ne se lie pas avec *qu'elle devrait*. Nicomède a déja parlé de bonne nourriture : *si vous faites état de cette nourriture.*

V. 49.   Ce perfide ennemi de la grandeur romaine
          N'en a mis en son cœur que mépris et que haine.

Cela n'est pas français; *n'en mettre que mépris!*

V. 45.   On me croit son disciple, et je le tiens à gloire.

Cette manière de s'exprimer a vieilli.

V. 62.   Attale a le cœur grand, l'esprit grand, l'ame grande,
          Et toutes les grandeurs dont se fait un grand roi.

Ces deux vers sont du nombre de ceux que les comédiens avaient corrigés; en effet, cette distinction du cœur, de l'esprit et de l'ame, cette énumération de parties faite ironiquement, est trop loin du ton de la tragédie, et cette répétition de *grand* et *grande* est comique.

V. 68. Qu'il en fasse pour lui ce que j'ai fait pour vous.

On ne devine pas d'abord ce que veut dire cet *en*; il est très inutile, et il se rapporte à *vertu*, qui est deux vers plus haut.

V. 71. Je lui prête mon bras, et veux dès maintenant,
S'il daigne s'en servir, être son lieutenant.
L'exemple des Romains m'autorise à le faire.

On a déja dit que cette expression ne doit jamais être admise; elle est ici vicieuse, parce que *le faire* se rapporte à *être*, et signifie à la lettre *faire son lieutenant*.

V. 78. Le reste de l'Asie à nos côtes rangée, etc.

On dit *ranger les côtes*; mais non *ranger aux côtes*, pour *située*. C'est un barbarisme *.

V. 89. Et, si Flaminius en est le capitaine,
Nous pourrons lui trouver un lac de Trasimène.

Ce n'est pas le même Flaminius; mais l'insulte n'en est pas moindre.

V. 94. Ou laissez-moi parler, sire, ou faites-moi taire.

Il est clair qu'il n'y a pas de milieu; le sens est :

---

* Comme toutes les éditions de Corneille portent *à nos côtes rangées*, la remarque de Voltaire se trouve détruite.

*Puisque vous m'avez fait répondre pour vous, lais-
sez-moi parler.*

V. 105. Seigneur, vous pardonnez aux chaleurs de son âge.

Chaleurs de son âge, mauvais terme.

V. 106. Le temps et la raison pourront le rendre sage.

C'est ce qu'on dit à un enfant mal morigéné. Ce
n'est pas ainsi qu'on parle à un prince qui a conquis trois royaumes, et si ce jeune homme n'est
pas sage, pourquoi Prusias l'a-t-il chargé de parler pour lui?

V. 125. Puisqu'il peut la servir à me faire descendre,
        Il a plus de vertu que n'en eut Alexandre.

Ce premier vers est inintelligible. A quoi se
rapporte ce *la servir?* au dernier substantif, à la
puissance de Nicomède que Rome veut diviser.
Me faire descendre; il faut dire d'où l'on descend:
Et, monté sur le faîte, il aspire à descendre.

V. 127. Et je lui dois quitter, pour le mettre en mon rang.

On ne dit point *quitter à,* on dit *quitter pour.*
Je dois quitter pour lui, ou *je lui dois céder, laisser,
abandonner.*

V. 137. Les plus rares exploits que vous avez pu faire
        N'ont jeté qu'un dépôt sur la tête d'un père;
        Il n'est que le gardien de leur illustre prix, etc.

Jeter un dépôt sur une tête, être gardien d'un illustre

prix, une grandeur épanchée ; toutes expressions impropres et incorrectes. De plus, ce discours de Flaminius semble un peu sophistique. L'exemple de Scipion, qui ne prit point Carthage pour lui, et qui ne le pouvait pas, ne conclut rien du tout contre un prince qui n'est pas républicain, et qui a des droits sur ses conquêtes.

V. 153.   Si vous en consultiez des têtes bien sensées,
          Elles vous déferaient de ces belles pensées...
          Prenez quelque loisir de rêver là-dessus.

Cela est du style de madame Pernelle, dans Molière.

V. 157.   Laissez moins de fumée à vos feux militaires ;
          Et vous pourrez avoir des visions plus claires.

Laisser de la fumée est inintelligible. D'ailleurs la fumée des feux militaires est une figure trop bizarre. Le second vers est du bas comique.

V. 159.   Le temps pourra donner quelque décision
          Si la pensée est belle, ou si c'est vision.

Même style et même défaut.

V. 161.   . . . Cependant si vous trouvez des charmes
          A pousser plus avant la gloire de vos armes,
          Nous ne la bornons point...

Pousser plus avant une gloire !

V. 181.   La pièce est délicate...

Le mot *pièce* ne dit point là ce que l'auteur a

prétendu dire. C'est d'ailleurs une expression populaire lorsqu'elle signifie *intrigue*.

V. 183. Je n'y réponds qu'un mot, étant sans intérêt.

Comment peut-il dire qu'il est sans intérêt, après avoir dit publiquement, au premier acte, que Laodice est sa maîtresse, qu'il n'a quitté l'armée que pour venir prendre sa défense? Voudrait-il cacher son amour à Flaminius et le tromper? Un tel dessein convient-il à la fierté du caractère de Nicomède? Flaminius ne doit-il pas être instruit?

V. 184. Traitez cette princesse en reine comme elle est.

Il faut *comme elle l'est* pour l'exactitude, mais *comme elle l'est* serait encore plus mauvais.

V. 190. N'avez-vous, Nicomède, à lui dire autre chose?

Cette interrogation de Prusias, qui n'a rien dit pendant le cours de cette scène, n'a-t-elle pas quelque chose de comique?

V. 191. Non, seigneur, si ce n'est que la reine, après tout,
    Sachant ce que je puis, me pousse trop à bout.

Cette expression est encore comique, ou du moins familière ; Racine s'en est servi dans *Bajazet* :

    Poussons à bout l'ingrat.

Mais le mot *ingrat*, qui finit la phrase, la relève.

Ce sont de petites nuances qui distinguent souvent le bon du mauvais.

SCÈNE IV.

V. 1.　. . . . . Hé quoi! toujours obstacle? —
De la part d'un amant ce n'est pas grand miracle.

Toujours obstacle n'est pas français; et *grand miracle* n'est pas noble, il est du bas comique.

V. 3.　Cet orgueilleux esprit, enflé de ses succès,
Pense bien de son cœur nous empêcher l'accès.

On ne dit point *empêcher à*, cela n'est pas français. *Il nous empêche l'accès de cette maison; nous* est là au datif; c'est un solécisme; il faut dire : *on nous défend l'accès de cette maison, on nous interdit l'accès; on nous défend, on nous empêche d'entrer.*

V. 6.　L'amour entre les rois ne fait pas l'hyménée.

Ce tour est impropre. Il semble que les rois se marient l'un à l'autre. Ce n'est pas assez qu'on vous entende, il faut qu'on ne puisse pas vous entendre autrement.

V. 7.　Et les raisons d'état, plus fortes que ses nœuds,
Trouvent bien les moyens d'en éteindre les feux.

Des raisons d'état plus fortes que des nœuds, qui trouvent le moyen d'éteindre les feux de ces nœuds. Il faut renoncer à écrire quand on écrit de ce style.

V. 9. **Comme elle a de l'amour, elle aura du caprice.**

Et ce vers, et l'idée qu'il présente, appartiennent absolument à la comédie. Ce *comme* revient presque toujours. C'est un style trop incorrect, trop négligé, trop lâche, et qu'il ne faut jamais se permettre.

V. 16. **Proposez cet hymen vous-même à sa grandeur.**

Il semble qu'il appelle ici la reine Laodice *sa grandeur,* comme on dit *sa majesté, son altesse.*

V. 17. **Je seconderai Rome, et veux vous introduire.**
Puisqu'elle est en nos mains, l'amour ne vous peut nuire.

Le pronom *elle* se rapporte à Rome, qui est le dernier nom. La construction dit : *puisque Rome est en nos mains;* et l'auteur veut dire : *puisque Laodice est en nos mains.*

V. 19. **Allons, de sa réponse à votre compliment**
Prendre l'occasion de parler hautement.

Ces deux vers sont trop mal construits; le mot de *compliment* ne se peut recevoir dans la tragédie, s'il n'est ennobli par une épithète. Pour le mot de *civilité,* il ne doit jamais entrer dans le style héroïque. Mais ce qui ne peut jamais être ennobli, c'est le rôle de Prusias.

ACTE TROISIÈME.

SCÈNE I.

V. 1. Reine, puisque ce titre a pour vous tant de charmes,
       Sa perte vous devrait donner quelques alarmes.

L'auteur n'exprime pas sa pensée. Il veut dire, *vous devriez craindre de le perdre*. Mais *sa perte* signifie qu'elle l'a déja perdu : or une perte donne des regrets, et non des alarmes.

V. 3. Qui tranche trop du roi ne règne pas long-temps.

Cette manière de s'exprimer n'appartient plus qu'au comique. D'ailleurs un roi qui sait gouverner peut *trancher du roi*, et régner long-temps.

V. 7. Vous vous mettez fort mal au chemin de régner.

Chemin de régner ne peut se dire. Toutes ces façons de parler sont trop basses.

V. 9. Vous méprisez trop Rome, et vous devriez faire
       Plus d'estime d'un roi qui vous tient lieu de père.

Vous devriez faire, à la fin d'un vers, et *plus d'estime*, au commencement de l'autre, est ce qu'on appelle *un enjambement vicieux*. Cela n'est pas permis dans la poésie héroïque. Nous avons jusqu'ici négligé de remarquer cette faute; le lecteur la remarquera aisément partout où elle se trouve.

Nous avons déja observé que *faire estime, faire plus d'estime,* n'est pas français.

V. 13. Recevoir ambassade en qualité de reine,
       Ce serait à vos yeux faire la souveraine, etc.

Ces petites discussions, ces subtilités politiques, sont toujours très froides. D'ailleurs elle peut fort bien négocier avec Flaminius chez Prusias, qui lui sert de tuteur; et en effet elle lui parle en particulier le moment d'après.

V. 23. Ici c'est un métier que je n'entends pas bien.

Le mot *métier* ne peut être admis qu'avec une expression qui le fortifie, comme le *métier des armes.* Il est heureusement employé par Racine dans le sens le plus bas. Athalie dit à Joas:

Laissez là cet habit, quittez ce vil métier.

On ne peut exprimer plus fortement le mépris de cette reine pour le sacerdoce des Juifs.

V. 24. Car hors de l'Arménie enfin je ne suis rien.

Si elle *n'est rien* hors de l'Arménie, pourquoi dit-elle tant de fois qu'elle conserve toujours le titre et la dignité de reine, qu'on ne peut lui ravir? Être reine et en tenir le rang, c'est être quelque chose. Corneille n'aurait-il pas mis, *hors de l'Arménie, je ne puis rien?* Alors cette phrase et celles qui la suivent deviennent claires. Je ne puis rien ici, mais je n'y conserve pas moins le titre de reine, et en cette qualité je ne connais de véritables souverains que les dieux.

V. 25. Et ce grand nom de reine ailleurs ne m'autorise...
          Qu'à vivre indépendante, et n'avoir en tous lieux
          Pour souverains que moi, la raison et les dieux.

En tous lieux ne peut signifier que l'Arménie; car elle dit qu'elle n'est rien hors de l'Arménie. Il y a du moins là une apparence de contradiction; et *en tous lieux* est une cheville qu'il faut éviter autant qu'on le peut.

V. 34. Je vais vous y remettre en bonne compagnie;

c'est-à-dire accompagnée d'une armée; mais cette expression, pour vouloir être ironique, ne devient-elle pas comique?

V. 37. Préparez-vous à voir par toute votre terre
          Ce qu'ont de plus affreux les fureurs de la guerre,
          Des montagnes de morts, des rivières de sang.

Cette scène est une suite de la conversation dans laquelle on a proposé à Laodice la main d'Attale; sans cela, ce long détail de menaces paraîtrait déplacé. Le spectateur ne voit pas comment la princesse peut les mériter; elle vient, par déférence pour le roi, de refuser la visite d'un ambassadeur: il semble que cela ne doit pas engager à dévaster son pays. De plus, le faible Prusias qui parle tout d'un coup de *montagnes de morts* à une jeune princesse ne ressemble-t-il pas trop à ces personnages de comédie qui tremblent devant les forts, et qui sont hardis avec les faibles?

V. 5o. *Je serai bien changée et d'ame et de courage;*

mauvaise façon de parler. *Ame* et *courage*, pléonasme.

V. 61. Adieu.

Remarquez qu'un ambassadeur de Rome qui ne dit mot dans cette scène y fait un personnage trop subalterne. Il faut rarement mettre sur la scène des personnages principaux sans les faire parler; c'est un défaut essentiel. Cette scène de petites bravades, de petites picoteries, de petites discussions, entre Prusias et Laodice, n'a rien de tragique; et Flaminius qui ne dit mot est insupportable.

SCÈNE II.

V. 1. .... *Madame, enfin, une vertu parfaite...*

Ce n'est guère que dans la passion qu'il est permis de ne pas achever sa phrase. La faute est très petite, mais elle est si commune dans toutes nos tragédies qu'elle mérite attention.

V. 2. *Suivez le roi, seigneur, votre ambassade est faite.*

Votre ambassade est faite est un peu comique. Sosie dit dans *Amphttryon:*

O juste ciel! j'ai fait une belle ambassade!

Mais aussi c'est Sosie qui parle.

V. 13. La grandeur de courage en une ame royale
    N'est, sans cette vertu, qu'une vertu brutale, etc.

Cette expression est très brutale, surtout d'un ambassadeur à une princesse. D'ailleurs ce discours de Flaminius, pour être fin et adroit, n'en est pas moins entortillé et obscur. *Une vertu brutale qu'un faux jour d'honneur jette en divorce avec le vrai bonheur, qui se livre à ce qu'elle craint;* et *cette vertu brutale* qui, *après un grand soupir,* dit *qu'elle avait droit de régner:* tout cela est bien étrange. La clarté, le naturel, doivent être les premières qualités de la diction. Quelle différence quand Néron dit à Junie dans Racine:

> Et ne préférez point à la solide gloire
> Des honneurs dont César prétend vous revêtir
> La gloire d'un refus sujet au repentir.

V. 24. Je ne sais si l'honneur eut jamais un faux jour.

Il semble que Laodice, par ce vers, reproche à Flaminius les expressions impropres, les phrases obscures dont il s'est servi, et son galimatias, qui n'était pas le style des ambassadeurs romains.

V. 25. . . . . . Je veux bien vous répondre en amie.
    Ma prudence n'est pas tout-à-fait endormie.

Prudence endormie, répondre en amie, etc.;

toutes ces expressions sont familières; il ne les faut jamais employer dans la vraie tragédie.

V. 28. La grandeur de courage est si mal avec vous;

style de conversation familière.

V. 36. Le roi, s'il s'en fait fort, pourrait s'en trouver mal.

Se faire fort de quelque chose ne peut être employé pour *s'en prévaloir;* il signifie, j'en réponds, je prends sur moi l'entreprise; je me flatte d'y réussir. *Se faire fort* ne peut être employé qu'en prose. Plusieurs étrangers se sont imaginé que nous n'avions qu'un langage pour la prose et pour la poésie : ils se sont bien trompés.

V. 37. Et, s'il voulait passer de son pays au nôtre,
        Je lui conseillerais de s'assurer d'un autre.

Autre se rapporte à *pays,* et non à *général,* qui est trois vers plus haut.

V. 42. La vertu trouve appui contre la tyrannie.

Il faut, *trouve un appui,* ou *de l'appui, trouve un secours, du secours,* et non *trouve secours.*

V. 43. Tout son peuple a des yeux pour voir quel attentat
        Font sur le bien public les maximes d'état :
        Il connaît Nicomède, il connaît sa marâtre;
        Il en sait, il en voit la haine opiniâtre;
        Il voit la servitude où le roi s'est soumis,
        Et connaît d'autant mieux les dangereux amis.

Ces vers sont ingénieusement placés pour préparer la révolte qui s'élève tout d'un coup au

cinquième acte. Reste à savoir s'ils la préparent
assez, et s'ils suffisent pour la rendre vraisemblable; mais *un attentat que des maximes d'état
font sur le bien public* forme une phrase trop incorrecte, trop irrégulière; et ce n'est pas parler
sa langue.

V. 61. Si vous me dites vrai, vous êtes ici reine.

Ces malheureuses contestations, ces froides
discussions politiques, qui ne mènent à rien, qui
n'ont rien de tragique, rien d'intéressant, sont aujourd'hui bannies du théâtre. Flaminius et Laodice
ne parlent ici que pour parler. Quelle différence
entre Acomat dans *Bajazet,* et Flaminius dans
Nicomède! Acomat se trouve entre Bajazet et
Roxane, qu'il veut réunir; entre Roxane et Atalide, entre Atalide et Bajazet : comme il parle
convenablement, noblement, prudemment à tous
les trois! et quel tragique dans tous ces intérêts!
quelle force de raison! quelle pureté de langage!
quels vers admirables! Mais dans *Nicomède* tout
est petit, presque tout est grossier; la diction est
si vicieuse qu'elle déparerait le fond le plus intéressant.

V. 63. Le roi n'est qu'une idée, et n'a de son pouvoir
        Que ce que par pitié vous lui laissez avoir

On dit bien, *n'est qu'un fantôme,* mais non pas

n'est qu'une idée. La raison en est que *fantôme* exclut la réalité, et qu'*idée* ne l'exclut pas.

V. 79.   . . . . . . Il suffit ; je vois bien ce que c'est,

est du style comique. C'est en général celui de la pièce.

V. 80.   Tous les rois ne sont rois qu'autant comme il vous plaît ;

Il faut *autant que.*

V. 102.   . . . . . . Rome est aujourd'hui la maîtresse du monde.—
           La maîtresse du monde! ah! vous me feriez peur.

Cette expression, placée ici ironiquement, dégénère peut-être trop en comique. Ce n'est pas là une bonne traduction de cet admirable passage d'Horace : *Et cuncta terrarum subacta, præter atrocem animum Catonis.* Ajoutez que *tout tremble sur l'onde* est ce qu'on appelle une cheville malheureusement amenée par la rime, comme on l'a déja remarqué tant de fois.

V. 111.   L'Asie en fait l'épreuve, où trois sceptres conquis
           Font voir en quelle école il en a tant appris.

Le mot *école* est du style familier; mais, quand il s'agit d'un disciple d'Annibal, ces mots *disciple, école, etc.,* acquièrent de la grandeur. Il ne faut pas répéter trop ces figures.

V. 113.   Ce sont des coups d'essai, mais si grands que peut-être
           Le Capitole a lieu d'en craindre un coup de maître.

Coup d'essai, coup de maître, figure employée

dans *le Cid*, et qu'il ne faudrait pas imiter souvent.

V. 116. . . . . . Quelques uns vous diront au besoin
Quels dieux du haut en bas renversent les profanes.

Du haut en bas, qui n'est mis là que pour faire le vers, ne peut être admis dans la tragédie. Les dieux et les profanes ne sont pas là non plus à leur place. Un ambassadeur ne doit pas parler en poëte; un poëte même ne doit pas dire que son sénat est composé de dieux, que les rois sont des profanes, et que l'ombre du Capitole fit trembler Annibal. Un très grand défaut encore est ce mélange d'enflure et de familiarité : *quelques uns vous diront au besoin quels dieux du haut en bas renversent les profanes.* Ce style est entièrement vicieux.

SCÈNE III.

V. 1.   Ou Rome à ses agens donne un pouvoir bien large,
Ou vous êtes bien long à faire votre charge.

Ces deux vers, que leur ridicule a rendus fameux, ont été aussi corrigés par les comédiens. Ce n'est plus ici une ironie, qui peut quelquefois être ennoblie; c'est une plaisanterie basse, absolument indigne de la tragédie et de la comédie.

V. 5. . . . . Laissez à ma flamme
Le bonheur à son tour d'entretenir madame

est du comique le plus négligé.

V. 11. **Les malheurs où la plonge une indigne amitié**
    Me fesaient lui donner un conseil par pitié.

Flaminius, qui se donne pour un ambassadeur
prudent, ne doit pas dire qu'un homme tel que
Nicomède n'est pas digne de l'amitié de Laodice.
Il n'a certainement aucune espérance de brouiller
ces deux amans; par conséquent cette scène avec
Laodice était inutile, et il ne reste ici avec Nicomède que pour en recevoir des nasardes. Quel
ambassadeur !

V. 14. **C'est être ambassadeur et tendre et pitoyable.**

Le mot *pitoyable* signifiait alors *compatissant*,
aussi bien que *digne de pitié*. Cela forme une équí-
voque qui tourne l'ambassadeur en ridicule; et on
devait retrancher *pitoyable*, aussi bien que le *long*
et le *large*.

V. 15. **Vous a-t-il conseillé beaucoup de lâchetés ?**

Voilà des injures aussi grossières que les raillé-
ries. Une grande partie de cette pièce est du
style burlesque; mais il y a de temps en temps
un air de grandeur qui impose, et surtout qui
intéresse pour Nicomède ; ce qui est un très grand
point.

Au reste, jusqu'ici la plupart des scènes ne sont
que des conversations assez étrangères à l'intrigue.
En général toute scène doit être une espèce d'ac-

tion qui fait voir à l'esprit quelque chose de nouveau et d'intéressant.

SCÈNE IV.

V. 6.   J'ai fait entendre au roi Zénon et Métrobate, etc.

Voilà la première fois que le spectateur entend
parler de ce Zénon ; il ne sait encore qui il est :
on sait seulement que Nicomède a conduit deux
traîtres avec lui ; mais on ignore que Zénon soit
un des deux.

Voilà le sujet et l'intrigue de la pièce ; mais quel
sujet et quelle intrigue ! Deux malheureux que la
reine Arsinoé a subornés pour l'accuser faussement elle-même, et pour faire retomber la calomnie sur Nicomède : il n'y a rien de si bas que cette
invention ; c'est pourtant là le nœud, et le reste
n'est que l'accessoire. Mais on n'a point encore vu
paraître cette reine Arsinoé, on n'a dit qu'un mot
d'un Métrobate, et cependant on est au milieu du
troisième acte.

V. 19. Les mystères de cour souvent sont si cachés,
       Que les plus clairvoyans y sont bien empêchés.

Le mot *clairvoyans* est aujourd'hui banni du
style noble. On ne dit pas non plus *être empêché à
quelque chose;* cela est à peine souffert dans le
comique.

Rien n'est plus utile que de comparer : opposons à ces vers ceux que Junie dit à Britannicus, et qui expriment un sentiment à peu près semblable, quoique dans une circonstance différente :

> Je ne connais Néron et la cour que d'un jour ;
> Mais, si je l'ose dire, hélas ! dans cette cour
> Combien tout ce qu'on dit est loin de ce qu'on pense !
> Que la bouche et le cœur sont peu d'intelligence !
> Avec combien de joie on y trahit sa foi !
> Quel séjour étranger et pour vous et pour moi !

Voilà le style de la nature. Ce sont là des vers ; c'est ainsi qu'on doit écrire. C'est une dispute bien inutile, bien puérile, que celle qui dura si longtemps entre les gens de lettres, sur le mérite de Corneille et de Racine. Qu'importe à la connaissance de l'art, aux règles de la langue, à la pureté du style, à l'élégance des vers, que l'un soit venu le premier et soit parti de plus loin, et que l'autre ait trouvé la route aplanie ? Ces frivoles questions n'apprennent point comment il faut parler. Le but de ce Commentaire, je ne puis trop le redire, est de tâcher de former des poëtes, et de ne laisser aucun doute sur notre langue aux étrangers.

V. 27. Pour moi, je ne vois goutte en ce raisonnement ;

expression populaire et basse.

V. 34. Il est trop bon mari pour être assez bon père.

On ne s'exprimerait pas autrement dans une

comédie. Jusqu'ici on ne voit qu'une petite intrigue et de petites jalousies. Ce qui est encore bien plus du ressort de la comédie, c'est cet Attale qui vient n'ayant rien à dire, et à qui Laodice dit qu'il est un importun.

V. 35. Voyez quel contre-temps Attale prend ici !

On ne dit point *prendre un contre-temps;* et quand on le dirait, il ne faudrait pas se servir de ces tours trop familiers.

V. 36. Qui l'appelle avec nous ? quel projet ? quel souci ? etc.

Est-ce le contre-temps qui appelle? A quoi se rapportent *quel projet? quel souci?* Quel mot que celui de *souci* en cette occasion! Elle *conçoit mal ce qu'il faut* qu'elle *pense, mais elle en rompra le coup.* Est-ce le coup de ce qu'elle pense? *Rompre un coup s'il y faut sa présence!* Il n'y a pas là un vers qui ne soit obscur, faible, vicieux, et qui ne pèche contre la langue. Elle sort en disant, *Je vous quitte,* sans dire pourquoi elle quitte Nicomède. Les personnages importans doivent toujours avoir une raison d'entrer et de sortir; et, quand cette raison n'est pas assez déterminée, il faut qu'ils se gardent bien de dire, *je sors,* de peur que le spectateur, trop averti de la faute, ne dise: Pourquoi sortez-vous?

SCÈNE VI.

V. 2.   .... J'ai quelque chose aussi bien à vous dire.

Non seulement dans une tragédie on ne doit point avoir *aussi bien à dire quelque chose,* mais il faut, autant qu'on peut, dire des choses qui tiennent lieu d'action, qui nouent l'intrigue, qui augmentent la terreur, qui mènent au but. Une simple bravade, dont on peut se passer, n'est pas un sujet de scène.

V. 6.   Je vous avais prié de l'attaquer de même,
        Et de ne mêler point, surtout dans vos desseins,
        Ni le secours du roi, ni celui des Romains.

Ces deux *ni* avec *point* ne sont pas permis; les étrangers y doivent prendre garde. *Je n'ai point ni crainte ni espérance,* c'est un barbarisme de phrase; dites, *je n'ai ni crainte ni espérance.*

V. 9.   Mais, ou vous n'avez pas la mémoire fort bonne,
        Ou vous n'y mettez rien de ce qu'on vous ordonne.

Ces deux vers, ainsi que le dernier de cette scène, sont une ironie amère qui peut-être avilit trop le caractère d'Attale, que Corneille cependant veut rendre intéressant. Il paraît étonnant que Nicomède mette de la grandeur d'ame à injurier tout le monde, et qu'Attale, qui est brave et généreux, et qui va bientôt en donner des preuves, ait la complaisance de le souffrir.

Plus on examine cette pièce, plus on trouve qu'il fallait l'intituler *comédie,* ainsi que *Don Sanche d'Aragon.*

V. 10. . . . . De ce qu'on vous ordonne

est trop fort, et ne s'accorde pas avec le mot de *prière.*

V. 14. Mais vous défaites-vous du cœur de la princesse...
De trois sceptres conquis, du gain de six batailles,
Des glorieux assauts de plus de cent murailles ?

On ne se défait pas d'un gain de batailles et d'un assaut. Le mot de *se défaire,* qui d'ailleurs est familier, convient à des droits d'aînesse ; mais il est impropre avec des assauts et des batailles gagnées.

V. 20. Rendez donc la princesse égale entre nous deux.

Il fallait *rendez le combat égal.*

V. 31. Vous avez de l'esprit si vous n'avez du cœur.

Il ne doit pas traiter son frère de poltron, puis-que ce frère va faire une action très belle, et que cet outrage même devrait l'empêcher de la faire.

SCÈNE VII.

Cette scène est encore une scène inutile de pico-terie et d'ironie entre Arsinoé et Nicomède. A quel propos Arsinoé vient-elle ? quel est son but ?

Le roi mande Nicomède. Voilà une action petite, à la vérité, mais qui peut produire quelque effèt; Arsinoé n'en produit aucun.

V. 11. Ces hommes du commun tiennent mal leurs promesses.

Ces mots seuls font la condamnation dè la pièce; *deux hommes du commun subornés!* Il y a dans cette invention de la froideur et de la bassesse.

.V. 18. Je les ai subornés contre vous à ce compte?

On voit assez combien ces termes populaires doivent être proscrits.

V. 25. Seigneur, le roi s'ennuie, et vous tardez long-temps.

Le roi s'ennuie n'est pas bien noble; et on est étonné peut-être qu'Araspe, un simple officier, parle d'une manière si pressante à un prince tel que Nicomède.

V. 30. Mais...—Achevez, seigneur : ce mais, que veut-il dire?

Cette interrogation, qui ressemble au style de la comédie, n'est évidemment placé en cet endroit que pour amener les trois vers suivans, qui répondent en écho aux trois autres. On trouve fréquemment des exemples de ces répétitions; elles ne sont plus souffertes aujourd'hui. Ce *mais* est intolérable.

SCÈNE VIII.

Cette fausse accusation, ménagée par Arsinoé, n'est pas sans quelque habileté, mais elle est sans noblesse et sans tragique, et Arsinoé est plus basse encore que Prusias. Pourquoi les petits moyens déplaisent-ils, et que les grands crimes font tant d'effet? c'est que les uns inspirent la terreur, les autres le mépris; c'est par la même raison qu'on aime à entendre parler d'un grand conquérant plutôt que d'un voleur ordinaire. *Ce tour qu'on a joué* met le comble à ce défaut. Arsinoé n'est qu'une bourgeoise qui accuse son beau-fils d'une friponnerie, pour mieux marier son propre fils.

V. 9.   Qu'en présence des rois les vérités sont fortes !

Ce ne sont point ces vérités qui sont fortes, c'est la présence des rois qui est supposée ici assez forte pour forcer la vérité de paraître.

V. 10. Que pour sortir d'un cœur elles trouvent de portes !

On a déja dit que toute métaphore, pour être bonne, doit fournir un tableau à un peintre. Il est difficile de peindre des vérités qui sortent d'un cœur par plusieurs portes. On ne peut guère écrire plus mal. Il est à croire que l'auteur fit cette pièce au courant de la plume. Il avait acquis une prodigieuse facilité d'écrire, qui dégénéra enfin en impossibilité d'écrire élégamment.

V. 15. Mais pour l'examiner et bien voir ce que c'est,
Si vous pouviez vous mettre un peu hors d'intérêt...
Contre tant de vertus, contre tant de victoires,
Doit-on quelque croyance à des ames si noires ?

Bien voir ce que c'est, devoir de la croyance contre des victoires; le premier est trop familier, le second n'est pas exact.

V. 27. Nous ne sommes qu'un sang...

Je crois que cette expression peut s'admettre, quoiqu'on ne dise pas *deux sangs.*

Ibid. . . . . Et çe sang dans mon cœur
A peine à le passer pour calomniateur.

A peine à le passer n'est pas français; on dit dans le comique, *je le passe pour honnête homme.*

V. 29. Et vous en avez moins à me croire assassine.

Je ne sais si le mot *assassine,* pris comme substantif féminin, se peut dire; il est certain du moins qu'il n'est pas d'usage.

V. 47. Vous êtes peu du monde, et savez mal la cour. —
Est-ce autrement qu'en prince on doit traiter l'amour ? —
Vous le traitez, mon fils, et parlez en jeune homme.

Style comique; mais le caractère d'Attale, trop avili, commence ici à se développer, et devient intéressant.

On ne peut terminer un acte plus froidement. La raison est que l'intrigue est très froide, parce que personne n'est véritablement en danger.

ACTE QUATRIÈME.

SCÈNE I.

Arsinoé joue précisément le rôle de la femme du *Malade imaginaire*, et Prusias celui du *malade* qui croit sa femme. Très souvent des scènes tragiques ont le même fond que des scènes de comédie : c'est alors qu'il faut faire les plus grands efforts pour fortifier par le style la faiblesse du sujet. On ne peut cacher entièrement le défaut; mais on l'orne, on l'embellit par le charme de la poésie. Ainsi dans *Mithridate*, dans *Britannicus, etc.*

SCÈNE II.

V. 3.   Grace à ce conquérant, à ce preneur de villes !
       Grace... — De quoi, madame, etc.

C'est encore ici de l'ironie. Nicomède ne doit pas répondre sur le même ton, et ne faire que répéter qu'il a pris des villes.

V. 18.   Qui n'a que la vertu de son intelligence,
       Et, vivant sans remords, marche sans défiance.

Cela veut dire, *qui ne s'entend qu'avec la vertu,* mais cela est très mal dit. Il semble qu'il n'ait d'autre vertu que l'*intelligence.*

V. 26.   Que son maître Annibal, malgré la foi publique,
       S'abandonne aux fureurs d'une terreur panique.

Fureur d'une terreur est un contre-sens : *fureur* est le contraire de la crainte.

V. 41. Car enfin, hors de là, que peut-il m'imputer ?

Hors de là, c'est toujours le style de la comédie.

V. 53. Mais tout est excusable en un amant jaloux.

Il y a de l'ironie dans ce vers; et le pauvre Prusias ne le sent pas. Il ne sent rien. Tranchons le mot : il joue le rôle d'un vieux père de famille imbécille. Mais, dira-t-on, cela n'est-il pas dans la nature? n'y a-t-il pas des rois qui gouvernent très mal leurs familles, qui sont trompés par leurs femmes, et méprisés par leurs enfans? Oui; mais il ne faut pas les mettre sur le théâtre tragique. Pourquoi? c'est qu'il ne faut pas peindre des ânes dans les batailles d'Arbelles ou de Pharsale.

V. 60. ... Par mon propre bras elle amassait pour lui.

Amassait, quoi? *Amasser* n'est point un verbe sans régime. Partout des solécismes.

V. 76. L'offense, une fois faite à ceux de notre rang,
Ne se répare point que par des flots de sang.

Point que n'est pas français; il faut *ne se répare que par des flots.*

V. 82. L'exemple est dangereux et hasarde nos vies,
S'il met en sûreté de telles calomnies.

L'expression propre était, *s'il laisse de telles calomnies impunies.* On ne met point la calomnie en sûreté; on l'enhardit par l'impunité.

V. 90.   C'est être trop adroit, prince, et trop bien l'entendre.

Ce ton bourgeois rend encore le rôle d'Arsinoé plus bas et plus petit. L'accusation d'un assassinat devait au moins jeter du tragique dans la pièce; mais elle y produit à peine un faible intérêt de curiosité.

V. 91.   Laisse là Métrobate, et songe à te défendre.

Ce discours est d'un prince imbécille; c'est précisément de Métrobate dont il s'agit. Le roi ne peut savoir la vérité qu'en fesant donner la question à ces deux misérables; et cette vérité, qu'il néglige, lui importe infiniment.

V. 93.   M'en purger! moi, seigneur! vous ne le croyez pas.

Ce vers est beau, noble, convenable au caractère et à la situation; il fait voir tous les défauts précédens.

V. 94.   Vous ne savez que trop qu'un homme de ma sorte,
          Quand il se rend coupable, un peu plus haut se porte;
          Qu'il lui faut un grand crime à tenter son devoir.

Un homme de sa sorte, qui un péu plus haut se porte, et à qui il faut un grand crime à tenter son devoir, n'a pas un style digne de ce beau vers:

M'en purger! moi, seigneur! vous ne le croyez pas.

Il y a de la grandeur dans ce que dit Nicomède, mais il faut que la grandeur et la pureté du style y répondent.

V. 106. La fourbe n'est le jeu que des petites ames,
   Et c'est là proprement le partage des femmes.

Ce vers, quoique indirectement adressé à Arsinoé, n'est-il pas un trait un peu fort contre tout le sexe; quoique Corneille ait prit plaisir à faire des rôles de femmes, nobles, fiers et intéressans, on peut cependant remarquer qu'en général il ne les ménage pas.

V. 110. A ce dernier moment la conscience presse;
   Pour rendre compte aux dieux tout respect humain cesse.

Ces idées sont belles et justes; elles devraient être exprimées avec plus de force et d'élégance.

V. 112. Et ces esprits légers, approchant des abois,
   Pourraient bien se dédire une seconde fois.

Cette expression *des abois*, qui par elle-même n'est pas noble, n'est plus d'usage aujourd'hui. *Un esprit léger qui approche des abois* est une impropriété trop grande.

V. 124. Je ne demande point que, par compassion,
   Vous assuriez un sceptre à ma protection.

Le sens n'est pas assez clair; elle veut dire, *que ma protection assure le sceptre à mon fils.*

V. 130. Je n'aime point si mal que de ne vous pas suivre
   Sitôt qu'entre mes bras vous cesserez de vivre.

Cela n'est pas français; il fallait, *je vous aime trop pour ne vous pas suivre*, ou plutôt, il ne fallait pas exprimer ce sentiment, qui est admirable quand il est vrai, et ridicule quand il est faux.

V. 134. . . . . . . Oui, seigneur, cette heure infortunée
Par mes derniers soupirs clora ma destinée.

Clore, clos, n'est absolument point d'usage dans le style tragique. L'intérêt devrait être pressant dans cette scène, et ne l'est pas : c'est que Prusias, sur qui se fixent d'abord les yeux, partagé entre une femme et un fils, ne dit rien d'intéressant; il est même encore avili. On voit que sa femme le trompe ridiculement, et que son fils le brave. On ne craint rien au fond pour Nicomède; on méprise le roi, on hait la reine.

V. 148. Il sait tous les secrets du fameux Annibal.

Il sait tous les secrets est une expression bien basse, pour signifier, *il est l'élève du grand Annibal; il a été formé par lui dans l'art de la guerre et de la politique.* Arsinoé parle avec trop d'ironie, et laisse peut-être trop voir sa haine dans le temps qu'elle veut la dissimuler.

SCÈNE III.

V. 1. Nicomède, en deux mots, ce désordre me fâche.

Le mot *fâcher* est bien bourgeois. Ce vers comique et trivial jette du ridicule sur le caractère de Prusias, et fait trop apercevoir au spectateur que toute l'intrigue de cette tragédie n'est qu'une tracasserie.

V. 4.   **Et tâchons d'assurer la reine qui te craint.**

Le mot *d'assurer* n'est pas français ici; il faut *de rassurer*. On assure une vérité; on rassure une ame intimidée.

V. 5.   **J'ai tendresse pour toi, j'ai passion pour elle.**

Il faut, pour l'exactitude, *j'ai de la tendresse, j'ai de la passion;* et pour la noblesse et l'élégance, il faut un autre tour.

V. 12. . . . . Et que dois-je être? — Roi.
    Reprenez hautement ce noble caractère.
    Un véritable roi n'est ni mari ni père;
    Il regarde son trône, et rien de plus. Régnez.
    Rome vous craindra plus que vous ne la craignez.

Ce morceau sublime, jeté dans une comédie, fait voir combien le reste est petit. Il n'y a peut-être rien de plus beau dans les meilleures pièces de Corneille. Ce vrai sublime fait sentir combien l'ampoulé doit déplaire aux esprits bien faits. Il n'y a pas un mot dans ces quatre vers qui ne soit simple et noble, rien de trop ni de trop peu. L'idée est grande, vraie, bien placée, bien exprimée. Je ne connais point dans les anciens de passage qui l'emporte sur celui-ci. Il fallait que toute la pièce fût sur ce ton héroïque. Je ne veux pas dire que tout doive tendre au sublime, car alors il n'y en aurait point; mais tout doit être noble. Nicomède insulte ici un peu son père; mais Prusias le mérite.

V. 34. Quelle fureur t'aveugle en faveur d'une femme !
　　　Tu la préfères, lâche, à ces prix glorieux
　　　Que ta valeur unit au bien de tes aïeux.

Prusias ne doit point traiter son fils de lâche, ni lui dire qu'il *est indigne de vivre après cette infamie.* Il doit avoir assez d'esprit pour entendre ce que lui dit son fils, et ce que ce prince lui explique bientôt après.

V. 46. Mais un monarque enfin comme un autre homme expire.

Quoique ce vers soit un peu prosaïque, il est si vrai, si ferme, si naturel, si convenable au caractère de Nicomède, qu'il doit plaire beaucoup, ainsi que le reste de la tirade. On aime ces vérités dures et fières, surtout quand elles sont dans la bouche d'un personnage qui les relève encore par sa situation.

SCÈNE IV.

V. 3. Le sénat en effet pourra s'en indigner;
　　　Mais j'ai quelques amis qui sauront le gagner.

Autre ironie de Flaminius.

V. 10. Je veux qu'au lieu d'Attale il lui serve d'otage;
　　　Et pour l'y mieux conduire il vous sera donné
　　　Sitôt qu'il aura vu son frère couronné.

Pourquoi cette idée soudaine d'envoyer Nicomède à Rome? elle paraît bizarre. Flaminius ne
l'a point demandé; il n'en a jamais été question.
Prusias est un peu comme les vieillards de comédie, qui prennent des résolutions outrées quand
on leur a reproché d'être trop faibles. Il est bien
lâche dans sa colère de remettre son fils aîné entre
les mains de Flaminius son ennemi.

V. 14. Va, va lui demander ta chère Laodice.

Autre ironie, qui est dans Prusias le comble de
la lâcheté et de l'avilissement.

V. 17. Rome sait vos hauts faits et déja vous adore.

Autre ironie aussi froide que le mot *vous
adore* est déplacé.

SCÈNE V.

V. 11. Seigneur, l'occasion fait un cœur différent.

Faire au lieu de *rendre* ne se dit plus. On n'écrit
point *cela vous fait heureux*, mais *cela vous rend
heureux*. Cette remarque, ainsi que toutes celles
purement grammaticales, sont pour les étrangers
principalement.

Cette scène est toute de politique, et par consé-
séquent très froide : quand on veut de la politique, il faut lire Tacite; quand on veut une

tragédie , il faut lire *Phèdre*. Cette politique
de Flaminius est d'ailleurs trop grossière. Il dit
que Rome fesait une injustice en procurant le
royaume de Laodice au prince Attale, et que lui
Flaminius s'était chargé de cette injustice : n'est-ce
pas perdre tout son crédit? Quel ambassadeur a
jamais dit : On m'a chargé d'être un fripon ? Ces
expressions, *ce n'est pas loi pour elle, reine comme
elle est, à bien parler, etc.,* ne relèvent pas cette
scène.

V. 51. Ce serait mettre encor Rome dans le hasard
   Que l'on crût artifice ou force de sa part, etc.

La plupart de tous ces vers sont des barbarismes; ce dernier en est un; il veut dire, *ce serait
exposer le sénat à passer pour un fourbe ou pour un
tyran.*

V. 58. Rome ne m'aime pas, elle hait Nicomède.

Ce vers excellent est fait pour servir de maxime
à jamais.

V. 65. Mais, puisqu'enfin ce jour vous doit faire connaître
   Qué Rome vous a fait ce que vous allez être,
   Que perdant son appui vous ne serez plus rien,
   Que le roi vous l'a dit, souvenez-vous en bien.

Tâchons d'éviter ces phrases louches et embar-
rassées.

SCÈNE VI. · ·

V. 1. Attale, était-ce ainsi que régnaient tes ancêtres ?

Dans ce monologue, qui prépare le dénoûment, on aime à voir le prince Attale prendre
les sentimens qui conviennent au fils d'un roi
qui va régner lui-même; mais Flaminius lui a
laissé très imprudemment voir que Rome hait
Nicomède sans aimer Attale; mais si Flaminius
est un peu maladroit, Attale est un peu impru-
dent d'abandonner tout d'un coup des protecteurs tels que les Romains, qui l'ont élevé, qui
viennent de le couronner, et cela en faveur d'un
prince qui l'a toujours traité avec un mépris in-
sultant qu'on ne pardonne jamais. Rien de tout
cela ne paraît ni naturel, ni bien conduit, ni intéressant; mais le monologue plaît parce qu'il est
noble. Il est toujours désagréable de voir un prince
qui ne prend une résolution noble que parce qu'il
s'aperçoit qu'on l'a joué, qu'on l'a méprisé : je
ne sais s'il n'eût pas mieux valu qu'il eût puisé ces
nobles sentimens dans son caractère, à la vue des
lâches intrigues qu'on fesait, même en sa faveur,
contre son frère.

V. 12. Et comme ils font pour eux fesons aussi pour nous

est encore du style comique.

ACTE CINQUIÈME.

SCÈNE I.

V. 1. J'ai prévu ce tumulte, et n'en vois rien à craindre.
Comme un moment l'allume un moment peut l'éteindre.

On n'allume pas un tumulte. Il se fait dans la
ville une sédition imprévue : c'est une machine
qu'il n'est plus guère permis d'employer aujour-
d'hui, parce qu'elle est triviale, parce qu'elle n'est
pas renfermée dans l'exposition de la pièce, parce
que, n'étant pas née du sujet, elle est sans art et
sans mérite. Cependant si cette sédition est sérieuse, Arsinoé et son fils perdent leur temps à
raisonner sur la puissance et sur la politique des
Romains. Arsinoé lui dit froidement : *Vous me
ravissez d'avoir cette prudence.* Ce vers comique et
les fautes de langue ne contribuent pas à embellir
cette scène.

V. 14. Puisque te voilà roi, l'Asie a d'autres reines,
Qui, loin de te donner des rigueurs à souffrir,
T'épargneront bientôt la peine de t'offrir.

On ne donne point des rigueurs comme on
donne des faveurs; cela n'est pas français, parce
que cela n'est admis dans aucune langue.

V. 22. Pourras-tu dans son lit dormir en assurance?
Et refusera-t-elle à son ressentiment
Le fer ou le poison pour venger son amant?

Quelle idée! pourquoi lui dire que sa femme l'empoisonnera ou l'assassinera?

V. 26. Que de fausses raisons pour me cacher la vraie !

Ce n'est pas elle qui cache la vraie raison; ce qu'il dit à sa mère ne doit être dit qu'à Flaminius. Ce n'est pas assurément sa mère qui craint qu'Attale ne soit trop puissant.

V. 36. Sa chute doit guérir l'ombrage qu'elle en prend.

On ne guérit point un ombrage; cette expression est impropre.

V. 37. C'est blesser les Romains que faire une conquête,
Que mettre trop de bras sous une seule tête.

Mettre des bras sous une tête !

V. 39. Et leur guerre est trop juste après cet attentat
Que fait sur leur grandeur un tel crime d'état.

Un attentat qu'un crime d'état fait sur une grandeur, c'est à la fois un solécisme et un barbarisme.

V. 45. Je les connais, madame, et j'ai vu cet ombrage
Détruire Antiochus et renverser Carthage.

Un ombrage qui a détruit Carthage !

V. 48. Je cède à des raisons que je ne puis forcer.

Des raisons qu'on ne peut forcer; c'est un barbarisme.

V. 55. . . . . Cependant prenez soin
D'assurer des jaloux dont vous avez besoin.

Assurer des jaloux ne s'entend point. Quelque sens qu'on donne à cette phrase, elle est inintelligible.

SCÈNE II.

Cette scène paraît jeter un peu de ridicule sur la reine. Flaminius vient l'avertir, elle et son fils, qu'il n'est pas sage de parler de tout autre chose que d'une sédition qui est à craindre, et lui cite de vieux exemples de l'histoire de Rome. Au lieu de s'adresser au roi, il vient parler à sa femme; c'est traiter ce roi en vieillard de comédie qui n'est pas le maître chez lui.

V. 9.   Ne vous figurez plus que ce soit le confondre
Que de le laisser faire et ne lui point répondre, etc.

Laisser faire le peuple, expression trop triviale. *Ne point répondre au peuple,* expression impropre. *L'escadron mutin qu'on aurait abandonné à sa confusion* n'est pas meilleur.

SCÈNE III.

V. 3.   Ces mutins ont pour chefs les gens de Laodice.

Mais que veut Laodice? sauver son amant? c'est le perdre. Il n'est point libre; il est en la puissance du roi. Laodice, en fesant révolter le

peuple en sa faveur, le rend décidément criminel, et expose sa vie et la sienne, surtout dans
une cour tyrannique dont elle a dit : *Quiconque
entre au palais porte sa tête au roi.* On pardonne-
rait cette action violente et peu réfléchie à une
amante emportée par sa passion, à une Hermione;
mais ce n'est pas ainsi que Corneille a peint
Laodice.

Les mutins n'entendent plus raison, dit La Bruyère;
dénoûment vulgaire de tragédie. Ce dénoûment
n'était pas encore vulgaire du temps de Corneille;
il ne l'avait employé que dans *Héraclius.* On ne
conseillerait pas aujourd'hui d'employer ce moyen,
qui serait trop grossier, s'il n'était relevé par de
grandes beautés.

V. 5. **Ainsi votre tendresse et vos soins sont payés.**

C'est ici une ironie d'Attale; il a dessein de
sauver Nicomède.

SCÈNE IV.

C'est une règle invariable que quand on introduit des personnages chargés d'un secret important, il faut que ce secret soit révélé : le public
s'y attend; on doit dans tous les cas lui tenir ce
qu'on lui a promis. Arsinoé a été menacée de la
délation de ces prisonniers. Arsinoé a fait accroire
au roi que Nicomède les a subornés. Cet éclair-

cissement est la chose la plus importante, et il ne se fait point. C'est peut-être mal dénouer cette intrigue que de faire massacrer ces deux hommes par le peuple.

V. 12.   Mais un dessein formé ne tombe pas ainsi.

Flaminius presse toujours d'agir; cependant le roi, la reine et le prince Attale restent dans la plus grande tranquillité. Cette inaction est extraordinaire, surtout de la part de la reine, dont le caractère est remuant. N'a-t-elle pas tort d'être tranquille, et de ne pas craindre qu'on la traite comme Métrobate et Zénon? Le peuple ne les a déchirés que parce qu'il les a crus apostés par elle. Si on a tué ses complices, elle doit trembler pour elle-même. Il est beau de présenter au public une reine intrépide, mais il faut qu'elle soit assez éclairée pour connaître son danger.

V. 13.   Il suit toujours son but jusqu'à ce qu'il l'emporte.

On n'emporte point un but; on n'éteint point une horreur, toujours des termes impropres et sans justesse.

SCÈNE V.

V. 13.   . . . . C'est livrer à sa rage
Tout ce qui de plus près touche votre courage...

Expression vicieuse.

V. 24.　C'est l'otage de Rome et non plus votre fils.

Tout ce discours de Flaminius est une consé-
quence de son caractère artificieux parfaitement
soutenu; mais remarquez que jamais des raisonnemens politiques ne font un grand effet dans un
cinquième acte, où tout doit être action ou sentiment, où la terreur et la pitié doivent s'emparer
de tous les cœurs.

V. 36.　Ah! rien de votre part ne saurait me choquer.

On sent assez que cette manière de parler est
trop familière. Je passe plusieurs termes déja ob-
servés ailleurs.

V. 44.　Amusez-le du moins à débattre avec vous.

Débattre est un verbe réfléchi qui n'emporte
point son action avec lui. Il en est ainsi de *plaindre*,
souvenir; on dit, *se plaindre, se souvenir, se débattre;*
mais quand *débattre* est actif, il faut un sujet, un
objet, un régime. Nous avons débattu ce point;
cette opinion fut débattue.

V. 48.　Vous ferez comme lui le surpris, le confus.

C'est un vers de comédie, et le conseil d'Arsinoé
tient aussi un peu du comique.

V. 53.　....... Mille empêchemens que vous ferez vous-même...

n'est ni noble, ni français; on ne fait point des
empêchémens.

V. 54. **Pourront de toutes parts aider au stratagème.**

Le roi et son épouse, qui dans une situation si pressante ont resté si long-temps paisibles, se déterminent enfin à prendre un parti; mais il paraît que le lâche conseil que donne Arsinoé est petit, indigne de la tragédie; et ses expressions, *faire le surpris, le confus, sitôt qu'il sera jour,* et *fuir vous et moi,* sont d'un style aussi lâche que le conseil.

V. 61. .... Ah! j'avoûrai, madame,
    Que le ciel a versé ce conseil dans votre ame.

C'est là que Prusias est plus que jamais un vieillard de Molière qui ne sait quel parti prendre, et qui trouve toujours que sa femme a raison.

V. 64. Il vous assure, et vie, et gloire, et liberté.

Il vous assure vie!

SCÈNE VI.

V. 1. Attale, où courez-vous?—Je vais de mon côté...
    A votre stratagème en ajouter quelque autre.

Le projet que forme sur-le-champ le prince Attale de délivrer son frère est noble, grand, et produit dans la scène un très bel effet; mais la manière dont il l'annonce aux spectateurs ne tient-elle pas trop de la comédie?

SCÈNE VII.

Pourquoi la reine d'Arménie vient-elle là? Si elle veut qu'Arsinoé soit sa prisonnière, elle doit venir avec des gardes.

V. 8. Il lui faudrait du front tirer le diadème.

Tirer un diadème du front!

V. 13. Le ciel ne m'a pas fait l'ame plus violente.

Voici encore au cinquième acte, dans le moment où l'action est la plus vive, une scène d'ironie, mais remplie de beaux vers. Laodice, en qualité de chef de parti, au lieu de venir braver la reine sous le frivole prétexte de la prendre sous sa protection, devrait veiller plus soigneusement à la suite de la révolte et à la sûreté du prince qu'elle appelle son époux. Elle vient inutilement; elle n'a rien à dire à Arsinoé. Ces deux femmes se bravent sans savoir en quel état sont leurs affaires; mais les scènes de bravades réussissent presque toujours au théâtre.

V. 18. Nous nous entendons mal, madame, je le voi;
Ce que je dis pour vous, vous l'expliquez pour moi.

Ces méprises entre deux reines, ces équivoques semblent bien peu dignes de la tragédie.

V. 21. Et je viens vous chercher pour vous prendre en ma garde,
Pour ne hasarder pas en vous la majesté
Au manque de respect d'un grand peuple irrité.

Hasarder une majesté au manque de respect! encore s'il y avait *exposer*. Ce ne sont point là les *pompeux solécismes* que Boileau réprouve avec tant de raison, ce sont de très plats solécismes.

V. 62. Mais hâtez-vous, de grace, et faites bien ramer ;
　　　　Car déja sa galère a pris le large en mer.

Ironie ou plutôt plaisanterie indigne de la noblesse tragique, ainsi que toutes celles qu'on a remarquées.

V. 68. Mais plutôt demeurez pour me servir d'otage.

Elle lui parle comme si elle était maîtresse du palais ; elle devrait donc avoir des gardes.

V. 74. Je veux qu'elle me voie au cœur de ses états
　　　　Soutenir ma fureur d'un million de bras,
　　　　Et sous mon désespoir rangeant sa tyrannie...

Ranger une tyrannie sous un désespoir ! quelle phrase ! quelle barbarie de langage !

V. 81. Puisque le roi veut bien n'être roi qu'en peinture,
　　　　Que lui doit importer qui donne ici la loi ?

Être roi en peinture ; cette expression est du grand nombre de celles auxquelles on reproche d'être trop familières.

SCÈNE VIII.

V. 2. .... Tous les dieux irrités
　　　　Dans les derniers malheurs nous ont précipités :
　　　　Le prince est échappé.

C'est dommage que la belle action d'Attale ne

se présente ici que sous l'idée d'un mensonge et d'une supercherie. *Le prince est échappé* tient encore du comique.

V. 8.   Le malheureux Araspe avec sa faible escorte
        L'avait déja conduit à cette fausse porte.

Je pense qu'on doit rarement parler, dans un cinquième acte, de personnages qui n'ont rien fait dans la pièce. Araspe, sacrifié ici, n'est pas un objet assez important, et le prince qui l'a fait tuer est coupable d'une très vilaine action.

V. 22. .... Ce monarque étonné
        A ses frayeurs déja s'était abandonné.

Voilà ce pauvre bon homme de Prusias avili plus que jamais; il est traité tour à tour par ses deux enfans de sot et de poltron.

SCÈNE IX.

V. 1.   Non, non, nous revenons l'un et l'autre en ces lieux
        Défendre votre gloire, ou mourir à vos yeux.

Corneille dit lui-même, dans son examen, qu'il avait d'abord fini sa pièce sans faire revenir l'ambassadeur et le roi; qu'il n'a fait ce changement que pour plaire au public, qui aime à voir à la fin d'une pièce tous les acteurs réunis. Il convient que ce retour avilit encore plus le caractère de Prusias, de même que celui de Flaminius, qui se trouve dans une situation humiliante, puisqu'il semble n'être revenu que pour être témoin du triomphe de son ennemi. Cela prouve que le plan de cette tragédie était impraticable.

V. 3. Mourons, mourons, seigneur, et dérobons nos vies
      A l'absolu pouvoir des fureurs ennemies;
      N'attendons pas leur ordre, et montrons-nous jaloux
      De l'honneur qu'ils auraient à disposer de nous.

La pensée est très mal exprimée; il fallait dire, *ravissons-leur, en mourant, la gloire d'ordonner de notre sort*; il fallait au moins s'énoncer avec plus de clarté et de justesse.

V. 11. Je le désavoûrais s'il n'était magnanime,
      S'il manquait à remplir l'effort de mon estime.

Manquer à remplir l'effort d'une estime! On s'indigne quand on voit la profusion de ces irrégularités, de ces termes impropres. On ne voit point cette foule de barbarismes dans les belles scènes des *Horaces* et de *Cinna*. Par quelle fatalité Corneille écrivait-il toujours avec plus d'incorrection et dans un style plus grossier, à mesure que la langue se perfectionnait sous Louis XIV? Plus son goût et son style devaient se perfectionner, et plus ils se corrompaient.

SCÈNE X.

V. 7. Je viens en bon sujet vous rendre le repos.

Nicomède, toujours fier et dédaigneux, bravant toujours son père, sa marâtre et les Romains, devient généreux, et même docile, dans le moment où ils veulent le perdre, et où il se trouve leur maître. Cette grandeur d'ame réussit toujours; mais il ne doit pas dire qu'il adore les bontés d'Arsinoé. Quant au royaume qu'il offre de conquérir au prince Attale, cette promesse ne paraît-elle pas trop romanesque? et ne peut-on pas craindre que cette vanité ne fasse une opposition trop forte avec les discours nobles et sensés qui la précèdent? Au reste le retour de Nicomède dut faire grand plaisir aux spectateurs; et je présume qu'il en eût fait davantage, si ce prince eût été dans un danger évident de perdre la vie.

V. 37. Je me rends donc aussi, madame, et je veux croire
Qu'avoir un fils si grand est ma plus grande gloire, etc.

Si Prusias n'est pas, du commencement jusqu'à la fin, un vieillard de comédie, j'ai tort.

V. 42.   Mais il m'a demandé mon diamant pour gage.

Attale paraît ici bien prudent, et Nicomède bien peu curieux; mais, si ce moyen n'est pas digne de la tragédie, la situation n'en est pas moins belle. Il paraît seulement bien injuste et bien odieux qu'Attale ait assassiné un officier du roi son père, qui fesait son devoir. Ne pouvait-il pas faire une belle action sans la souiller par cette

horreur? À l'égard du diamant, je ne sais si Boileau, qui blâmait tant l'anneau royal dans *Astrate*,
était content du diamant de Nicomède.

V. 61. Seigneur, à découvert, toute ame généreuse
       D'avoir votre amitié doit se tenir heureuse;
       Mais nous n'en voulons plus avec ces dures lois
       Qu'elle jette toujours sur la tête des rois.

Jeter des lois sur la tête! Cette métaphore a le
vice que nous avons remarqué dans les autres,
de manquer de justesse, parce qu'on ne peut jeter
une loi comme on jette de l'opprobre, de l'infamie, du ridicule. Dans ces cas, le mot *jeter* rappelle l'idée de quelque souillure, dont on peut
physiquement couvrir quelqu'un; mais on ne peut
couvrir un homme d'une loi. Je n'ai rien à dire
de plus sur la pièce de *Nicomède*. Il faut lire l'examen que l'auteur lui-même en a fait.

REMARQUES SUR PERTHARITE,

ROI DES LOMBARDS,

TRAGÉDIE REPRÉSENTÉE EN 1659[*].

———

PRÉFACE DU COMMENTATEUR.

Cette pièce, comme on sait, fut malheureuse; elle ne put être représentée qu'une fois; le public fut juste. Corneille, à la fin de l'examen de *Pertharite*, dit que les sentimens en sont *assez vifs et nobles, et les vers assez bien tournés.* Le respect pour la vérité, toujours plus fort que le respect pour Corneille, oblige d'avouer que les sentimens sont outrés ou faibles, et rarement nobles; et que les vers, loin d'être bien tournés, sont presque tous d'une prose comique rimée.

Dès la seconde scène, Éduige dit à Rodelinde:

> Je ne vous parle pas de votre Pertharite;
> Mais il se pourra faire enfin qu'il ressuscite,
> Qu'il rende à vos désirs leur juste possesseur;
> Et c'est dont je vous donne avis en bonne sœur.
> . . . .
> Vous êtes donc, madame, un grand exemple à suivre. —
> Pour vivre l'ame saine on n'a qu'à m'imiter. —
> Et qui veut vivre aimé n'a qu'à vous en conter.

[*] En 1653.

Les noms seuls des héros de cette pièce révoltent; c'est une Éduige, un Grimoald, un Unulphe. L'auteur de *Childebrand* ne choisit pas plus mal son sujet et son héros.

Il est peut-être utile pour l'avancement de l'esprit humain, et pour celui de l'art théâtral, de rechercher comment Corneille, qui devait s'élever toujours après ses belles pièces; qui connaissait le théâtre, c'est-à-dire le cœur humain; qui était plein de la lecture des anciens, et dont l'expérience devait avoir fortifié le génie, tomba pourtant si bas, qu'on ne peut supporter ni la conduite, ni les sentimens, ni la diction de plusieurs de ses dernières pièces. N'est-ce point qu'ayant acquis un grand nom, et ne possédant pas une fortune digne de son mérite, il fut forcé souvent de travailler avec trop de hâte? *Conatibus obstat res angusta domi.* Peut-être n'avait-il pas d'ami éclairé et sévère; il avait contracté une malheureuse habitude de se permettre tout, et de parler mal sa langue. Il ne savait pas, comme Racine, sacrifier de beaux vers, et des scènes entières.

Les pièces précédentes de *Nicomède* et de *Don Sanche d'Aragon* n'avaient pas eu un brillant succès : cette décadence devait l'avertir de faire de nouveaux efforts; mais il se reposait sur sa réputation; sa gloire nuisait à son génie; il se voyait sans rival; on ne citait que lui, on ne connaissait que lui. Il lui arriva la même chose qu'à Lulli, qui, ayant excellé dans la musique de déclamation, à l'aide de l'inimitable Quinault, fut très faible et se négligea souvent dans presque tout le reste; manquant de rival comme Corneille, il ne fit point d'efforts pour se surpasser lui-même. Ses contemporains ne connaissaient pas sa faiblesse; il a fallu que, long-temps après, il soit venu un homme supérieur pour que les Français, qui ne jugent des arts que par comparaison, sentissent combien la plupart des airs détachés et des symphonies de Lulli ont de faiblesse.

Ce serait à regret que j'imprimerais la pièce de *Pertharite*, si je ne croyais y avoir découvert le germe de la belle tragédie d'*Andromaque*.

Serait-il possible que ce *Pertharite* fût en quelque façon le père de la tragédie pathétique, élégante et forte d'*Andromaque*? pièce admirable, à quelques scènes de coquetterie près, dont le vice même est déguisé par le charme d'une poésie parfaite, et par l'usage le plus heureux qu'on ait fait de la langue française.

L'excellent Racine donna son *Andromaque* en 1668, neuf[*] ans après *Pertharite*. Le lecteur peut consulter le commentaire qu'on trouvera

[*] C'est quinze après : la tragédie de *Pertharite* ayant été représentée en 1653.

dans le second acte; il y trouvera toute la disposition de la tragédie d'*Andromaque*, et même la plupart des sentimens que Racine a mis en œuvre
avec tant de supériorité; il verra comment d'un
sujet manqué, et qui paraît très mauvais, on
peut tirer les plus grandes beautés, quand on sait
les mettre à leur place.

C'est le seul commentaire qu'on fera sur la
pièce infortunée de *Pertharite*. Les amateurs et les
auteurs ajouteront aisément leurs propres réflexions au peu que nous dirons sur cet honneur
singulier qu'eut *Pertharite* de produire les plus
beaux morceaux d'*Andromaque*.

PERTHARITE,

ROI DES LOMBARDS,

TRAGÉDIE.

———

ACTE PREMIER.

SCÈNE I.

V. 11. S'il m'aime, il doit aimer cette digne arrogance
Qui brave ma fortune, et remplit ma naissance.

On est toujours étonné de cette foule d'impropriétés, de cet amas de phrases louches, irrégulières, incohérentes, obscures, et de mots qui ne sont point faits pour se trouver ensemble; mais on ne remarquera pas ces fautes qui reviennent à tout moment dans *Pertharite*. Cette pièce est si au dessous des plus mauvaises de notre temps, que presque personne ne peut la lire. Les remarques sont inutiles.

V. 25. Son ambition seule... —Unulphe, oubliez-vous
Que vous parlez à moi, qu'il était mon époux?
Non, mais vous oubliez que, bien que la naissance
Donnât à son aîné la suprême puissance,
Il osa toutefois partager avec lui
Un sceptre dont son bras devait être l'appui, etc.

Cette exposition est très obscure. Un Unulphe, un Gundebert, un Grimoald, annoncent d'ailleurs une tragédie bien lombarde. C'est une grande erreur de croire que tous ces noms barbares de Goths, de Lombards, de Francs, puissent faire sur la scène le même effet qu'Achille, Iphigénie, Andromaque, Électre, Oreste, Pyrrhus. Boileau se moque avec raison de celui *qui pour son héros va choisir Childebrand.* Les Italiens eurent grande raison, et montrèrent le bon goût qui les anima long-temps, lorsqu'ils firent renaître la tragédie au commencement du seizième siècle; ils prirent presque tous les sujets de leurs tragédies chez les Grecs. Il ne faut pas croire qu'un meurtre commis dans la rue Tiquetonne ou dans la rue Barbette, que des intrigues politiques de quelques bourgeois de Paris, qu'un prevôt des marchands nommé *Marcel*, que les sieurs Aubert et Fauconnau, puissent jamais remplacer les héros de l'antiquité. Nous n'en dirons pas plus sur cette pièce : voyez seulement les endroits où Racine a taillé en diamans brillans les cailloux bruts de Corneille.

ACTE SECOND.

SCÈNE I.

V. 1.   Je l'ai dit à mon traître, et je vous le redis, etc.

Il me paraît prouvé que Racine a puisé toute l'ordonnance de sa tragédie d'*Andromaque* dans ce second acte de *Pertharite*. Dès la première scène

vous voyez Éduige qui est avec son Garibalde précisément dans la même situation qu'Hermione
avec Oreste. Elle est abandonnée par un Grimoald, comme Hermione par Pyrrhus ; et, si
Grimoald aime sa prisonnière Rodelinde, Pyrrhus aime Andromaque sa captive. Vous voyez
qu'Éduige dit à Garibalde les mêmes choses
qu'Hermione dit à Oreste; elle a des ardens souhaits de voir punir le change de Grimoald; elle
assure sa conquête à son vengeur; il faut servir sa
haine pour venger son amour : c'est ainsi qu'Hermione dit à Oreste :

> Vengez-moi, je crois tout...—
> Qu'Hermione est le prix d'un tyran opprimé ;
> Que je le hais; enfin... que je l'aimai.

Oreste, en un autre endroit, dit à Hermione
tout ce que dit ici Garibalde à Éduige :

> Le cœur est pour Pyrrhus, et les vœux pour Oreste...
> Et vous le haïssez! avouez-le, madame,
> L'amour n'est pas un feu qu'on renferme en une ame ;
> Tout nous trahit, la voix, le silence, les yeux ;
> Et les feux mal couverts n'en éclatent que mieux.

Hermione parle absolument comme Éduige
quand elle dit :

> Mais cependant ce jour il épouse Andromaque...
> Seigneur, je le vois bien, votre ame prévenue
> Répand sur mes discours le venin qui la tue.

Enfin l'intention d'Éduige est que Garibalde

la serve en détachant le parjure Grimoald·de sa
rivale Rodelinde; et Hermione veut qu'Oreste, en
demandant Astyanax, dégage Pyrrhus de son
amour pour Andromaque. Voyez avec attention
la scène cinquième du second acte, vous trouverez une ressemblance non moins marquée entre
Andromaque et Rodelinde. Voyez la scène cinquième et la première scène de l'acte troisième.

SCÈNE V.

V. 39. La vertu doit régner dans un si grand projet,
En être seule cause, et l'honneur, seul objet;
Et, depuis qu'on le souille, ou d'espoir de salaire,
Ou de chagrin d'amour, ou de souci de plaire,
Il part indignement d'un courage abattu,
Où la passion règne et non pas la vertu.

Andromaque dit à Pyrrhus :

Seigneur, que faites-vous? et que dira la Grèce?
Faut-il qu'un si grand cœur montre tant de faiblesse,
Et qu'un dessein si beau, si grand, si généreux,
Passe pour le transport d'un esprit amoureux...
Non, non, d'un ennemi respecter la misère,
Sauver des malheureux, rendre un fils à sa mère,
De cent peuples, pour lui, combattre la rigueur,
Sans me faire payer son salut de mon cœur,
Malgré moi, s'il le faut, lui donner un asile;
Seigneur, voilà des soins dignes du fils d'Achille.

On reconnaît dans Racine la même idée, les
mêmes nuances que dans Corneille; mais avec
cette douceur, cette mollesse, cette sensibilité et

cet heureux choix de mots, qui portent l'attendrissement dans l'âme.

Grimoald dit à Rodelinde :

> Vous la craindrez peut-être en quelque autre personne.

Grimoald entend par là le fils de Rodelinde, et il veut punir par la mort du fils les mépris de la mère; c'est ce qui se développe au troisième·acte. Ainsi Pyrrhus menace toujours Andromaque d'immoler Astyanax, si elle ne se rend à ses désirs : on ne peut voir une ressemblance plus entière; mais c'est la ressemblance d'un tableau de Raphaël à une esquisse grossièrement dessinée.

> Songez-y bien; il faut désormais que mon cœur,
> S'il n'aime avec transport, haïsse avec fureur.
> Je n'épargnerai rien dans ma juste colère;
> Le fils me répondra des mépris de la mère.

ACTE TROISIÈME.

SCÈNE I.

V. 5.   Il y va de sa vie, et la juste colère
Où jettent cet amant les mépris de la mère,
Veut punir sur le sang de ce fils innocent
La dureté d'un cœur si peu reconnaissant.
C'est à vous d'y penser, tout le choix qu'on vous donne
C'est d'accepter pour lui la mort ou la couronne.
Son sort est en vos mains; aimer, ou dédaigner,
Le va faire périr, ou le faire régner.

Ces vers forment absolument la même situation que celle d'*Andromaque*. Il est évident que Racine a tiré son or de cette fange. Mais, ce que Racine n'eût jamais fait, Corneille introduit Rodelinde proposant à Grimoald d'égorger le fils qu'elle a de son mari vaincu par ce même Grimoald; elle prétend qu'elle l'aidera dans ce crime, et cela dans l'espérance de rendre Grimoald odieux à ses peuples. Cette seule atrocité absurde aurait suffi pour faire tomber une pièce d'ailleurs passablement faite; mais le rôle du mari de Rodelinde est si révoltant et si ennuyeux à la fois, et tout le reste est si mal inventé, si mal conduit et si mal écrit, qu'il est inutile de remarquer un défaut dans une pièce qui n'est remplie que de défauts. Mais, me dira-t-on, vous faites un commentaire sur Corneille, et vous remarquez ses fautes, et vous l'appelez grand homme, et vous ne le montrez que petit quand il est en concurrence avec Racine. Je réponds qu'il est grand homme dans *Cinna*, et non dans *Pertharite* et dans ses autres mauvaises pièces; je réponds qu'un commentaire n'est pas un panégyrique, mais un examen de la vérité, et qui ne sait pas réprouver le mauvais, n'est pas digne de sentir le bon.

On peut encore me dire : Vous faites ici de Racine un plagiaire qui a pillé dans Corneille les plus beaux endroits d'*Andromaque*. Point du tout; le plagiaire est celui qui donne pour son ouvrage ce qui appartient à un autre : mais si Phidias eût fait son Jupiter olympien de quelque statue informe d'un autre sculpteur, il aurait été créateur et non plagiaire.

Je ne ferai plus d'autre remarque sur ce malheureux *Pertharite;* on n'a besoin de commentaire que sur les ouvrages où le bon est mêlé continuellement avec le mauvais. Il faut que ceux qui veulent se former le goût apprennent soigneusement à distinguer l'un de l'autre.

REMARQUES SUR OEDIPE,

TRAGÉDIE REPRÉSENTÉE EN 1659.

———

PIÈCES IMPRIMÉES AU DEVANT DE LA TRAGÉDIE D'OEDIPE.

ÉPITAPHE

SUR LA MORT DE DAMOISELLE ÉLISABETH RANQUET,
FEMME DE M. DU CHEVREUL,
ÉCUYER, SEIGNEUR D'ESTURNVILLE [1].

SONNET.

Ne verse point de pleurs sur cette sépulture,
Passant; ce lit funèbre est un lit précieux,
Où gît d'un corps tout pur la cendre toute pure;
Mais le zèle du cœur vit encore en ces lieux.

Avant que de payer le droit de la nature,
Son ame, s'élevant au delà de ses yeux,
Avait au Créateur uni la créature;
Et, marchant sur la terre, elle était dans les cieux.

Les pauvres bien mieux qu'elle ont senti sa richesse.
L'humilité, la peine, étaient son alégresse;
Et son dernier soupir fut un soupir d'amour.

Passant, qu'à son exemple un beau feu te transporte;
Et, loin de la pleurer d'avoir perdu le jour,
Crois qu'on ne meurt jamais quand on meurt de la sorte.

[1] On trouve cette épitaphe dans la vie de cette béate, imprimée à Paris pour la première fois en 1655, et pour la seconde fois en 1660, chez Charles Savreux.

Ce sonnet fut imprimé avec *OEdipe*, dans la première édition de cette tragédie; je ne sais pas pourquoi.

VERS

PRÉSENTÉS A MONSEIGNEUR LE PROCUREUR-GÉNÉRAL FOUQUET,
SURINTENDANT DES FINANCES [1].

Laisse aller ton essor jusqu'à ce grand génie [2],
Qui te rappelle au jour dont les ans t'ont bannie,
Muse, et n'oppose plus un silence obstiné
A l'ordre surprenant que sa main t'a donné.
De ton âge importun la timide faiblesse [3]
A trop et trop long-temps déguisé ta paresse,
Et fourni de couleurs à la raison d'état
Qui mutine ton cœur contre le siècle ingrat [4].
L'ennui de voir toujours ses louanges frivoles
Rendre à tes longs travaux paroles pour paroles [5],

---

[1] Imprimés à la tête de l'*OEdipe*, Paris, 1657, in-12. Ce fut M. Fouquet qui engagea Corneille à faire cette tragédie. « Si le public (dit ce grand « poëte) a reçu quelque satisfaction de ce poëme, et, s'il en reçoit encore « de ceux de cette nature et de ma façon, qui pourront le suivre, c'est « à lui qu'il en doit imputer le tout, puisque sans ses commandemens, « je n'aurais jamais fait l'*OEdipe*. » Dans l'Avis au lecteur, qui est à la tête de la tragédie, de l'édition que j'ai indiquée au commencement de cette note.

[2]   « Laisse aller ton essor jusqu'à ce grand génie. »

Ce grand génie n'était pas Nicolas Fouquet ; c'était Pierre Corneille, malgré *Pertharite,* et malgré quelques pièces assez faibles, et malgré *OEdipe* même.

[3]   « De ton âge importun la timide faiblesse. »

Il avait cinquante-six ans ; c'était l'âge où Milton fesait son poëme épique.

[4]   « Qui mutine ton cœur contre le siècle ingrat. »

Il eût dû dire que le peu de justice qu'on lui avait rendu l'avait dégoûté : *Ploravere suis non respondere favorem speratum meritis.* Mais le dégoût d'un poëte n'est pas une raison d'état.

[5]   « . . . . Paroles pour paroles. »

Il se plaint qu'ayant trafiqué de la parole, on ne lui a donné que des louanges. Boileau a dit bien plus noblement :

Apollon ne promet qu'un nom et des lauriers, etc.

Et le stérile honneur d'un éloge impuissant [1]
Terminer son accueil le plus reconnaissant ;
Ce légitime ennui qu'au fond de l'ame excite.
L'excusable fierté d'un peu de vrai mérite,
Par un juste dégoût, ou par ressentiment,
Lui pouvait de tes vers envier l'agrément :
Mais aujourd'hui qu'on voit un héros magnanime
Témoigner pour ton nom une tout autre estime,
Et répandre l'éclat de sa propre bonté
Sur l'endurcissement de ton oisiveté,
Il te serait honteux d'affermir ton silence
Contre une si pressante et douce violence ;
Et tu ferais un crime à lui dissimuler
Que ce qu'il fait pour toi te condamne à parler.
Oui, généreux appui de tout notre Parnasse,
Tu me rends ma vigueur lorsque tu me fais grace ;
Et je veux bien apprendre à tout notre avenir
Que tes regards bénins ont su me rajeunir [2].
Je m'élève sans crainte avec de si bons guides :
Depuis que je t'ai vu, je ne vois plus mes rides :
Et, plein d'une plus claire et noble vision,
Je prends mes cheveux gris pour une illusion.
Je sens le même feu, je sens la même audace
Qui fit plaindre le Cid, qui fit combattre Horace ;

---

[1]   « Et le stérile honneur d'un éloge impuissant, etc. »

Il se plaint que les éloges du public n'ont pas contribué à sa fortune.
« Mais à présent que le grand Fouquet, héros magnanime, répand l'éclat
« de sa propre bonté sur l'endurcissement de l'oisiveté de l'auteur, il lui
« serait honteux d'affermir son silence contre cette douce violence. » Que
dire sur de tels vers ? plaindre la faiblesse de l'esprit humain, et admirer les beaux morceaux de *Cinna*.

[2]   « Que tes regards bénins, etc. »

On est fâché des *regards bénins* et de la *claire vision*, et que, dans le
temps qu'il fait de si étranges vers, il dise qu'il se sent encore la main
qui crayonna l'ame du grand Pompée.

Et je me trouve encor la main qui crayonna
L'ame du grand Pompée et l'esprit de Cinna.
Choisis-moi seulement quelque nom dans l'histoire
Pour qui tu veuilles place au temple de la Gloire,
Quelque nom favori qu'il te plaise arracher [1]
A la nuit de la tombe, aux cendres du bûcher :
Soit qu'il faille ternir ceux d'Énée et d'Achille
Par un noble attentat sur Homère et Virgile ;
Soit qu'il faille obscurcir, par un dernier effort,
Ceux que j'ai sur la scène affranchis de la mort ;
Tu me verras le même, et je te ferai dire
Si jamais pleinement ta grande ame m'inspire,
Que dix lustres et plus n'ont pas tout emporté
Cet assemblage heureux de force et de clarté,
Ces prestiges secrets de l'aimable imposture
Qu'à l'envi m'ont prêtés et l'art et la nature.
N'attends pas toutefois que j'ose m'enhardir [2],
Ou jusqu'à te dépeindre, ou jusqu'à t'applaudir ;
Ce serait présumer que, d'une seule vue,
J'aurais vu de ton cœur la plus vaste étendue ;
Qu'un moment suffirait à mes débiles yeux
Pour démêler en toi ces dons brillans des cieux,
De qui l'inépuisable et perçante lumière,
Sitôt que tu parais, fais baisser la paupière

---

[1] « Quelque nom favori, etc.

Il eût fallu que ces noms favoris eussent été célébrés par des vers tels que ceux des *Horaces* et de *Cinna*.

[2] « N'attends pas toutefois que j'ose m'enhardir, etc. »

On est bien plus fâché encore qu'un homme tel que Corneille n'ose s'enhardir *jusqu'à applaudir* un autre homme, et que la *plus vaste étendue* du cœur d'un procureur-général de Paris *ne puisse être vue d'une seule vue*. Il eût mieux valu, à mon avis, pour l'auteur de *Cinna*, vivre à Rouen avec du pain bis et de la gloire, que de recevoir de l'argent d'un sujet du roi, et de lui faire de si mauvais vers pour son argent. On ne peut trop exhorter les hommes de génie à ne jamais prostituer ainsi leurs talens. On n'est pas toujours le maitre de sa fortune, mais on l'est toujours de faire respecter sa médiocrité, et même sa pauvreté.

J'ai déja vu beaucoup en ce moment heureux ;
Je t'ai vu magnanime, affable, généreux ;
Et, ce qu'on voit à peine après dix ans d'excuses,
Je t'ai vu tout d'un coup libéral pour les muses.
Mais, pour te voir entier, il faudrait un loisir
Que tes délassemens daignassent me choisir.
C'est lors que je verrais la saine politique
Soutenir par tes soins la fortune publique ;
Ton zèle infatigable à servir ton grand roi,
Ta force et ta prudence à régir ton emploi ;
C'est lors que je verrais ton courage intrépide
Unir la vigilance à la vertu solide ;
Je verrais cet illustre et haut discernement,
Qui te met au dessus de tant d'accablement ;
Et tout ce dont l'aspect d'un astre salutaire
Pour le bonheur des lis t'a fait dépositaire.
Jusque là ne crains pas que je gâte un portrait
Dont je ne puis encor tracer qu'un premier trait ;
Je dois être témoin de toutes ces merveilles,
Avant que d'en permettre une ébauche à mes veilles :
Et ce flatteur espoir fera tous mes plaisirs,
Jusqu'à ce que l'effet succède à mes désirs.
Hâte-toi cependant de rendre un vol sublime
Au génie amorti que ta bonté ranime,
Et dont l'impatience attend, pour se borner,
Tout ce que tes faveurs lui voudront ordonner.

AVIS DE CORNEILLE

AU LECTEUR.

   « J'ai connu que ce qui avait passé pour mira-
« culeux dans ces siècles éloignés pourrait sem-
« bler horrible au nôtre, et que cette éloquente
« et curieuse description de la manière dont ce
« malheureux prince se crève les yeux, et le spec-
« tacle de ces mêmes yeux crevés, dont le sang lui
« distille sur le visage, qui occupe tout le cinquième
« acte chez ces incomparables originaux, ferait
« soulever la délicatesse de nos dames, qui com-
« posent la plus belle partie de notre auditoire, et
« dont le dégoût attire aisément la censure de ceux
« qui les accompagnent. »

   Cette *éloquente description* réussirait sans doute
beaucoup, si elle était dans ce style mâle et terrible, et en même temps pur et exact, qui carac-
térise Sophocle. Je ne sais même si, aujourd'hui
que la scène est libre et dégagée de tout ce qui la
défigurait, on ne pourrait pas faire paraître Œdipe
tout sanglant, comme il parut sur le théâtre
d'Athènes. La disposition des lumières, Œdipe ne
paraissant que dans l'enfoncement pour ne pas
trop offenser les yeux, beaucoup de pathétique

dans l'acteur, et peu de déclamation dans l'auteur; les cris de Jocaste, et les douleurs de tous les Thébains, pourraient former un spectacle admirable. Les magnifiques tableaux dont Sophocle a orné son *Œdipe* feraient sans doute le même effet que les autres parties du poëme firent dans Athènes; mais du temps de Corneille, nos jeux de paume étroits, dans lesquels on représentait ses pièces, les vêtemens ridicules des acteurs, la décoration aussi mal entendue que ces vêtemens, excluaient la magnificence d'un spectacle véritable, et réduisaient la tragédie à de simples conversations, que Corneille *anima* quelquefois par le feu de son génie.

« Je n'ai fait aucune pièce de théâtre où se « trouve tant d'art qu'en celle-ci, bien que ce ne « soit qu'un ouvrage de deux mois. »

Il eût bien mieux valu que c'eût été l'ouvrage de deux ans, et qu'il ne fût resté presque rien de ce qui fut fait en deux mois.

> Travaillez à loisir, quelque ordre qui vous presse,
> Et ne vous piquez point d'une folle vitesse.

Il semble que Fouquet ait commandé à Corneille une tragédie pour lui être rendue dans deux mois, comme on commande un habit à un tailleur, ou une table à un menuisier. N'oublions pas ici de faire sentir une grande vérité : Fouquet n'est

plus connu aujourd'hui que par un malheur éclatant, et qui même n'a été célèbre que parce que
tout le fut dans le siècle de Louis XIV; l'auteur
de *Cinna*, au contraire, sera connu à jamais de
toutes les nations, et le sera, même malgré ses
dernières pièces, et malgré ses vers à Fouquet, et
j'ose dire encore malgré *ŒEdipe*. C'est une chose
étrange que le difficile et concis La Bruyère, dans
son parallèle de Corneille et de Racine, ait dit
les Horaces et *ŒEdipe;* mais il dit aussi *Phèdre* et
Pénélope. Voilà comme l'or et le plomb sont con-
fondus souvent.

On disait Mignard et Lebrun. Le temps seul
apprécie, et souvent ce temps est long.

OEDIPE,

TRAGÉDIE.

——

ACTE PREMIER.

SCÈNE I.

V. 3. La gloire d'obéir n'a rien qui me soit doux
     Lorsque vous m'ordonnez de m'éloigner de vous.

Jamais la malheureuse habitude de tous les auteurs français, de mettre sur le théâtre des conversations amoureuses, et de rimer les phrases des romans, n'a paru plus condamnable que quand elle force Corneille à débuter dans la tragédie d'*OEdipe* par faire dire à Thésée qu'il est *un fidèle amant,* mais qu'il sera un rebelle aux ordres de sa maîtresse si elle lui ordonne de se séparer d'elle.

V. 5. Quelque ravage affreux qu'étale ici la peste,
     L'absence aux vrais amans est encor plus funeste.

On ne revient point de sa surprise, à cette absence qui est pour les vrais amans pire que la peste. On ne peut concevoir ni comment Corneille a fait ces vers, ni comment il n'eut point d'amis pour les lui faire rayer, ni comment les comédiens osèrent les dire.

V. 7.   Et d'un si grand péril l'image s'offre en vain,
        Quand ce péril douteux épargne un mal certain.

Ce péril douteux, c'est la peste; *ce mal certain*, c'est l'absence de l'objet aimé.

V. 21. Ah, seigneur! quand l'amour tient une ame alarmée,
        Il l'attache aux périls de la personne aimée.

C'est assez qu'on débite de ces maximes d'amour, pour bannir tout intérêt d'un ouvrage. Cette scène est une contestation entre deux amans, qui ressemble aux conversations de Clélie; rien ne serait plus froid, même dans un sujet galant; à plus forte raison dans le sujet le plus terrible de l'antiquité. Y a-t-il une plus forte preuve de la nécessité où étaient les auteurs d'introduire toujours l'amour dans leurs pièces, que cet épisode de Thésée et de Dircé, dont Corneille même a le malheur de s'applaudir dans son examen d'*OEdipe?* Encore si, au lieu d'un amour galant et raisonneur, il eût peint une passion aussi funeste que la désolation où Thèbes était plongée; si cette passion eût été théâtrale, si elle avait été liée au sujet! Mais un amour qui n'est imaginé que pour remplir le vide d'un ouvrage trop long n'est pas supportable. Racine même y aurait échoué avec ses vers élégans: comment donc put-on supporter une si plate galanterie, débitée en si mauvais vers? et comment reconnaître la même nation, qui, ayant applaudi aux morceaux admirables du *Cid*, d'*Horace*, de *Cinna* et de *Polyeucte*, n'avait pu souffrir ni *Pertharite*, ni *Théodore?*

V. 63. Oserai-je, seigneur, vous dire hautement
   Qu'un tel excès d'amour n'est pas d'un tel amant, etc.

Jugez quel effet ferait aujourd'hui au théâtre une princesse inutile, dissertant sur l'amour, et voulant prouver en forme que ce qui serait vertu dans une femme ne le serait pas dans un homme. Je ne parle pas du style et des fautes contre la langue, et de *l'horreur animée par toute la Grèce, et des hauts emportemens qu'un beau feu inspire.* Ce galimatias froid et boursouflé est assez condamné aujourd'hui.

V. 89. Ah, madame! vos yeux combattent vos maximes, etc.

Et que dirons-nous de ce Thésée qui lui répond galamment que ses yeux combattent ses maximes; que, si elle aimait bien, elle conseillerait mieux, et qu'auprès de sa princesse, *aux seuls devoirs d'amant un héros s'intéresse?* Disons la vérité; cela ne serait pas supporté aujourd'hui dans le plus plat de nos romans.

SCÈNE III.

V. 12. Je vous aurais fait voir un beau feu dans mon sein, etc.

Thésée qui fait voir *un beau feu dans son sein,* et

qui s'appelle *amant misérable;* OEdipe qui devine qu'un intérêt d'amour retient Thésée au milieu de la peste; l'offre d'une fille, la demande d'une autre fille, l'aveu qu'Antigone est *parfaite,* Ismène *admirable,*. et que Dircé *n'a rien de comparable;* en un mot ce style d'un froid comique, qui revient toujours, ces ironies, ces dissertations sur l'amour galant, tant de petitesses grossières dans un sujet si sublime, font voir évidemment que la rouille de notre barbarie n'était pas encore enlevée, malgré tous les efforts que Corneille avait faits dans les belles scènes de *Cinna* et d'*Horace.* Le sujet d'*OEdipe* demandait le style d'*Athalie,* et celui dont Corneille s'est servi n'est pas à beaucoup près aussi noble que celui du *Misanthrope.* Cependant Corneille avait montré dans plusieurs scènes de *Pompée* qu'il savait orner ses vers de toute la magnificence de la poésie; le sujet d'*OEdipe* n'est pas moins poétique que celui de *Pompée :* pourquoi donc le langage est-il dans *OEdipe* si opposé au sujet? Corneille s'était trop accoutumé à ce style familier, à ce ton de dissertation. Tous ses personnages, dans presque tous ses ouvrages, raisonnent sur l'amour et sur la politique. C'est non seulement l'opposé de la tragédie, mais de toute poésie; car la poésie n'est guère que peinture, sentiment et imagination. Les raisonnemens sont nécessaires dans une tragédie quand on délibère sur un grand intérêt d'état; il faut seulement qu'alors celui qui raisonne ne tienne point du sophiste : mais des raisonnemens sur l'amour sont partout hors de saison.

L'abbé d'Aubignac écrivit contre l'*ŒEdipe* de Corneille; il y reprend plusieurs fautes avec lesquelles une pièce pourrait être admirable; fautes de bienséance, duplicité d'action, violation des règles. D'Aubignac n'en savait pas assez pour voir que la principale faute est d'être froid dans un sujet intéressant, et rampant dans un sujet sublime. Cette scène, dans laquelle il n'est question que de savoir si Thésée épousera Antigone qui est parfaite, ou Ismène qui est admirable, ou Dircé qui n'a rien de comparable, est une vraie scène de comédie, mais de comédie très froide.

Je ne relève pas les fautes contre la langue; elles sont en trop grand nombre.

SCÈNE IV.

V. 9.   Le sang a peu de droits dans le sexe imbécille.

Que veut dire *le sang a peu de droits dans le sexe imbécille?* C'est une injure très déplacée et très grossière, fort mal exprimée. L'auteur entend-il que les femmes ont peu de droits au trône; entend-il que le sang a peu de pouvoir sur leurs cœurs?

V. 17. On t'a parlé du sphinx, dont l'énigme funeste
Ouvrit plus de tombeaux que n'en ouvre la peste, etc.

Œdipe raconte l'histoire du sphinx à un confident qui doit en être instruit; c'est un défaut très commun et très difficile à éviter. Ce récit a de la force et des beautés : on l'écoutait avec plaisir, parce que tout ce qui forme un tableau plaît toujours plus que les contestations qui ne sont pas sublimes, et que l'amour qui n'est pas attendrissant.

SCÈNE V.

Jocaste raisonne sur l'amour de Dircé, sur lequel Thésée n'a déja raisonné que trop. Elle dit que Dircé est amante à bon titre, et princesse avisée. Prenez cette scène isolée, on ne devinera jamais que c'est là le sujet d'*Œdipe*.

SCÈNE VI.

Cette scène paraît la plus mauvaise de toutes, parce qu'elle détruit le grand intérêt de la pièce; et cet intérêt est détruit, parce que le malheur et le danger public dont il s'agit ne sont présentés qu'en épisode, et comme une affaire presque oubliée : c'est qu'il n'a été question jusqu'ici que du mariage de Dircé; c'est qu'au lieu de ce tableau si grand et si touchant de Sophocle, c'est un

confident qui vient apporter froidement des nouvelles; c'est qu'Œdipe cherche une raison du
courroux du ciel, laquelle n'est pas la vraie raison;
c'est qu'enfin, dans ce premier acte de tragédie,
il n'y a pas quatre vers tragiques, pas quatre
vers bien faits.

ACTE SECOND.

SCÈNE I.

Toutes les fois que dans un sujet pathétique et
terrible, fondé sur ce que la religion a de plus
auguste et de plus effrayant, vous introduisez un
intérêt d'état, cet intérêt, si puissant ailleurs, devient alors petit et faible. Si au milieu d'un intérêt
d'état, d'une conspiration, ou d'une grande intrigue politique qui attache l'ame, supposé qu'une
intrigue politique puisse attacher; si, dis-je, vous
faites entrer la terreur et le sublime tiré de la religion ou de la fable dans ces sujets, ce sublime
déplacé perd toute sa grandeur, et n'est plus
qu'une froide déclamation. Il ne faut jamais détourner l'esprit du but principal. Si vous traitez
Iphigénie, ou *Électre*, ou *Pélopée*, n'y mêlez point
de petite intrigue de cour. Si votre sujet est un intérêt d'état, un droit au trône disputé, une conju-
ration découverte, n'allez pas y mêler les dieux,

les autels, les oracles, les sacrifices, les prophéties :
Non erat his locus.

S'agit-il de la guerre et de la paix, raisonnez.
S'agit-il de ces horribles infortunes que la destinée ou la vengeance céleste envoient sur la
terre, effrayez, touchez, pénétrez. Peignez-vous
un amour malheureux, faites répandre des larmes.
Ici Dircé brave Œdipe, et l'avilit ; défaut trop
ordinaire de toutes nos anciennes tragédies, dans
lesquelles on voit presque toujours des femmes
parler arrogamment à ceux dont elles dépendent,
et traiter les empereurs, les rois, les vainqueurs,
comme des domestiques dont on serait mécontent.

Cette longue scène ne finit que par un petit souvenir du sujet de la pièce; *mais il faut aller voir ce
qu'a fait Tirésie.* Ce n'est donc que par occasion
qu'on dit un mot de la seule chose dont on aurait
dû parler.

V. 15. Pour la reine, il est vrai qu'en cette qualité
Le sang peut lui devoir quelque civilité.

Cette princesse est un peu mal apprise.

V. 46. Et quel crime a commis cette reconnaissance,
Qui, par un sentiment et juste et relevé,
L'a consacré lui-même à qui l'a conservé ?

La reconnaissance qui n'a point commis de
crime, et qui, par un sentiment et juste et relevé,

a consacré le peuple lui - même à qui a conservé le peuple !

V. 49.   Si vous aviez du sphinx vu le sanglant ravage... —
         Je puis dire, seigneur, que j'ai vu davantage ;
         J'ai vu ce peuple ingrat, que l'énigme surprit,
         Vous payer assez bien d'avoir eu de l'esprit.

Elle a vu plus que la mort de tout un peuple, elle a vu un homme élu roi pour avoir eu de l'esprit !

V. 64.   Le peuple est trop heureux quand il meurt pour ses rois.

Trop heureux! ah, madame! la maxime est un peu violente. Il paraît, à votre humeur, que le peuple a très bien fait de ne vous pas choisir pour reine.

V. 86.   Puisse de plus de maux m'accabler leur colère,
         Qu'Apollon n'en prédit jadis pour votre frère !

Quoique cette imprécation soit peu naturelle et amenée de trop loin, cependant elle fait effet, elle est tragique; elle ramène du moins pour un moment au sujet de la pièce, et montre qu'il ne fallait jamais le perdre de vue.

V. 100. Qui ne craint point la mort ne craint point les tyrans.

Le mot de *tyran* est ici très mal placé; car, si Œdipe ne mérite pas ce titre, Dircé n'est qu'une impertinente; et, s'il le mérite, plus de compassion pour ses malheurs. La pitié et la crainte, les deux pivots de la tragédie, ne subsistent plus. Corneille a souvent oublié ces deux ressorts du théâtre tragique. Il a mis à la place des conversations dans lesquelles on trouve souvent des idées fortes, mais qui ne vont point au cœur.

SCÈNE II.

V. 1. Mégare, que dis-tu de cette violence?

Mégare n'a rien à dire de cette violence, sinon que Dircé est un personnage très étranger et très insipide dans cette tragédie.

V. 18. J'ai vu sa politique en former les tendresses, etc.

Sa politique, politique nouvelle, politique partout. Je n'insiste pas sur le comique de cette répétition et de ce tour; mais il faut remarquer que toute femme passionnée qui parle de politique est toujours très froide, et que l'amour de Dircé, dans de telles circonstances, est plus froid encore.

SCÈNE III.

V. 10. Appréhender pour lui c'est lui faire une injure.

Ce vers seul suffirait pour faire un grand tort à la pièce, pour en bannir tout l'intérêt. Il ne faut jamais tâcher de rendre odieux un personnage qui doit attirer sur lui la compassion; c'est manquer à la première règle. J'avertis encore que je ne remarque point dans cette pièce les fautes de langage; elles sont à peu près les mêmes que dans les pièces précédentes. Corneille n'écrivit presque jamais purement. La langue française ne se perfectionna que lorsque Corneille, ayant déja donné plusieurs pièces, s'était formé un style dont il ne pouvait plus se défaire.

Mais voici une observation plus importante. Dircé se croit destinée pour victime, elle se prépare généreusement à mourir; c'est une situation très belle, très touchante par elle-même. Pourquoi ne fait-elle nul effet? pourquoi ennuie-t-elle? c'est qu'elle n'est point préparée, c'est que Dircé a déja révolté les spectateurs par son caractère; c'est qu'enfin on sent bien que ce péril n'est pas véritable.

V. 85. **Hélas! sur le chemin il fut assassiné.**

Voilà une raison bien forcée, bien peu naturelle, et par conséquent nullement intéressante. Dircé suppose qu'elle a causé la mort de son père, parce qu'il fut tué en allant consulter l'oracle par amitié pour elle. Jusqu'à présent elle n'en a point encore parlé. Elle invente tout d'un coup cette fausse raison pour faire parade d'un sentiment filial et héroïque. Ce sentiment n'est point du tout touchant, parce qu'elle n'a été occupée jusqu'ici qu'à dire des injures à Œdipe.

SCÈNE IV.

Cette scène devrait encore échauffer le spectateur, et elle le glace. Rien de plus attendrissant
que deux amans dont l'un va mourir; rien de plus
insipide, quand l'auteur n'a pas eu l'art de rendre
ses personnages aimables et intéressans. Dircé a
pris tout d'un coup la résolution de mourir, sur
un oracle équivoque :

« Et la fin de vos maux ne se fera point voir
« Que mon sang n'ait fait son devoir ; »

et il semble qu'elle ne veut mourir que par vanité.
Elle avait débité plus haut cette maxime atroce et
ridicule :

Un peuple est trop heureux quand il meurt pour ses rois;

et elle dit le moment d'après :

Ne perdez point d'efforts à m'arrêter au jour...
Ne me ravalez point jusqu'à cette bassesse...
Les exemples abjects de ces petites ames
Règlent-ils de leurs rois les glorieuses trames ?

Quels vers ! quel langage ! et la scène dégénère
en une longue dissertation; *quæstio in utramque
partem*, s'il faut mourir ou non.

ACTE TROISIÈME.

SCÈNE I.

V. 1.   Impitoyable soif de gloire...
   ... Souffre qu'en ce triste et favorable jour,
        Avant que de donner ma vie,
        Je donne un soupir à l'amour, etc.

Ces stances de Dircé sont bien différentes de celles de Polyeucte. Il n'y a que de l'esprit, et encore de l'esprit alambiqué. Si Dircé était dans un véritable danger, ces épigrammes déplacées ne toucheraient personne. Jugez quel effet elles doivent produire, quand on voit évidemment que Dircé, à laquelle personne ne s'intéresse, ne court aucun risque.

SCÈNE II.

V. 17. Et des morts de son rang les ombres immortelles
        Servent souvent aux dieux de truchemens fidèles.

C'est toujours le même défaut d'intérêt et de chaleur qui règne dans toutes ces scènes. C'est une chose bien singulière que l'obstination de Dircé à vouloir mourir de sang-froid, sans nécessité et par vanité. Mon père a parlé obscurément, mais un *mort de son rang* est un truchement des dieux. Cela ressemble à cette dame qui disait que Dieu y regarde à deux fois quand il s'agit de damner une femme de qualité.

V.38. Agissez en amante aussi bien qu'en princesse.

Jocaste conseille à Dircé de s'enfuir avec Thé‑
sée, et de s'aller marier où elle voudra. Elle ajoute
que l'amour est un doux maître. Le conseil n'est
pas mauvais en temps de peste; mais cela tient un
peu trop de la farce.

V. 43. Je n'ose demander si de pareils avis
Portent des sentimens que vous ayez suivis, etc.

La réponse de Dircé est d'une insolence révol‑
tante. *Des avis qui portent des sentimens,* bien *juger
des choses,* du *sang sucé dans un flanc,* et toutes ces
expressions vicieuses, *sont* de faibles défauts en
comparaison de cette indécence intolérable avec
laquelle cette Dircé parle à sa mère. Toute cette
scène est aussi odieuse et aussi mal faite qu'inutile.

SCÈNE III.

V. 1. A quel propos, seigneur, voulez-vous qu'on diffère,
Qu'on dédaigne un remède à tous si salutaire? etc.

Cette scène est encore aussi glaçante, aussi inu‑
tile, aussi mal écrite que toutes les précédentes.
On parle toujours mal quand on n'a rien à dire.
Presque toutes nos tragédies sont trop longues; le
public voulait pour ses dix sous avoir un spectacle
de deux heures; et il y avait trop souvent une heure
et demie d'ennui. Ce n'était pas des archontes
qui donnaient des jeux au peuple d'Athènes; ce

n'était pas des édiles qui assemblaient le peuple romain : c'était une société d'histrions qui, moyennant quelque argent qu'ils donnaient au clerc d'un lieutenant civil, obtenaient la permission de jouer dans un jeu de paume. Les décorations étaient peintes par un barbouilleur, les habits fournis par un fripier. Le parterre voulait des épisodes d'amour, et celle qui jouait les amoureuses voulait absolument un rôle. Ce n'est pas ainsi que l'*Œdipe* de Sophocle fut représenté sur le théâtre d'Athènes.

SCÈNE IV.

C'est ici que commence la pièce. Le spectateur est remué dès les premiers vers que dit Œdipe. Cela seul fait voir combien d'Aubignac était mauvais juge de l'art dont il donna des règles. Il soutient que le sujet d'*Œdipe* ne peut intéresser ; et dès les premiers vers où ce sujet est traité, il intéresse malgré le froid de tout ce qui précède.

V. 25. Un bruit court depuis peu qu'il vous a mal servie, etc.

Œdipe devrait donc en avoir déja parlé au premier acte. Il ne devait donc pas dire dans ce premier acte que c'était le sang innocent de cet enfant qui était la cause des malheurs de Thèbes.

V. 38. Vous pouvez consulter le devin Tirésie.

Quelle différence entre ce froid récit de la

consultation et les terribles prédictions que fait
Tirésie dans Sophocle! Pourquoi n'a-t-on pu faire
paraître ce Tirésie sur le théâtre de Paris? J'ose
croire que, si on avait eu, du temps de Corneille,
un théâtre tel que nous l'avons depuis peu d'années, grace à la générosité éclairée de M. le comte
de Lauraguais, le grand Corneille n'eût pas hésité
à produire Tirésie sur la scène, à imiter le dialogue
admirable de Sophocle. On eût connu alors la
raison pour laquelle les arrêts des dieux veulent
qu'OEdipe se prive lui-même de la vue; c'est qu'il
a reproché à l'interprète des dieux son aveuglement. Je sais bien qu'à la farce dite *italienne*, on
représenterait Tirésie habillé en Quinze-vingts,
une tasse à la main, et que cela divertirait la populace, mais ceux *quibus est æquus et pater et res*,
applaudiraient à une belle imitation de Sophocle.
Si ce sujet n'a jamais été traité parmi nous comme
il a dû l'être, accusons-en encore une fois la construction malheureuse de nos théâtres, autant que
notre habitude méprisable d'introduire toujours
une intrigue d'amour, ou plutôt de galanterie,
dans des sujets qui excluent tout amour.

SCÈNE V.

Cette scène de Jocaste et de Thésée détruit l'intérêt qu'OEdipe commençait d'inspirer. Le spectateur voit trop bien que Thésée n'est pas le fils de

Jocaste. On connaît trop l'histoire de Thésée, on aperçoit trop aisément l'inutilité de cet artifice. De plus, il faut bien observer qu'une méprise est toujours insipide au théâtre, quand ce n'est qu'une méprise, quand elle n'amène pas une catastrophe attendrissante. Thésée se croit fils de Jocaste, et cela, dit-il, *sans en avoir la preuve manifeste*. Cela ne produit pas le plus petit événement. Thésée s'est trompé, et voilà tout. Cette aventure ressemble (s'il est permis d'employer une telle comparaison) à Arlequin qui se dit curé de Domfront, et qui en est quitte pour dire : Je croyais l'être.

V. 85. Quoi ! la nécessité des vertus et des vices
      D'un astre impérieux doit suivre les caprices ? etc.

Ce morceau contribua beaucoup au succès de la pièce. Les disputes sur le libre arbitre agitaient alors les esprits. Cette tirade de Thésée, belle par elle-même, acquit un nouveau prix par les querelles du temps, et plus d'un amateur la sait encore par cœur.

Il y a dans ce beau morceau quelques expressions impropres et vicieuses, comme, « une né-« cessité de vertus et de vices qui suit les caprices « d'un astre impérieux, un bras qui précipite d'en « haut une volonté, rendre aux actions leur peine, « enfoncer un œil dans un abyme : » mais le beau prédomine.

Ce couplet même n'est pas une déclamation étrangère au sujet; au contraire, des réflexions sur la fatalité ne peuvent être mieux placées que dans l'histoire d'Œdipe. Il est vrai que Thésée, condamne ici les dieux, qui ont prédestiné Œdipe au parricide et à l'inceste.

Il y aurait de plus belles choses à dire pour l'opinion contraire à celle de Thésée. Les idées de la toute-puissance divine, l'inflexibilité du destin, le portrait de la faiblesse des vils mortels, auraient fourni des images fortes et terribles. Il y en a quelques unes dans Sophocle.

ACTE QUATRIÈME.

SCÈNE I.

Tout retombe ici dans la langueur. Ce n'est plus ce Thésée qui croyait être fils de Laïus; il avoue que tout cela n'est qu'un stratagème. Ces malheureuses finesses détournent l'esprit de l'objet principal; on ne s'intéresse plus à rien. Les grandes idées du salut public, de la découverte du meurtrier de Laïus, de la destinée d'Œdipe, des crimes involontaires auxquels il ne peut échapper, sont toutes dissipées; à peine a-t-il attiré sur lui l'attention : il ne peut plus se ressaisir du cœur des spectateurs, qui l'ont oublié. Corneille a voulu intriguer ce qu'il fallait laisser dans sa simplicité majestueuse : tout est perdu dès ce moment; et Thésée n'est plus qu'un personnage intrigant, qu'un valet de comédie, qui a imaginé un très plat mensonge pour tirer la pièce en longueur. Il est très inutile de remarquer toutes les fautes de diction, et le style obscur, entortillé de toutes ces scènes où Thésée joue un si froid et si avilissant personnage. Nous avons déja vu que toutes les scènes qui pèchent par le fond pèchent aussi par le style.

SCÈNE II.

Il semble qu'alors on se fit un mérite de s'écarter de la noble simplicité des anciens, et surtout de leur pathétique. Jocaste vient ici conter froidement une histoire, sans faire paraître aucune de ces terribles inquiétudes qui devaient l'agiter. Elle parle d'un passant inconnu qui se chargea d'élever son fils sans demander qui était cet enfant, et sans vouloir le savoir : un Phædime savait qui était cet enfant, mais il est mort de la peste; *ainsi,* dit - elle, *vous pouvez l'être et ne le pas être.* Tout cela est discuté comme s'il s'agissait d'un procès; nulle tendresse de mère, nulle crainte, nul retour sur soi-même. Il ne faut pas s'étonner si on ne peut plus jouer cette pièce.

V. 49. L'assassin de Laïus est digne du trépas, etc.

Quoique le théâtre permette quelquefois un

peu d'exagération, je ne crois pas que de telles maximes soient approuvées des gens sensés. Comment peut-on reconnaître un monarque sous l'habit d'un paysan ? Le gascon qui a écrit les *Mémoires du duc de Guise, prisonnier à Naples*, dit que *les princes ont quelque chose entre les deux yeux qui les distingue des autres hommes*. Cela est bon pour un gascon ; mais ce qui n'est bon pour personne, c'est d'assurer qu'on est digne de mort quand on se défend contre trois hommes, dont l'un, par hasard, se trouve un roi. Cette maxime paraît plus cruelle que raisonnable.

Qu'on se souvienne que Montgomeri ne fut pas seulement mis en prison pour avoir tué malheureusement Henri II, son maître, dans un tournoi.

SCÈNE III.

V. 45. Mais, si je vous nommais quelque personne chère,
Æmon, votre neveu, Créon, votre seul frère,
Ou le prince Lycus, ou le roi votre époux,
Me pourriez-vous en croire, ou garder ce courroux ?

Ce tour que prend Phorbas suffirait pour ôter à la pièce tout son tragique. Il semble que Phorbas fasse une plaisanterie ; *si je vous nommais quelqu'un à qui vous vous intéressez, que diriez-vous ?* C'est là le discours d'un homme qui raille, qui veut embarrasser ceux auxquels il parle ; et rien n'est plus indécent dans un subalterne.

SCÈNE IV.

Il n'y a pas moyen de déguiser la vérité. Cette scène, qui est si tragique dans Sophocle, est tout le contraire dans l'auteur français. Non seulement le langage est bas, *il y pourrait avoir entre quinze et vingt ans, c'est un de mes brigands, ce furent brigands*, un des suivans de Laïus, qui était *louche*, Laïus *chauve sur le devant*, et *mêlé sur le derrière*; mais le discours de Thésée et une espèce de défi entre OEdipe et Thésée achèvent de tout gâter.

SCÈNE V.

La scène précédente, qui devait porter l'effroi et la douleur dans l'ame, étant très froide, porte sa glace sur celle-ci, qui par elle-même est aussi froide que l'autre. OEdipe, au lieu de se livrer à sa douleur et à l'horreur de son état, prodigue des antithèses sur *le vivant* et sur *le mort*. Jocaste raisonne au lieu d'être accablée. Quelle est la source d'un si grand défaut? c'est qu'en effet le caractère de Corneille le portait à la dissertation; c'est qu'il avait le talent de nouer une intrigue adroite, mais non intéressante: il abandonna trop souvent le pathétique qui doit être l'ame de la tragédie. Je ne parle pas du style; il n'est pas tolérable.

ACTE CINQUIÈME.

SCÈNE I.

Quel est le lecteur qui ne sente pas combien ce terrible sujet est affaibli dans toutes les scènes? J'avoue que la diction vicieuse, obscure, sans cha-leur, sans pathétique, contribue beaucoup aux vices de la pièce; mais la malheureuse intrigue de Thésée et de Dircé, introduite pour remplir les vides, est ce qui tue la pièce. Peut-on souffrir que dans des momens destinés à la plus grande ter-reur, OEdipe parle froidement de se battre en duel demain avec Thésée? Un duel chez des Grecs! et dans le sujet d'OEdipe! et ce qu'il y a de pis, c'est qu'OEdipe qui se voit l'auteur de la désola-tion de Thèbes et le meurtrier de Laïus, Thésée qui doit craindre que le reste de l'oracle ne soit accompli, Thésée qui doit être saisi d'horreur et l'inspirer, s'occupent tous deux de la crainte d'un soulèvement de ces pauvres pestiférés qui pour-raient bien devenir mutins.

Si vous ne frappez pas le cœur du spectateur par des coups toujours redoublés au même en-droit, ce cœur vous échappe. Si vous mêlez plu-sieurs intérêts ensemble, il n'y a plus d'intérêt.

SCÈNE III.

Ces scènes sont beaucoup plus intéressantes

que les autres, parce qu'elles sont uniquement prises du sujet. On n'y disserte point, on n'y cherche point à étaler des raisons et des traits ingénieux ; tout est naturel ; mais il y manque ces grands mouvemens de terreur et de pitié qu'on attend d'une si affreuse situation. Cette tragédie pèche par toutes les choses qu'on y a introduites, et par celles qui lui manquent.

SCÈNE IV.

V. 1.   Ce jour est donc pour moi le grand jour des malheurs,
    Puisque vous apportez un comble à mes douleurs, etc.

Je n'examine point si on apporte *un comble à la douleur*, s'il est bien de dire que son épouse *est dans la fureur*. Je dis·que je retrouve le véritable esprit de la tragédie dans cette scène d'Iphicrate, où l'on ne dit rien qui ne soit nécessaire à la pièce, dans cette simplicité éloignée de la fatigante dissertation, dans cet art théâtral et naturel qui fait naître successivement tous les malheurs d'Œdipe les uns des autres. Voilà la vraie tragédie; le reste est du verbiage : mais comment faire cinq actes sans verbiage?

V. 61.   Je serais donc Thébain à ce compte ? — Oui, seigneur.

Ne prenons point garde *à ce compte*. Ce n'est qu'une expression triviale qui ne diminue rien

de l'intérêt de cette situation. Un mot familier et
même bas, quand il est naturel, est moins répré-
hensible cent fois que toutes ces pensées alambiquées, ces dissertations froides, ces raisonnemens fatigans et souvent faux, qui ont gâté quelquefois les plus belles scènes de l'auteur.

SCÈNE V.

V. 15. **Hélas ! je le vois trop, et vos craintes secrètes**
     Qui vous ont empêché de vous entr'éclaircir,
     Loin de tromper l'oracle ont fait tout réussir, etc.

Ici l'art manque. OEdipe exerce trop tôt son
autre art de deviner les énigmes. Plus de surprise,
plus de terreur, plus d'horreur. L'auteur retombe
dans ses malheureuses dissertations : *voyez où m'a
plongé votre fausse prudence, etc*. Il est d'autant plus
inexcusable, qu'il avait devant les yeux Sophocle,
qui a traité ce morceau en maître.

SCÈNE VII.

Le spectateur, qui était ému, cesse ici de l'être.
OEdipe, qui raisonne avec Dircé de l'amour de
cette princesse pour Thésée, fait oublier ses malheurs ; il rompt le fil de l'intérêt. Dircé est si
étrangère à l'aventure d'OEdipe, que toutes les
fois qu'elle paraît, elle fait beaucoup plus de tort
à la pièce que l'infante n'en fait à la tragédie du
Cid, et Livie à *Cinna* ; car on peut retrancher Livie

et l'infante, et on ne peut retrancher Dircé et Thésée, qui sont malheureusement des acteurs principaux.

Il reste une réflexion à faire sur la tragédie d'*ŒEdipe*. C'est, sans contredit, le chef-d'œuvre de l'antiquité, quoique avec de grands défauts. Toutes les nations éclairées se sont réunies à l'admirer, en convenant des fautes de Sophocle. Pourquoi ce sujet n'a-t-il pu être traité avec un plein succès chez aucune de ces nations? Ce n'est pas certainement qu'il ne soit très tragique. Quelques personnes ont prétendu qu'on ne peut s'intéresser aux crimes involontaires d'ŒEdipe, et que son châtiment révolte plus qu'il ne touche. Cette opinion est démentie par l'expérience; car tout ce qui a été imité de Sophocle, quoique très faiblement dans l'*ŒEdipe,* a toujours réussi parmi nous; et tout ce qu'on a mêlé d'étranger à ce sujet a été condamné. Il faut donc conclure qu'il fallait traiter *ŒEdipe* dans toute la simplicité grecque. Pourquoi ne l'avons-nous pas fait? c'est que nos pièces en cinq actes, dénuées de chœurs, ne peuvent être conduites jusqu'au dernier acte sans des secours étrangers au sujet. Nous les chargeons d'épisodes, et nous les étouffons : cela s'appelle du *remplissage.* J'ai déja dit qu'on veut une tragédie qui dure deux heures: il faudrait qu'elle durât moins, et qu'elle fût meilleure.

C'est le comble du ridicule de parler d'amour dans *OEdipe*, dans *Électre*, dans *Mérope*. Lorsqu'en 1718 il fut question de représenter le seul *OEdipe* qui soit resté depuis au théâtre, les comédiens exigèrent quelques scènes où l'amour ne fût pas oublié, et l'auteur gâta et avilit ce beau sujet par le froid ressouvenir d'un amour insipide entre Philoctète et Jocaste.

L'actrice qui représentait Dircé dans l'*OEdipe* de Corneille dit au nouvel auteur: « C'est moi « qui joue l'amoureuse, et, si on ne me donne un « rôle, la pièce ne sera pas jouée. » A ces paroles, *je joue l'amoureuse dans OEdipe*, deux étrangers de bon sens éclatèrent de rire; mais il fallut en passer par ce que les acteurs exigeaient; il fallut s'asservir à l'abus le plus méprisable; et si l'auteur, indigné de cet abus auquel il cédait, n'avait pas mis dans sa tragédie le moins de conversations amoureuses qu'il put, s'il avait prononcé le mot d'amour dans les trois derniers actes, la pièce ne mériterait pas d'être représentée.

Il y a bien des manières de parvenir au froid et à l'insipide. La Motte, l'un des plus ingénieux auteurs que nous ayons, y est arrivé par une autre route, par une versification lâche, par l'introduction de deux grands enfans d'OEdipe sur la scène, par la soustraction entière de la terreur et de la pitié.

SCÈNE VIII.

V. 1.   Est-ce encor votre bras qui doit venger son père? etc.

Thésée et Dircé viennent achever de répandre leur glace sur cette fin, qui devait être si touchante et si terrible. Œdipe appelle Dircé sa sœur comme si de rien n'était. Il lui parle de l'empire qu'une belle flamme lui fit sur une ame. Il va en consoler la reine. Tout se passe en civilités, et Dircé reste à disserter avec Thésée; et pour comble, l'auteur se félicite dans sa préface de *l'heureux épisode* de Thésée et de Dircé. Plaignons la faiblesse de l'esprit humain.

DÉCLARATION DU COMMENTATEUR.

———

Mon respect pour l'auteur des admirables morceaux du *Cid*, de *Cinna*, et de tant de chefs-d'œuvre, mon amitié constante pour l'unique héritière du nom de ce grand homme, ne m'ont pas empêché de voir et de dire la vérité, quand j'ai examiné son *OEdipe* et ses autres pièces indignes de lui; et je crois avoir prouvé tout ce que j'ai dit. Le souvenir même que j'ai fait autrefois une tragédie d'*OEdipe* ne m'a point retenu. Je ne me suis point cru égal à Corneille : je me suis mis hors d'intérêt; je n'ai eu devant les yeux que l'intérêt du public, l'instruction des jeunes auteurs, l'amour du vrai, qui l'emporte dans mon esprit sur toutes les autres considérations. Mon admiration sincère pour le beau est égale à ma haine pour le mauvais. Je ne connais ni l'envie, ni l'esprit de parti. Je n'ai jamais songé qu'à la perfection de l'art, et je dirai hardiment la vérité en tout genre jusqu'au dernier moment de ma vie.

REMARQUES

SUR LA TOISON D'OR,

TRAGÉDIE REPRÉSENTÉE EN 1661.

———

PRÉFACE DU COMMENTATEUR.

L'histoire de la *Toison d'or* est bien moins fabuleuse et moins frivole qu'on ne pense. C'est de toutes les époques de l'ancienne Grèce la plus brillante et la plus constatée. Il s'agissait d'ouvrir un commerce, de la Grèce aux extrémités de la mer Noire. Ce commerce consistait principalement en fourrures, et c'est de là qu'est venue la fable de la *Toison*. Le voyage des Argonautes servit à faire connaître aux Grecs le ciel et la terre. Chiron, qui était de cette expédition, observa que l'équinoxe du printemps était au milieu de la constellation du belier; et cette observation, faite il y a environ quatre mille trois cents années, fut la base sur laquelle on s'est fondé depuis pour constater l'étonnante révolution de vingt-cinq mille neuf cents années, que l'axe de la terre fait autour du pôle.

Les habitans de Colchos, voisins d'une peuplade de Huns, étaient des barbares, comme ils le sont encore aujourd'hui. Leurs femmes ont toujours eu de la beauté. Il est très vraisemblable que les Argonautes enlevèrent quelques Mingréliennes, puisque nous avons vu de nos jours un homme* envoyé à Tornéo, pour mesurer un degré du méridien, enlever une fille de ce pays-là. L'enlèvement de Médée fut la source de toutes les aventures attribuées à cette femme, qui probablement ne méritait pas d'être connue. Elle passa pour une magicienne. Cette prétendue magie était l'usage de quelques poisons qu'on prétend être assez communs dans la Mingrélie. Il est à croire que ces malheureux secrets furent une des sources de cette croyance à la magie qui a inondé la terre dans tous les temps. L'autre source fut la fourberie : les hommes ayant été toujours divisés en deux classes, celle des charlatans, et celle des sots. Le premier qui employa des herbes au hasard, pour guérir une maladie que la nature guérit toute seule, voulut faire croire qu'il en savait plus que les autres, et on le crut : bientôt tout fut prestige et miracle.

C'était la coutume de tous les Grecs et de tous les peuples, excepté peut-être des Chinois, de tourner toute l'histoire en fable ; la poésie seule

____
¹ Maupertuis.

célébrait les grands événemens ; on voulait les
ornèr, et on les défigurait. L'expédition des Argonautes fut chantée en vers ; et, quoiqu'elle méritât
d'être célèbre par le fond, qui était très vrai et
très utile, elle ne fut connue que par des mensonges poétiques.

La partie fabuleuse de cette histoire semble
beaucoup plus convenable à l'opéra qu'à la tragédie. Une toison d'or gardée par des taureaux qui
jettent des flammes, et par un grand dragon ; ces
taureaux attachés à une charrue de diamant ; les
dents du dragon qui font naître des hommes ar-
més ; toutes ces imaginations ne ressemblent guère
à la vraie tragédie, qui, après tout, doit être la
peinture fidèle des mœurs. Aussi Corneille voulut en faire une espèce d'opéra, ou du moins une
pièce à machines, avec un peu de musique. C'était
ainsi qu'il en avait usé en traitant le sujet d'*Andromède*. Les opéras français ne parurent qu'en 1671,
et *la Toison d'or* est de 1660. Cependant un an
avant la représentation de la pièce de Corneille,
c'est-à-dire en 1659, on avait exécuté à Issy, chez
le cardinal Mazarin, une pastorale en musique ;
mais il n'y avait que peu de scènes, nulle machine,
point de danse ; et l'opéra s'établit ensuite en réu-
nissant tous ces avantages.

Il y a plus de machines et de changemens de
décorations dans *la Toison d'or* que de musique :

on y fait seulement chanter les Sirènes dans un endroit, et Orphée dans un autre; mais il n'y avait point, dans ce temps-là, de músicien capable de faire des airs qui répondissent à l'idée qu'on s'est faite du chant d'Orphée et des Sirènes. La mélodie, jusqu'à Lulli, ne consista que dans un chant froid, traînant et lugubre, ou dans quelques vaudevilles, tels que les airs de nos noëls, et l'harmonie n'était qu'un contre-point assez grossier.

En général, les tragédies dans lesquelles la musique interrompt la déclamation, font rarement un grand effet, parce que l'une étouffe l'autre. Si la pièce est intéressante, on'est fâché de voir cet intérêt détruit par des instrumens qui détournent toute l'attention. Si la musique est belle, l'oreille du spectateur retombe avec peine et avec dégoût de cette harmonie au récit simple.

Il n'en était pas de même chez les anciens, dont la déclamation, appelée *mélopée*, était une espèce de chant; le passage de cette mélopée à la symphonie des chœurs n'étonnait point l'oreille et ne la rebutait pas.

Ce qui surprit le plus dans la représentation de *la Toison d'or*, ce fut la nouveauté des machines et des décorations, auxquelles on n'était point accoutumé. Un marquis de Sourdéac, grand mécanicien, et passionné pour les spectacles, fit représenter la pièce en 1660, dans le château de

Neufbourg en Normandie, avec beaucoup de magnificence. C'est ce même marquis de Sourdéac à qui on dut depuis en France l'établissement de l'Opéra; il s'y ruina entièrement, et mourut pauvre et malheureux pour avoir trop aimé les arts.

Les prologues d'*Andromède* et de *la Toison d'or*, où Louis XIV était loué, servirent ensuite de modèle à tous les prologues de Quinault; et ce fut une coutume indispensable de faire l'éloge du roi à la tête de tous les opéras, comme dans les discours à l'Académie française.

Il y a de grandes beautés dans le prologue de *la Toison d'or*. Ces vers surtout, que dit la France personnifiée, plurent à tout le monde:

> A vaincre tant de fois mes forces s'affaiblissent;
> L'état est florissant, mais les peuples gémissent;
> Leurs membres décharnés courbent sous mes hauts faits;
> Et la gloire du trône accable les sujets.

Long-temps après il arriva, sur la fin du règne de Louis XIV, que cette pièce ayant disparu du théâtre, et n'étant lue tout au plus que par un petit nombre de gens de lettres, un de nos poëtes, dans une tragédie nouvelle, mit ces quatre vers dans la bouche d'un de ses personnages. Ils furent défendus par la police. C'est une chose singulière, qu'ayant été bien reçus en 1660, ils déplurent trente ans après; et qu'après avoir été regardés comme la noble expression d'une vérité importante, ils furent pris dans un autre auteur pour un trait de satire; ils ne devaient être regardés que comme un plagiat.

De même que les opéras de Quinault fesaient oublier *Andromède* et *la Toison d'or*, ses prologues fesaient oublier aussi ceux de Corneille. Les uns et les autres sont composés de personnages, ou allégoriques, ou tirés de l'ancienne fable; c'est Mars et Vénus, c'est la Victoire et la Paix. Le seul moyen de faire supporter ces êtres fantastiques est de les faire peu parler, et de soutenir leurs vains discours par une belle musique, et par l'appareil du spectacle. La France et la Victoire qui raisonnent ensemble, qui s'appellent toutes deux par leurs noms, qui récitent de longues tirades, et qui poussent des argumens, sont de vraies amplifications de collége.

Le prologue d'*Amadis* est un modèle en ce genre; ce sont les personnages mêmes de la pièce qui paraissent dans ce prologue, et qui se réveillent à la lueur des éclairs et au bruit du tonnerre; et dans tous les prologues de Quinault les couplets sont courts et harmonieux.

A l'égard de la tragédie de *la Toison d'or*, on ne la supporterait pas aujourd'hui telle que Corneille l'a traitée; on ne souffrirait pas Junon *sous la fi-*

gure de Chalciope, parlant et agissant comme une femme ordinaire, donnant à Jason des conseils de confidente, et lui disant :

> C'est à vous d'achever un si doux changement;
> Un soupir poussé juste, en suite d'une excuse,
> Perce un cœur bien avant, quand lui-même il s'accuse...

Jason lui répond :

> Déesse, quel encens...
>   JUNON.
>   Traitez-moi de princesse,
> Jason, et laissez là l'encens et la déesse...
> Mais cette passion est-elle en vous si forte,
> Qu'à tous autres objets elle ferme la porte ?

C'est dans cette tragédie qu'on retrouve encore ce goût des pointes et des jeux de mots qui était à la mode dans presque toutes les cours, et qui mêlait quelquefois du ridicule à la politesse introduite par la mère de Louis XIV, et par les hôtels de Longueville, de La Rochefoucauld et de Rambouillet; c'est ce mauvais goût justement frondé par Boileau dans ces vers :

> Toutefois à la cour les turlupins restèrent,
> Insipides plaisans, bouffons infortunés,
> D'un jeu de mots grossier partisans surannés.

Il nous apprend que la tragédie elle-même fut infectée de ce défaut :

> Le madrigal d'abord en fut enveloppé;
> La tragédie en fit ses plus chères délices.

Ce dernier vers exagère un peu trop. Il y a en effet quelques jeux de mots dans Corneille, mais ils sont rares; le plus remarquable est celui d'Hypsipyle qui, dans la quatrième scène du troisième acte, dit à Médée sa rivale, en fesant allusion à sa magie :

Je n'ai que des attraits, et vous avez des charmes.

Médée lui répond :

C'est beaucoup en amour que de savoir charmer.

Médée se livre encore au goût des pointes dans son monologue, où elle s'adresse à la Raison contre l'Amour, en lui disant :

Donne encor quelques lois à qui te fait la loi :
Tyrannise un tyran qui triomphe de toi;
Et par un faux trophée usurpe sa victoire...
Sauve tout le dehors d'un honteux esclavage
Qui t'enlève tout le dedans.

Le style de *la Toison d'or* est fort au dessous de celui d'*OEdipe*; il n'y a aucun trait brillant qu'on y puisse remarquer; ainsi le lecteur permettra qu'on ne fasse aucune note sur cet ouvrage.

REMARQUES SUR SERTORIUS,

TRAGÉDIE REPRÉSENTÉE EN 1662.

———

PRÉFACE DU COMMENTATEUR.

Après tant de tragédies peu dignes de Corneille, en voici une où vous retrouvez souvent l'auteur de *Cinna*; elle mérite plus d'attention et de remarques que les autres. L'entrevue de Pompée et de Sertorius eut le succès qu'elle méritait, et ce succès réveilla tous ses ennemis. Le plus implacable était alors l'abbé d'Aubignac, homme célèbre en son temps, et que sa *Pratique du théâtre*, toute médiocre qu'elle est, fesait regarder comme un législateur en littérature. Cet abbé, qui avait été long-temps prédicateur, s'était acquis beaucoup de crédit dans les plus grandes maisons de Paris. Il était bien douloureux, sans doute, à l'auteur de *Cinna*, de voir un prédicateur et un homme de lettres considérable écrire à madame la duchesse de Retz, à l'abri d'un privilége du roi, des choses qui auraient flétri un homme moins connu et moins estimé que Corneille.

« Vous êtes poëte, et poëte de théâtre (dit-il à

« ce grand homme dans sa quatrième dissertation
« adressée à madame de Retz); vous êtes aban-
« donné à une vile dépendance des historiens;
« votre commerce ordinaire n'est qu'avec leurs
« portiers; vos amis ne sont que des libraires du
« Palais. Il faudrait avoir perdu le sens, aussi bien
« que vous, pour être en mauvaise humeur du
« gain que vous pouvez tirer de vos veilles, et de
« vos empressemens auprès des histrions et des
« libraires... Il vous arrive assez souvent, lorsqu'on
« vous loue, que vous n'êtes plus affamé de gloire,
« mais d'argent... Défaites - vous, monsieur de
« Corneille, de ces mauvaises façons de parler,
« qui sont encore plus mauvaises que vos vers...
« J'avais cru, comme plusieurs, que vous étiez le
« poëte de *la Critique de l'École des Femmes*, et que
« Licidas était un nom déguisé comme celui de
« M. de Corneille; car vous êtes sans doute le
« marquis de Mascarille, qui piaille toujours, qui
« ricane toujours, qui parle toujours, et ne dit
« jamais rien qui vaille, etc. » Ces horribles pla-
titudes trouvaient alors des protecteurs, parce
que Corneille était vivant. Jamais les Zoïle, les
Gacon, les Fréron, n'ont vomi de plus grandes
indignités. Il attaqua Corneille sur sa famille, sur
sa personne; il examina jusqu'à sa voix, sa dé-
marche, toutes ses actions, toute sa conduite dans
son domestique; et dans ses torrens d'injures il

fut secondé par les mauvais auteurs; ce que l'on croira sans peine.

J'épargne à la délicatesse des honnêtes gens, et à des yeux accoutumés à ne lire que ce qui peut instruire et plaire, toutes ces personnalités, toutes ces calomnies que répandirent cóntre ce grand homme ces feseurs de brochures et de feuilles, qui déshonorent la nation, et que l'appât du plus léger et du plus vil gain engage, encore plus que l'envie, à décrier tout ce qui peut faire honneur à leur pays, à insulter le mérite et la vertu, à vomir imposture sur imposture, dans le vain espoir que quelqu'un de leurs mensonges pourra venir enfin aux oreilles des hommes en place, et servir à perdre ceux qu'ils ne peuvent rabaisser. On alla jusqu'à lui imputer des vers qu'il n'avait point faits; ressource ordinaire de la basse envie, mais ressource inutile; car ceux qui ont assez de lâcheté pour faire courir un ouvrage sous le nom d'un grand homme n'ayant jamais assez de génie pour l'imiter, l'imposture est-bientôt reconnue.

Mais enfin rien ne put obscurcir la gloire de Corneille, la seule chose presque qui lui restât. Le public de tous les temps et de toutes les nations, toujours juste à la longue, ne juge les grands hommes que par leurs bons ouvrages, et non par ce qu'ils ont fait de médiocre ou de mauvais.

Les belles scènes du *Cid*, les admirables morceaux des *Horaces*, les beautés nobles et sages de *Cinna*, le sublime de Cornélie, les rôles de Sévère et de Pauline, le cinquième acte de *Rodogune*, la conférence de Sertorius et de Pompée, tant de beaux morceaux tous produits dans un temps où l'on sortait à peine de la barbarie, assureront à Corneille une place parmi les plus grands hommes jusqu'à la dernière postérité.

Ainsi l'excellent Racine a triomphé des injustes dégoûts de madame de Sévigné, des farces de Subligny, des méprisables critiques de Visé, des cabales des Boyer et des Pradon. Ainsi Molière se soutiendra toujours, et sera le père de la vraie comédie, quoique ses pièces ne soient pas suivies comme autrefois par la foule. Ainsi les charmans opéras de Quinault feront toujours les délices de quiconque est sensible à la douce harmonie de la poésie, au naturel et à la vérité de l'expression, aux graces faciles du style, quoique ces mêmes opéras aient toujours été en butte aux satires de Boileau, son ennemi personnel, et quoiqu'on les représente moins souvent qu'autrefois. .

Il est des chefs-d'œuvre de Corneille qu'on joue rarement. Il y en a, je crois, deux raisons : la première, c'est que notre nation n'est plus ce qu'elle était du temps des *Horaces* et de *Cinna*. Les premiers de l'état alors, soit dans l'épée, soit dans la robe, soit dans l'église, se fessaient un honneur ainsi que le sénat de Rome d'assister à un spectacle où l'on trouvait une instruction et un plaisir si nobles.

Quels furent les premiers auditeurs de Corneille? un Condé, un Turenne, un cardinal de Retz, un duc de La Rochefoucauld, un Molé, un Lamoignon, des évêques gens de lettres, pour lesquels il y avait toujours un banc particulier à la cour, aussi bien que pour messieurs de l'académie. Le prédicateur venait y apprendre l'éloquence et l'art de prononcer; ce fut l'école de Bossuet. L'homme destiné aux premiers emplois de la robe venait s'instruire à parler dignement. Aujourd'hui, qui fréquente nos spectacles? un certain nombre de jeunes gens et de jeunes femmes.

La seconde raison est qu'on a rarement des acteurs dignes de représenter *Cinna* et *les Horaces*. On n'encourage peut-être pas assez cette profession, qui demande de l'esprit, de l'éducation, une connaissance assez grande de la langue, et tous les talens extérieurs de l'art oratoire. Mais, quand il se trouve des artistes qui réunissent tous ces mérites, c'est alors que Corneille paraît dans toute sa grandeur.

Mon admiration pour ce rare génie ne m'empêchera point de suivre ici le devoir que je me suis prescrit, de marquer avec autant de fran-

chise que d'impartialité ce qui me paraît défectueux, aussi bien que ce qui me semble sublime.
Autant les injures des d'Aubignac et de ceux qui
leur ressemblent sont méprisables, autant on
doit aimer un examen réfléchi, dans lequel on
respecte toujours la vérité que l'on cherche, le
goût des connaisseurs qu'on a consultés, et l'auteur illustre que l'on commente. La critique
s'exerce sur l'ouvrage, et non sur la personne ;
elle ne doit ménager aucun défaut, si elle veut
être utile.

SERTORIUS,

TRAGÉDIE.

———

ACTE PREMIER.

On doit être plus scrupuleux sur *Sertorius* que sur les quatre ou cinq pièces précédentes, parce que celle-ci vaut mieux. Cette première scène paraît intéressante ; les remords d'un homme qui veut assassiner son général font d'abord impression.

SCÈNE I.

V. 1. D'où me vient ce désordre, Aufide, et que veut dire
      Que mon cœur sur mes vœux garde si peu d'empire?

L'abbé d'Aubignac, malgré l'aveuglement de sa haine pour Corneille, a raison de reprendre ces expressions, *que veut dire qu'un cœur garde peu d'empire sur des vœux?* Il traite ce vers de *galimatias;* mais il devait ajouter que cette manière de parler, *que veut dire,* au lieu de *pourquoi, est-il possible, comment se peut-il, etc.,* était d'usage avant Corneille. Malherbe dit en parlant du mariage de Louis XIII avec l'infante d'Espagne :

Son Louis soupire
Après ses appas.
Que veut-elle dire
De ne venir pas ?

Cette ridicule stance de Malherbe n'excuse pas Corneille; mais elle fait voir combien il a fallu de temps pour épurer la langue, pour la rendre toujours naturelle et toujours noble, pour s'élever au dessus du langage du peuple sans être guindé.

V. 3.   L'horreur que, malgré moi, me fait la trahison,
      Contre tout mon espoir révolte ma raison.

Le premier vers est bien; le second semble pouvoir passer à l'aide des autres; mais il ne peut soutenir l'examen: on voit d'abord que le mot *raison* n'est pas le mot propre: un crime révolte le cœur, l'humanité, la vertu; un système faux et dangereux révolte la raison. Cette raison ne peut être révoltée contre *tout un espoir.* Le mot de *tout,* mis avec *espoir,* est inutile et faible; et cela seul suffirait pour défigurer le plus beau vers. Examinez encore cette phrase, et vous verrez que le sens en est faux. *L'horreur que me fait la trahison révolte ma raison contre mon espoir* signifie précisément, empêche ma raison d'espérer; mais que Perpenna ait des remords ou non, que l'action qu'il médite lui paraisse pardonnable ou horrible, cela n'empêchera pas la raison de Perpenna d'espérer la place de Sertorius. Si on examinait ainsi tous les vers, on en trouverait beaucoup plus qu'on ne pense de défectueux, et chargés de mots impropres. Que le lecteur applique cette remarque à tous les vers qui lui feront de la peine, qu'il **tourne** le vers en prose, qu'il voie si les paroles de cette prose sont précises, si le sens est clair, s'il est vrai, s'il n'y a rien de trop ni de trop peu; et qu'il soit sûr que tout vers qui n'a pas la netteté et la précision de la prose la plus exacte ne vaut rien. Les vers, pour être bons, doivent avoir tout le mérite d'une prose parfaite, en s'élevant au dessus d'elle par le rhythme, la cadence, la mélodie et par la sage hardiesse des figures.

V. 4. **Contre tout mon espoir révolte ma raison, etc.**

Une raison révoltée contre un espoir, une image qui ne trouve point de bras à lui prêter au point d'exécuter, méritent le même reproche que l'abbé d'Aubignac fait aux premiers vers; et *exécuter* ne peut être employé comme un verbe neutre.

V. 13. **Cette ame, d'avec soi tout à coup divisée,**
 Reprend de ses remords la chaine mal brisée.

Divisée d'avec soi est une faute contre la langue; on est séparé de quelque chose, mais non pas divisé de quelque chose. Cette première scène est déja intéressante.

V. 17. **Quel honteux contre-temps de vertu délicate**
 S'oppose au beau succès de l'espoir qui vous flatte?

Le premier vers n'est pas français. Un *contre-*

temps de vertu est impropre; et comment un contre-temps peut-il être honteux? *Le beau succès, et le crime qui a plein droit de régner*, révoltent le lecteur.

V. 25. L'honneur et la vertu sont des noms ridicules.

Cette maxime abominable est ici exprimée assez ridiculement. Nous avons déja remarqué, dans la première scène de *la Mort de Pompée*, qu'il ne faut jamais étaler ces dogmes du crime; que ces sentences triviales, qui enseignent la scélératesse, ressemblent trop à des lieux communs d'un rhéteur qui ne connaît pas le monde. Non seulement de telles maximes ne doivent jamais être débitées, mais jamais personne ne 'les a prononcées, même en fesant un crime, ou en le conseillant. C'est manquer aux lois de l'honnêteté publique et aux règles de l'art; c'est ne pas connaître les hommes que de proposer le crime comme crime. Voyez avec quelle adresse le scélérat Narcisse presse Néron de faire empoisonner Britannicus; il se garde bien de révolter Néron par l'étalage odieux de ces horribles lieux communs, qu'un empereur doit être empoisonneur et parricide, dès qu'il y va de son intérêt. Il échauffe la colère de Néron par degrés, et le dispose petit à petit à se défaire de son frère, sans que Néron s'aperçoive même de l'adresse de Narcisse; et, si ce Narcisse avait un grand intérêt à la mort de Britannicus, la scène en serait incomparablement meilleure. Voyez encore comme Acomat, dans la tragédie de *Bajazet*, s'exprime, en ne conseillant qu'un simple manquement de parole à une femme ambitieuse et criminelle :

> Et d'un trône si saint la moitié n'est fondée
> Que sur la foi promise et rarement gardée.
> Je m'emporte, seigneur...

Il corrige la dureté de cette maxime par ce mot si naturel et si adroit, *je m'emporte*.

Le reste de cette scène est beau et bien écrit. On ne peut, ce me semble, y reprendre qu'une seule chose, c'est qu'on ne sait point que c'est Perpenna qui parle. Le spectateur ne peut le deviner. Ce défaut vient en partie de la mauvaise habitude où nous avons toujours été d'appeler nos personnages de tragédie *seigneurs*. C'est un nom que les Romains ne se donnèrent jamais. Les autres nations sont en cela plus sages que nous. Shakespeare et Addison appellent César, Brutus, Caton, par leurs noms propres.

V. 27. . . . . Sylla, ni Marius,
     N'ont jamais épargné le sang de leurs vaincus.

On ne dit point mon vaincu, comme on dit mon esclave, mon ennemi.

V. 31.   Tour à tour le carnage et les proscriptions
     Ont sacrifié Rome à leurs dissensions.

Le carnage qui a sacrifié Rome aux dissensions.

Quelle incorrection! quelle impropriété! et que ce défaut revient souvent!

V. 39. Vous y renoncez donc, et n'êtes plus jaloux, etc.

Ce couplet du confident est beaucoup plus beau que tout ce que dit le principal personnage. Ce n'est point un défaut qu'Aufide parle bien; mais c'en est un grand que Perpenna, principal personnage, ne parle pas si bien que lui.

V. 53. ..... Sertorius gouverne ces provinces,
Leur impose tribut, fait des lois à leurs princes.

Par un caprice de langue, on dit faire la loi à quelqu'un, et non pas faire des lois à quelqu'un.

V. 73. L'impérieuse aigreur de l'âpre jalousie...
Grossit de jour en jour sous une passion
Qui tyrannise encor plus que l'ambition.

Une aigreur s'envenime, devient plus cuisante, se tourne en haine, en fureur; mais une aigreur qui grossit sous une passion n'est pas tolérable.

V. 77. J'adore Viriate...

Après avoir entendu les discours d'un conjuré romain qui doit assassiner son général ce jour même, on est bien étonné de lui entendre dire tout d'un coup, *j'adore Viriate*. Il n'y a que la malheureuse habitude de voir toujours des héros amoureux sur le théâtre comme dans les romans

qui ait pu faire supporter un si étrange contraste,
Quand on représente un héros enivré de la passion furieuse et tragique de l'amour, il faut qu'il
en parle d'abord. Son cœur est plein; son secret
doit échapper avec violence; il ne doit pas dire en
passant, *j'adore*; le spectateur n'en croira rien.
Vous parlez d'abord politique, et après vous parlez d'amour. Si on a dit :

« Non bene conveniunt, nec eadem in sede morantur
« Majestas et amor, »

on en doit dire autant de l'amour et de la politique; l'une fait tort à l'autre : aussi ne s'intéresse-
t-on point du tout à la passion prétendue de Perpenna pour la reine de Lusitanie.

V. 85.   De son astre opposé telle est la violence,
         Qu'il me vole partout, même sans qu'il y pense.

Un astre, dans les anciens préjugés reçus, a
de la puissance, de l'influence, de l'ascendant;
mais on n'a jamais attribué de la violence à un
astre.

V. 92.   J'immolerai ma haine à mes désirs contens.

Contens est de trop, et n'est là que pour la rime.
C'est un défaut trop commun.

V. 101.   Oui; mais de cette mort la suite m'embarrasse.

M'embarrasse, terme de comédie.

V. 103. Ceux dont il a gagné la croyance et l'appui
Prendront-ils même joie à m'obéir qu'à lui?

C'est bien pis. Par quelle fatalité, à mesure que la langue se polissait, Corneille mettait-il toujours plus de barbarismes dans ses vers?

SCÈNE II.

V. 7. . . . . Ce qui me surprend
C'est de voir que Pompée ait pris le nom de *Grand*,
Pour faire encore au vôtre entière déférence.

Faire déférence est un solécisme. On montre, on a de la déférence; on ne fait point déférence comme on fait hommage.

V. 14. . . . Nous forçons les siens de quitter la campagne.

Quitter la campagne est une de ces expressions triviales qui ne doivent jamais entrer dans le tragique. Scarron voulant obtenir le rappel de son père, conseiller au parlement, exilé dans une petite terre, dit au cardinal de Richelieu :

> Si vous avez fait quitter la campagne
> Au roi tanné qui commande en Espagne :
> Mon père, hélas! qui vous crie merci,
> La quittera, si vous voulez, aussi.

V. 26. . . . Au lieu d'attaquer il a peine à défendre

est un solécisme; il faut *il a peine à se défendre*. Ce verbe n'est neutre que quand il signifie prohiber, empêcher : je défends qu'on prenne les armes, je défends qu'on marche de ce côté, etc.

V. 33. J'aurais cru qu'Aristie ici réfugiée,
    Que, forcé par ce maître, il a répudiée,
    Par un reste d'amour l'attirât en ces lieux
    Sous une autre couleur lui faire ses adieux.

Cela n'est pas français, c'est un barbarisme de phrase. On vient faire, on engage, on invite à faire, on attire quelqu'un dans une ville pour y faire ses adieux : mais *attirer faire* est un solécisme intolérable. De plus, toutes ces expressions et ces tours sont de la prose trop négligée et trop embrouillée.

J'aurais cru qu'Aristie l'attirât est un solécisme : il faut l'*attirait*, à l'imparfait, parce que la chose est positive ; j'aurais cru que vous étiez amis, je ne savais pas que vous fussiez amis, je pensais que vous aviez été amis, j'espérais que vous seriez amis.

V. 45. C'est ainsi qu'elle parle, et m'offre l'assistance
    De ce que Rome encore a de gens d'importance.

Gens d'importance, expression populaire et triviale, que la prose et la poésie réprouvent également.

V. 49. Leurs lettres en font foi qu'elle vient de me rendre.

Cela n'est pas français, il faut : *leurs lettres, qu'elle vient de me rendre, en font foi.* Toute cette conversation est d'un style trop familier, trop négligé.

V. 59. J'aime ailleurs...

Un tel amour est si froid qu'il ne fallait pas en

prononcer le nom. *J'aime ailleurs* est d'un jeune galant de comédie. Ce n'est pas là Sertorius.

Cette passion de l'amour est si différente de toutes les autres, qu'elle ne peut jamais occuper la seconde place ; il faut qu'elle soit tragique, ou qu'elle ne se montre pas. Elle est tout-à-fait étrangère dans cette scène où il ne s'agit que d'intérêts d'état ; mais on était si accoutumé aux intrigues d'amour sur le théâtre, que le vieux Sertorius même prononce ce mot qui sied si mal dans sa bouche. Il dit, *j'aime ailleurs*, comme s'il était absolument nécessaire à la tragédie que le héros aimât en un endroit ou en un autre. Ces mots *j'aime ailleurs* sont du style de la comédie.

Ibid. . . . . A mon âge il sied si mal d'aimer.

A mon âge est encore comique ; et *il sied si mal d'aimer* l'est davantage. Il semble qu'on examine ici, comme dans *Clélie*, s'il sied à un vieillard d'aimer ou de n'aimer pas. Ce n'est point ainsi que les héros de la tragédie doivent penser et parler. Si vous voulez un modèle de ces vieux personnages auxquels on propose une jeune princesse par un intérêt de politique, prenez-le dans l'Acomat de l'admirable et sage Racine :

> Voudrais-tu qu'à mon âge
> Je fisse de l'amour le vil apprentissage ?
> Qu'un cœur qu'ont endurci la fatigue et les ans
> Suivît d'un vain plaisir les conseils imprudens ?

C'est là penser et parler comme il faut. Racine dit toujours ce qu'il doit dire dans la position où il met ses personnages, et le dit de la manière la plus noble, et à la fois la plus simple, la plus élégante. Corneille, surtout dans ses dernières pièces, débite trop souvent des pensées ou fausses, ou mal placées, ou exprimées en solécismes, ou en termes bas, pires que des solécismes ; mais aussi il étincelle de temps en temps de beautés sublimes.

V. 60. Que je le cache même à qui m'a su charmer.

Sertorius que Viriate a su charmer ! ce n'est pas là Horace ou Curiace.

V. 68. Qu'ils réduisent bientôt les deux peuples en un.

Mauvaise expression. *En un* finissant un vers choque l'oreille, et réduire *deux en un* choque la langue.

V. 81. Auprès d'un tel malheur, pour nous irréparable,
Ce qu'on promet pour l'autre est peu considérable ;
Et, sous un faux espoir de nous mieux établir,
Ce renfort accepté pourrait nous affaiblir.

Observez comme ce style est confus, embarrassé, négligé, comme il pèche contre la langue. *Auprès d'un tel malheur irréparable pour nous ; ce qu'on promet pour l'autre est peu considérable.* Quel est cet *autre?* c'est Aristie ; mais il faut le deviner ;

et quel est ce *renfort?* est-ce le *renfort* du mariage d'Aristie? Serait-il permis de s'exprimer ainsi en prose? et quand une telle prose est en rimes, en est-elle meilleure?

V. 97. Des plus nobles d'entre eux, et des plus grands courages,
    N'avez-vous pas les fils dans Osca pour otages?

On ne peut dire : Vous avez pour otages les fils des plus *grands courages.* Que la malheureuse né-cessité de rimer entraîne d'impropriétés, d'inuti-lités, de termes louches, de fautes contre la langue! mais qu'il est beau de vaincre tous ces obstacles! et qu'on les surmonte rarement!

V. 99. .... Leurs propres soldats,
    Dispersés dans nos rangs, ont fait tant de combats...

Expression du peuple de province. *Faire des combats, faire une maladie.*

V. 105. Je vois ce qu'on m'a dit; vous aimez Viriate.

Vers de comédie. Il semble que ce soit Damis ou Éraste qui parle; et c'est le vieux Sertorius!

V. 108. Dites que vous l'aimez, et je ne l'aime plus.

Si Sertorius a le ridicule d'aimer à son âge, il ne doit pas céder tout d'un coup sa maîtresse; s'il n'aime pas, il ne doit pas dire qu'il aime. Dans l'une et l'autre supposition le vers est trop co-mique.

Voilà où conduit cette malheureuse coutume
de vouloir toujours parler d'amour, de ne point
traiter cette passion comme elle doit l'être. Comment a-t-on pu oublier que Virgile, dans l'*Énéide*,
ne l'a peinte que funeste? On ne peut trop redire
que l'amour sur le théâtre doit être armé du poignard de Melpomène, ou être banni de la scène.
Il est vrai que le Mithridate de Racine est amoureux aussi, et que de plus il a le ridicule d'être le
rival de deux jeunes princes ses fils. Mithridate
est au fond aussi fade, aussi héros de roman, aussi
condamnable que Sertorius; mais il s'exprime si
noblement, il se reproche sa faiblesse en si beaux
vers; Monime est un personnage si décent, si aimable, si intéressant, qu'on est tenté d'excuser
dans la tragédie de *Mithridate* l'impertinente coutume de ne fonder les tragédies françaises que sur
une jalousie d'amour.

V. 114. **Tous mes vœux sont déja du côté d'Aristie;**
    Et je l'épouserai, pourvu qu'en même jour
    La reine se résolve à payer votre amour.

Voilà donc ce vieux Sertorius qui a deux maî-
tresses, et qui en cède une à son lieutenant! Il
forme une partie carrée de Perpenna avec Viriate,
et d'Aristie avec Sertorius.

Et on a reproché à Racine d'avoir toujours traité
l'amour! mais qu'il l'a traité différemment!

V. 117. Car, quoi que vous disiez, je dois craindre sa haine,
Et fuirais à ce prix cette illustre Romaine.

A ce prix n'est pas juste; la haine de Viriate n'est pas un prix. Il veut dire, je fuirais cette illustre Romaine, si son hymen me privait des secours de Viriate,

V. 120. . . . . . Voyez cependant de quel air on m'écrit.

Cela est trop comique.

SCÈNE III.

Ce premier couplet d'Aristie n'a pas toute la netteté qui est absolument nécessaire au dialogue; *l'un et l'autre qui ont sa raison d'état contre sa retraite; Pompée qui veut se ressaisir par la violence d'un bien qu'il ne peut voir ailleurs sans déplaisir.*

Ces phrases n'ont pas l'élégance et le naturel que les vers demandent. Mais le plus grand défaut, ce me semble, c'est qu'Aristie ne lie point une intrigue tragique; elle ne sait ce qu'elle veut; elle est délaissée par son mari; elle est indécise; elle n'est ni assez animée par la vengeance, ni assez puissante pour se venger, ni assez touchée, ni assez héroïque.

V. 5. Mais vous pouvez, seigneur, joindre à mes espérances,
Contre un péril nouveau, nouvelles assurances.

Ces phrases barbares et le reste du discours

d'Aristie ne sont pas assurément tragiques; mais ce qui est contre l'esprit de la vraie tragédie, contre la décence aussi bien que contre la vérité de l'histoire, c'est une femme de Pompée qui s'en va en Aragon pour prier un vieux soldat révolté de l'épouser.

V. 28.   Mais, s'il se dédisait d'un outrage forcé...
          J'aurais peine, seigneur, à lui refuser grace.

Le mot de *dédire* semble petit et peu convenable. Peut-être *s'il se repentait* serait mieux placé. On ne se dédit point d'un outrage.

V. 41.   Vous ravaleriez-vous jusques à la bassesse...

Ravaler ne se dit plus.

V. 45.   . . . . Laissons pour les petites ames
          Ce commerce rampant de soupirs et de flammes.

L'abbé d'Aubignac condamne durement ce commerce rampant, et je crois qu'il a raison; mais le fond de l'idée est beau. Aristie et Sertorius pensent et s'expriment noblement; et il serait à souhaiter qu'il y eût plus de force, plus de tragique dans le rôle de la femme de Pompée.

V. 49.   Unissons ma vengeance à votre politique,
          Pour sauver des abois toute la république.

On n'a jamais dû dire *sauver des abois*, parce qu'*abois* signifie les derniers soupirs, et qu'on ne sauve point d'un soupir; on sauve d'un péril, et on tire d'une extrémité; on rappelle des portes de la mort; on ne sauve point des *abois*. Au reste, ce mot *abois* est pris des cris des chiens qui aboient autour d'un cerf forcé, avant de se jeter sur lui.

V. 65. Si votre hymen m'élève à la grandeur sublime...

Grandeur sublime n'est plus d'usage. Ce terme *sublime* ne s'emploie que pour exprimer les choses qui élèvent l'ame; une pensée sublime, un discours sublime. Cependant, pourquoi ne pas appeler de ce nom tout ce qui est élevé? On doit, ce me semble, accorder à la poésie plus de liberté qu'on ne lui en donne. C'est surtout aux bons auteurs qu'il appartient de ressusciter les termes abolis en les plaçant avantageusement. Mais aussi remarquons que *rang sublime* vaut bien mieux que *grandeur sublime :* pourquoi? c'est que *sublime* joint avec *rang* est une épithète nécessaire; *sublime* apprend que ce rang est élevé; mais *sublime* est inutile avec *grandeur.* Ne vous servez jamais d'épithètes que quand elles ajouteront beaucoup à la chose.

V. 66. Tandis qu'en l'esclavage un autre hymen l'abyme.

Le mot d'*abyme* ne convient point à l'esclavage. Pourquoi dit-on *abymé dans la douleur, dans la tristesse, etc. ?* C'est qu'on y peut ajouter l'épithète de *profonde*; mais un esclavage n'est point profond. On ne saurait y être abymé. Il y a une infinité d'expressions louches, qui font peine au lecteur; on en sent rarement la raison, on ne la cherche pas même; mais il y en a toujours une, et ceux qui veulent se former le style doivent la chercher.

V. 69. Tout mon bien est encor dedans l'incertitude.

Il semble que son bien consiste à être incertaine. Quand on dit *tout mon bien est dans l'espérance,* on entend que le bonheur consiste à espérer. L'auteur veut dire *tout mon bien est incertain.*

V. 72. Tant que de cet espoir vous m'ayez répondu..

On ne répond point d'un espoir : on répond d'une personne, d'un événement. *Tant que* n'est pas ici français en ce sens.

V. 78. J'adore les grands noms que j'en ai pour otages,
Et vois que leur secours, nous rehaussant le bras,
Aurait bientôt jeté la tyrannie à bas.

Des noms pour *otages,* des secours qui *rehaussent le bras,* et qui jettent la tyrannie *à bas,* sont des expressions trop impropres, trop triviales; ce style est trop obscur et trop négligé. Un secours qui rehausse le bras n'est ni élégant, ni noble; la tyrannie jetée à bas n'est pas meilleur. Voyez si jamais Racine a jeté la tyrannie à bas. Quoi! dans une scène entre la femme de Pompée et un général romain, il n'y a pas quatre vers supérieurement écrits!

V. 85. Si vous vouliez ma main par choix de ma personne, Je vous dirais, seigneur : Prenez, je vous la donne.

Il semble qu'Aristie ne doit point dire à Sertorius, si vous m'aimiez, je vous épouserais. Ce n'est point du tout son intention de faire des coquetteries à ce vieux général; elle ne veut que se venger de Pompée. Il est vrai que ces mariages politiques ne peuvent faire aucun effet au théâtre; ce sont des intrigues, mais non pas des intrigues tragiques. Le cœur veut être remué, et tout ce qui n'est que politique est plutôt fait pour être lu dans l'histoire, que pour être représenté dans la tragédie.

Plus j'examine les pièces de Corneille, et plus je suis surpris qu'avec le prodigieux succès du *Cid*, il ait presque toujours renoncé à émouvoir. Je ne peux m'empêcher de dire ici que quand je pris la résolution de commenter les tragédies de Corneille, un homme qui honore sa haute naissance par les talens les plus distingués m'écrivit : *Vous prenez donc Tacite et Tite-Live pour des poëtes tragiques ?* En effet, *Sertorius* et toutes les pièces suivantes sont plutôt des dialogues sur la politique, et des pensées dans le goût et non dans le style de Tacite, que des pièces de théâtre; il faut bien distinguer les intérêts d'état et les intérêts du cœur. Tout ce qui n'est point fait pour remuer fortement l'ame n'est pas du genre de la tragédie: le plus grand défaut est d'être froid.

V. 110. Tu l'as fait un parjure, un méchant, un infame.

On ne doit jamais donner le nom d'infame à Pompée, et surtout Aristie, qui l'aime encore, ne doit point le nommer ainsi.

V. 117. Si votre amour trop prompt veut borner sa conquête,
    Je vous le dis encor, ma main est toute prête.

L'amour de Sertorius n'est ni prompt ni lent; car en effet, il n'en a point du tout, quoiqu'il ait dit qu'il est amoureux, pour être au ton du théâtre. Il faut avouer que les anciens Romains auraient été bien étonnés d'entendre reprocher à Sertorius un amour trop prompt.

V. 123. Elle veut un grand homme à recevoir sa foi.

Ce vers n'est pas français; c'est un barbarisme. On dit bien, *il est homme à recevoir sa foi*, et encore ce n'est que dans le style familier. Il y a dans *Polyeucte*, *vous n'êtes pas homme à la violenter*; mais *un grand homme à faire quelque chose* ne peut se dire. *Souvenez-vous qu'elle veut un grand homme* est beau; mais *un grand homme à recevoir une foi* ne forme point un sens; *vouloir à* est encore plus vicieux.

V. 127. ...... J'y vais préparer mon reste de pouvoir.

On ne prépare point un pouvoir. Elle veut dire qu'elle va se préparer à regagner Pompée, ce qui n'est pas bien flatteur pour Sertorius.

V. 128. Moi, je vais donner ordre à le bien recevoir.

C'est ainsi qu'on pourrait finir une scène de comédie. Rien n'est plus difficile que de terminer heureusement une scène de politique.

V. 129. Dieux, souffrez qu'à mon tour avec vous je m'explique.

On ne doit, ce me semble, s'adresser aux dieux que dans le malheur ou dans la passion. C'est là qu'on peut dire, *nec deus intersit nisi dignus;* mais qu'il *s'explique* avec les dieux comme avec quelqu'un à qui il parlerait d'affaires! Le mot *s'expliquer* n'est pas le mot propre : et que dit-il aux dieux? *que c'est un sort cruel d'aimer par politique, et que les intérêts de ce sort cruel sont des malheurs étranges, s'ils font donner la main quand le cœur est ailleurs.* C'est en effet la situation où Sertorius et Aristie se trouvent : mais on ne plaint nullement un vieux soldat dont le cœur est ailleurs. Il y a dans cet acte de beaux vers et de belles pensées ; mais tout est affaibli par le peu d'intérêt qu'on prend à la prétendue passion du héros et aux offres que lui fait Aristie, et surtout par le mauvais style.

ACTE SECOND.

SCÈNE I.

V. 3. . . . L'exil d'Aristie, enveloppé d'ennuis,
Est prêt à l'emporter sur tout ce que je suis.
En vain de mes regards l'ingénieux langage
Pour découvrir mon cœur a tout mis en usage.

Un exil qui est prêt à l'emporter sur tout ce
qu'est Viriate! expressions un peu trop négligées
et trop impropres. Une grande reine, une héroïne,
ne doit pas dire, ce me semble, qu'elle a employé
l'*ingénieux langage de ses regards.*

V. 8. J'ai cru faire éclater l'orgueil d'un autre choix

n'est pas une expression propre; ce choix n'est
pas orgueilleux.

V. 9. Le seul pour qui je tâche à le rendre visible,
Ou n'ose en rien connaître, ou demeure insensible...

Est-ce son cœur, est-ce l'orgueil de son choix
qu'elle tâche à rendre visible?

V. 11. Et laisse à ma pudeur des sentimens confus,
Que l'amour-propre obstine à douter du refus.

Il ne faut jamais parler de sa pudeur; mais il
faut encore moins *laisser à sa pudeur des sentimens
confus, que l'amour-propre obstine à douter du refus,*
parce que c'est un galimatias ridicule.

V. 13. Épargne-m'en la honte, et prends soin de lui dire,
  A ce héros si cher... Tu le connais, Thamire;
  Car d'où pourrait mon trône attendre un ferme appui?
  Et pour qui mépriser tous nos rois que pour lui?

Cet embarras, cette crainte de nommer celui qu'elle aime, pourraient convenir à une jeune personne timide, et semblent peu faits pour une femme politique : mais, *Et pour qui mépriser tous nos rois que pour lui?* est un vers digne de Corneille. Il faudrait, pour que ce vers fît son effet, qu'il fût pour un jeune héros aimable, et non pas pour un vieux soldat de fortune.

V. 21. Dis-lui... Mais j'aurais tort d'instruire ton adresse.

Peut-être le mot d'*adresse* est-il plus propre au comique qu'au tragique dans cette occasion.

V. 25. Il est assez nouveau qu'un homme de son âge
  Ait des charmes si forts pour un jeune courage;
  Et que d'un front ridé les replis jaunissans
  Trouvent l'heureux secret de captiver les sens.

Discours de soubrette, sans doute, plutôt que de la confidente d'une reine; mais discours qui rendent Viriate un personnage intolérable à quiconque a un peu de goût. Ces replis jaunissans, et cette pudeur de Viriate, et ce héros si cher que Thamire connaît, font un étrange contraste. Rien n'est plus indigne de la tragédie. La réplique de Viriate me paraît admirable. Je ne voudrais pourtant pas qu'une reine parlât des *sens*. Racine, qu'on regarde si mal à propos comme le premier qui ait parlé d'amour, mais qui est le seul qui en ait bien parlé, ne s'est jamais servi de ces mots *les sens*. Voyez la première scène de *Pulchérie*.

V. 40. Et quiconque peut tout est aimable en tout temps.

Ces sentimens de Viriate sont les seuls qu'elle aurait dû exprimer. Il ne fallait pas les affaiblir par cette *pudeur*, et *ce héros si cher*.

V. 50. Il faut, pour la braver, qu'elle nous prête un homme.

C'est dommage qu'un aussi mauvais vers suive ce vers si beau :

> **Rome seule aujourd'hui peut résister à Rome.**

C'est presque toujours la rime qui amène les vers faibles, inutiles et rampans avant ou après les beaux vers. On en a fait souvent la remarque. Cet inconvénient attaché à la rime a fait naître plus d'une fois la proposition de la bannir ; mais il est plus beau de vaincre une difficulté que de s'en défaire. La rime est nécessaire à la poésie française par la nature de notre langue, et est consacrée à jamais par les ouvrages de nos grands hommes.

V. 5r. Et que son propre sang, en faveur de ces lieux,
  Balance les destins et partage les dieux.

Balance, *etc.*, est un très beau vers ; mais celui qui le précède est mauvais.

V. 53. Depuis qu'elle a daigné protéger nos provinces,
  Et de son amitié faire honneur à leurs princes.

Faire honneur de son amitié n'est pas le mot propre.

V. 63. Le grand Viriatus, de qui je tiens le jour,
  D'un sort plus favorable eut un pareil retour.

On dit bien en général *un retour du sort*, et encore mieux *un revers du sort;* mais non pas *un retour d'un sort favorable*, pour exprimer une disgrace ; au contraire, *un retour d'un sort favorable* signifie une nouvelle faveur de la fortune après quelque disgrace passagère.

V. 65. Il défit trois préteurs, il gagna dix batailles,
  Il repoussa l'assaut de plus de cent murailles.

Gagner des batailles, *repousser l'assaut de plus de cent murailles* : voilà de ces vers communs et faibles qu'on doit soigneusement s'interdire. On voit trop que *murailles* n'est là que pour rimer avec *batailles*.

V. 79. Nos rois, sans ce héros, l'un de l'autre jaloux,
  Du plus heureux sans cesse auraient rompu les coups, etc.

Rompre les coups du plus heureux, avoir l'ombre

d'une montagne pour se couvrir, un bonheur qui décide des armes, tout cela est impropre, irrégulier, obscur.

V. 95. Sa mort me laissera, pour ma protection,
   La splendeur de son ombre et l'éclat de son nom.

Ces figures outrées ne réussissent plus. Le mot d'*ombre* est trop le contraire de *splendeur;* il n'est pas permis non plus à une femme telle que Viriate de dire que l'ombre d'un général mort protégera plus l'Espagne que ne feraient cent rois. Ces exagérations ne seraient pas même tolérées dans une ode. Le vrai doit régner partout, et surtout dans la tragédie. La splendeur d'une ombre a quelque chose de si contradictoire, que cette expression dégénère en pure plaisanterie.

SCÈNE II.

V. 1. . . . . Que direz-vous, madame,
   Du dessein téméraire où s'échappe mon ame?

Une ame ne s'échappe point à un dessein.

V. 23. Pour qui de tous ces rois êtes-vous sans soupçon?

C'est un barbarisme de phrase. On soupçonne quelqu'un, on a des soupçons, on jette des soupçons sur lui; on n'a pas des soupçons pour quelqu'un, comme on a de l'estime, de l'amitié, de la haine pour quelqu'un. Il est vraisemblable que c'est une faute ancienne des imprimeurs, et qu'on doit lire : *Sur qui de tous ces rois êtes-vous sans soupçon ?*

V. 34.   Digne d'être avoué de l'ancienne Rome,
          Il en a la naissance, il en a le grand cœur.

Cette phrase signifie : Il a la naissance de Rome, il·a le grand cœur de Rome. On sent bien que l'auteur veut dire : Il est né Romain, il a la valeur d'un Romain; mais il ne suffit pas qu'on puisse. l'enténdre, il faut qu'on ne puisse pas l'entendre autrement.

V. 38.   Libéral, intrépide, affable, magnanime;
          Enfin, c'est Perpenna sur qui vous emportez...—
          J'attendais votre nom après ces qualités.
          Les éloges brillans que vous daignez y joindre
          Ne me permettaient pas d'espérer rien de moindre...
          Si vos Romains ainsi choisissent des maîtresses,
          A vos derniers tribuns il faudra des princesses.—
          Madame...—Parlons net sur ce choix d'un époux.

Cette réponse est fort belle; elle doit toujours faire un grand effet. Les vers suivans semblent l'affaiblir. *Parlons net* sent un peu trop le dialogue de comédie, et le mot de *maîtresse* n'a jamais été employé par Racine dans ses bonnes pièces.

V. 5o.   . . . Un pareil amour sied bien à mes pareilles.

Un amour qui sied bien, ou qui sied mal, ne peut se dire : il semble qu'on parle d'un ajustement.

On doit éviter le mot de *mes pareilles;* il est plus bourgeois que noble.

V. 53. Je le dis donc tout haut afin que l'on m'entende.

Viriate n'élève pas ici la voix ; elle parle devant sa confidente qui connaît ses sentimens : ainsi ce vers n'est qu'un vers de comédie, qui ne devait pas avoir place dans une scène noble.

V. 57. Mais, si de leur puissance ils vous laissent l'arbitre,
Leur faiblesse du moins en conserve le titre.

Être arbitre des rois se dit très bien, parce qu'en effet des rois peuvent choisir ou recevoir un arbitre ; on est l'arbitre des lois, parce que souvent les lois sont opposées l'une à l'autre ; l'arbitre des états qui ont des prétentions, mais non pas l'arbitre de la puissance ; encore moins a-t-on le titre de sa puissance.

V. 59. Ainsi ce noble orgueil qui vous préfère à tous
En préfère le moindre à tout autre qu'à vous.

Elle veut dire *préfère le moindre* des rois à tout autre Romain que vous.

V. 61. Car enfin, pour remplir l'honneur de ma naissance...

On soutient l'honneur de sa naissance ; on remplit les devoirs de sa naissance ; mais on ne remplit point un honneur. Encore une fois, rien n'est si rare que le mot propre.

V. 62. Il me faudrait un roi de titre et de puissance.

On dit bien *un roi de nom* : par exemple, Jacques II fut roi de nom, et Guillaume resta roi en effet; mais on ne dit point *roi de titre*. On dit encore moins *roi de puissance;* cela n'est pas français. Toutes ces expressions sont des barbarismes de phrase; mais le sens est fort beau, et tous les sentimens de Viriate ont de la dignité. *Je pense m'en devoir, ou le pouvoir sans nom, ou le nom sans pouvoir.* Voilà de ces jeux de mots qu'il faut soigneusement éviter; et si on se permet cette licence, il faut du moins s'exprimer avec netteté et correctement. *Se devoir le pouvoir d'un roi sans nom* est un barbarisme et une construction très vicieuse.

V. 65. J'adore ce grand cœur qui rend ce qu'il doit rendre
       Aux illustres aïeux dont on me voit descendre.

Cette expression ne paraît pas juste; on ne voit personne descendre de ses aïeux. Racine dit dans *Iphigénie* :

   Le sang de ces héros dont tu me fais descendre.

Mais non pas *le sang dont on me voit descendre.*

V. 71. Perpenna, parmi nous, est le seul dont le sang
       Ne mêlerait point d'ombre à la splendeur du rang.

Qu'est-ce qu'un sang qui ne mêlerait point d'ombre à une splendeur? On ne peut trop redire que toute métaphore doit être juste et faire une image vraie.

V. 75. Je n'ose m'éblouir d'un peu de nom fameux...

Le mot de *peu* ne convient point à un nom : un peu de gloire, un peu de renommée, de réputation, de puissance, se dit dans toutes les langues, et *un peu de nom* dans aucune. Il y a une grammaire commune à toutes les nations, qui ne permet pas que les adverbes de quantité se joignent à des choses qui n'ont pas de quantité. On peut avoir plus ou moins de gloire ou de puissance ; mais non pas plus ou moins de nom.

V. 76. Jusqu'à déshonorer le trône par mes vœux.

Il est étrange que Corneille fasse parler ainsi un Romain, après avoir dit ailleurs *pour être plus qu'un roi tu te crois quelque chose ;* et après avoir répété si souvent cette exagération prodigieuse, qu'il n'y a point de bourgeois de Rome qui ne soit au dessus de tous les rois. Ces manières si différentes d'envisager la même chose font bien voir que l'archevêque Fénélon et le marquis de Vauvenargues avaient raison de dire que Corneille atteignit rarement le véritable but de la tragédie, et que trop souvent, au lieu d'émouvoir, il exagérait ou il dissertait.

V. 78. Je ne veux que le nom de votre créature.

Créature : ce mot dans notre langue n'est employé que pour les subalternes qui doivent leur fortune à leurs patrons, et semble ne pas convenir à Sertorius.

V. 79. Un si glorieux titre a de quoi me ravir.

Ce titre n'est point *glorieux ;* il n'a point *de quoi ravir.* Ce mot *ravir* est trop familier.

V. 80. Il m'a fait triompher en voulant vous servir.

Par la construction de la phrase, c'est le glorieux titre qui a voulu servir Viriate.

V. 81. Et, malgré tout le peu que le ciel m'a fait naître, etc.

Tout le peu est une contradiction dans les termes ; les mots de *peu* et de *tout* s'excluent l'un l'autre.

V. 85. Accordez le respect que mon trône vous donne
Avec cet attentat sur ma propre personne.

On ne donne point du respect, on l'impose, on l'imprime, on l'inspire, etc.

V. 101. Ainsi pour estimer chacun à sa manière...

est trop familier, *et sa manière pour estimer* est aussi bas que peu français.

V 102. Au sang d'un Espagnol je ferais grace entière

ne dit point ce qu'elle veut dire ; elle entend que

ce serait faire une grace à un Espagnol que de l'épouser. *Faire grace entière*, ce n'est point pardonner à demi.

V. 105. Mais, si vous haïssez comme eux le nom de reine,
　　　　Regardez-moi, seigneur, comme dame romaine.

Elle ne doit point dire à Sertorius qu'il peut haïr le trône, après que Sertorius lui a dit qu'il déshonorerait le trône s'il osait aspirer à elle. Tous ces raisonnemens sur le trône semblent trop se contredire; tantôt le trône de Viriate dépend de Sertorius, tantôt Sertorius est au dessous du trône, tantôt il hait le trône, tantôt Viriate veut faire respecter son trône : mais, quand même il y aurait de la justesse dans ces dissertations, il y aurait toujours trop de froideur. Presque tous ces raisonnemens sont faux : ils auraient besoin du style le plus élégant et le plus noble pour être tolérés; mais malheureusement le style est guindé, obscur, souvent bas, et hérissé de solécismes et de barbarismes.

V. 123. Je trahirais, madame, et vous et vos états,
　　　　De voir un tel secours, et ne l'accepter pas.

Je trahirais de voir est un solécisme.

V. 127. Et, qu'un destin jaloux de nos communs desseins,
　　　　Jetât ce grand dépôt en de mauvaises mains.

On ne jette point un dépôt, c'est un barbarisme; il faut *ne mît ce grand dépôt.*

V. 137. Après que ma couronne a garanti vos têtes,
       Ne mérité-je point de part en vos conquêtes?

Que veut dire une couronne qui garantit des têtes? il fallait au moins dire de quoi elle les garantit : on garantit un traité, une possession, un héritage ; mais une couronne ne garantit point une tête.

V. 154. Il en est bien payé d'avoir sauvé sa vie.

C'est un barbarisme et un contre-sens. On est payé en recevant une récompense ; on est payé par une récompense ; mais on n'est point payé de recevoir une récompense ; il fallait : *Il fut assez payé, vous sauvâtes sa vie*, ou quelque chose de semblable.

V. 161. Quand nous sommes aux bords d'une pleine victoire,
       Quel besoin avons-nous d'en partager la gloire?

La victoire n'a point de bords : on touche à la victoire, on est près de la remporter, de la saisir, mais on n'est point à ses bords. Cela ne peut se dire dans aucune langue, parce que dans toutes les langues les métaphores doivent être justes.

V. 169. L'espoir le mieux fondé n'a jamais trop de forces.

On ne peut dire *les forces d'un espoir* ; aucune langue ne peut admettre ce mot, parce que les forces ne peuvent pas être dans un espoir. C'est un barbarisme.

V. 170. Le plus heureux destin surprend par les divorces.

Un destin n'a point de divorces, il a des vicissitudes, des changemens, des revers; et alors ce n'est pas l'heureux destin qui surprend. Cette expression est un barbarisme.

V. 171. Du trop de confiance il aime à se venger.

Ce destin qui aime à se venger est une idée poétique qui n'a rien de vrai. Pourquoi aimerait-il à se venger de la confiance qu'on a en lui? Est-ce ainsi que doit raisonner un grand capitaine, un homme d'état?

V. 173. Devons-nous exposer à tant d'incertitude
L'esclavage de Rome et notre servitude ?

Ce n'est point l'esclavage qu'on expose ici à l'incertitude des événemens; au contraire, c'est la liberté de Rome et celle de l'Espagne, pour laquelle Sertorius et Viriate combattent, et qu'on exposerait.

V. 189. Faites, faites entrer ce héros d'importance

est un peu trop comique; l'auteur a déja dit *des gens d'importance*. Il n'est pas permis d'écrire d'un style si trivial, surtout après avoir écrit de si belles choses.

V. 191. Et si vous le craignez, craignez autant du moins
Un long et vain regret d'avoir prêté vos soins.

Il faudrait achever la phrase. *Prêtez vos soins*

n'a pas un sens complet; on doit dire à qui on les
a prêtés. De plus, on ne prête point de soins, on
ne prête que les choses qu'on peut retirer. Quand
les soins sont une fois donnés, on peut en refuser
de nouveaux. Il n'en est pas de même du mot
appui, secours; on prête son *appui*, son *secours*,
son *bras*, son *armée, etc.*, parce qu'on peut les
retirer, les reprendre. Ce style est très vicieux.

V. 196. Je parle pour un autre, et toutefois, hélas!
          Si vous saviez... — Seigneur, que faut-il que je sache?

Cet *hélas* dans la bouche de Sertorius est trop
déplacé; il ne convient ni à son caractère, ni à
son âge, ni à la scène politique et raisonnée qui
vient de se passer entre Viriate et lui.

V. 199. Ce soupir redoublé... — N'achevez point; allez.

Ce *soupir redoublé* achève de dégrader Sertorius.

Qu'Achille aime autrement que Tircis et Philène.

Un vieux capitaine romain qui fait remarquer
ses soupirs à sa maîtresse est au dessous de Tircis;
car Tircis soupirera sans le dire, et ce sera sa maîtresse qui s'en apercevra.

Qu'un amant passionné soit attendri, ému,
troublé, qu'il soupire; mais qu'il ne dise pas :
Voyez comme je suis attendri, comme je suis
ému, comme je suis touché, comme je soupire.

Cette pusillanimité dans laquelle Corneille fait tomber Sertorius et Viriate est une preuve bien manifeste de ce que nous avons dit tant de fois, que l'amour s'était emparé du théâtre très long-temps avant Racine; qu'il n'y avait aucune pièce où cette passion n'entrât, et c'était presque toujours mal à propos. Encore une fois, l'amour n'a jamais bien été traité que dans les scènes du *Cid*, imitées de Guillem de Castro, jusqu'à l'*Andromaque* de Racine; je dis jusqu'à l'*Andromaque*, car dans *la Thébaïde* et dans *Alexandre*, on sent que Racine suit la mauvaise route que Corneille avait tracée; c'est l'unique raison peut-être pour laquelle ces deux pièces n'intéressent point du tout.

SCÈNE III.

V. 1.   Sa dureté m'étonne, et je ne puis, madame...

Il est assez difficile de comprendre comment Thamire peut parler de dureté après ces hélas et ces soupirs.

V. 2.   L'apparence t'abuse; il m'aime au fond de l'âme.

Rien n'est assurément moins tragique qu'une femme qui dit qu'un homme l'aime. C'est de la comédie froide.

V. 3.   Quoi! quand pour un rival il s'obstine au refus...

Quoi quand forme une cacophonie désagréable.

V. 4.   Il veut que je l'amuse, et ne veut rien de plus.

Viriate, dans cet hémistiche comique, ne dit point ce qu'elle doit dire. Sa vanité lui persuade qu'elle est aimée, et que Sertorius sacrifie son amour à l'amitié. Ce n'est pas là un amusement. Il faut convenir que rien n'est plus éloigné du caractère de la tragédie.

SCÈNE IV.

V. 1.   Vous m'aimez, Perpenna, Sertorius le dit ;
          Je crois sur sa parole, et lui dois tout crédit.

Il fallait dire *je le crois*. Corneille a bien employé le mot *je crois* sans régime dans *Polyeucte* : *Je vois, je sais, je crois, je suis désabusée;* mais c'est dans un autre sens. Pauline veut dire *j'ai la foi;* mais Viriate n'a point la foi.

Et lui dois tout crédit; ce terme est impropre et n'est pas noble. *Crédit* ne signifie point *confiance*. Racine s'est servi plus noblement de ce mot dans un autre sens, quand il fait dire à Agrippine :

        Je vois mes honneurs croître, et tomber mon crédit.

Crédit alors signifie *autorité, puissance, considération.*

V. 5.   A quel titre lui plaire, et par quel charme un jour
          Obliger sa couronne à payer votre amour?

On n'oblige point une couronne à payer; et payer un amour !

13.

V. 10.   Hé bien! qu'êtes-vous prêt de lui sacrifier? —
         Tous mes soins, tout mon sang, mon courage, ma vie.

On peut sacrifier son sang et sa vie, ce qui est la même chose : mais sacrifier son courage! qu'est-ce que cela veut dire? On emploie son courage, ses soins; on sacrifie sa vie.

V. 12.   Pourriez-vous la servir dans une jalousie?
         Ah, madame! — A ce mot en vain le cœur vous bat...
         J'ai de l'ambition, et mon orgueil de reine
         Ne peut voir sans chagrin une autre souveraine,
         Qui, sur mon propre trône, à mes yeux s'élevant,
         Jusque dans mes états prenne le pas devant.

Dans une jalousie, le cœur vous bat, un orgueil de reine; ce n'est pas là le style noble; et cette idée de se *faire servir dans une jalousie* est non seulement du comique, mais du comique insipide. Ce n'est pas là le φόβος καὶ ἔλεος, la terreur et la pitié. Voilà une plaisante intrigue tragique que de savoir qui de deux femmes passera la première à une porte.

Prenne le pas devant ne se dit plus et présente une petite idée. Voilà de ces choses qu'il faut ennoblir par l'expression. Racine dit :

Je ceignis la tiare, et marchai son égal.

Prendre le pas devant est une mauvaise façon de parler qui n'est pas même pardonnable aux gazettes.

V. 25. .... L'offre qu'elle fait
Ou que l'on fait pour elle en assure l'effet.

Il faut éviter ces expressions prosaïques et négligées. Celle-ci n'est ni noble ni exacte. Une
offre n'assure point un effet ; une offre est ac-
ceptée ou dédaignée. Le mot d'*effet* ne s'applique
qu'aux desseins et aux causes, aux menaces, aux
prières.

V. 34. Un autre hymen vous met dans le même embarras,

Perpenna n'a aucune raison de parler d'un
autre hymen de Sertorius, puisqu'il n'en est point
question dans la pièce : et quel style de comédie !
un hymen qui met dans l'embarras.

V. 41. Voulez-vous me servir ? — Si je le veux ! j'y cours,
Madame, et meurs déja d'y consacrer mes jours.

Il fallait, *et je meurs ;* mais cette façon de parler
est du style de la comédie ; encore ne dit-on pas
même, *je meurs d'aller, je meurs de servir ;* mais,
je meurs d'envie d'aller, de servir ; et cela ne se dit
que dans la conversation familière.

SCÈNE V.

V. 3. Il fait auprès de vous l'officieux rival.

Encore une fois style de comédie.

V. 5. A lui rendre service elle m'ouvre une voie
Que tout mon cœur embrasse avec excès de joie.

Embrasser avec excès de joie une voie à rendre

service! on ne peut écrire avec plus d'impropriété. C'est un amas de barbarismes.

V. 9. ...... Rompant le cours d'une flamme nouvelle,
. Vous forcez ce rival à retourner vers elle.

Rompre le cours d'une flamme, autre barbarisme.

V. 19. .... Allons le recevoir,
Puisque Sertorius m'impose ce devoir.

Dans cette scène Perpenna paraît généreux; il n'est plus question de l'assassinat de Sertorius, qui fait le sujet du drame. C'est d'ordinaire un grand défaut dans une pièce, soit tragique, soit comique, qu'un personnage paraisse, sans rappeler les premiers sentimens et les premiers desseins qu'il a d'abord annoncés; c'est rompre l'unité de dessein qui doit régner dans tout l'ouvrage.

Nous sommes entrés dans presque tous les détails de ces deux premiers actes, pour montrer aux commençans combien il est difficile de bien écrire en vers, pour éviter le reproche qu'on nous a fait de n'en avoir pas assez dit, et pour répondre au reproche ridicule que quelques gens de parti, très mal instruits, nous ont fait d'en avoir trop dit. Nous ne pouvons assez répéter que nous cherchons uniquement la vérité, et qu'aucune cabale ne nous a jamais intimidés.

Nous reprenons quatre fois plus de fautes dans cette édition que dans les précédentes, parce que

des gens qui ne savent point le français ont eu
le ridicule d'imprimer qu'il ne fallait pas s'apercevoir de ces fautes.

ACTE TROISIÈME.

SCÈNE I.

Cette scène, ou plutôt la seconde, dont celle-ci
n'est que le commencement, fit le succès de *Ser-*
torius, et elle aura toujours une grande réputation.
S'il y a quelques défauts dans le style, ces défauts
n'ôtent rien à la noblesse des sentimens, à la politique, aux bienséances de toute espèce, qui font
un chef-d'œuvre de cette conversation. Elle n'est
pas tragique, j'en conviens; elle n'est que politique. La pièce de *Sertorius* n'a rien de la chaleur
et du pathétique de la vrai tragédie, comme Corneille l'avoue dans son Examen; mais cette scène
de Sertorius et de Pompée, prise à part, est un
grand modèle.

Il n'y a, je crois, que deux autres exemples
sur le théâtre de ces conférences entre de grands
hommes, qui méritent d'être remarqués. La première, dans Shakespeare entre Cassius et Brutus;
elle est dans un goût un peu différent de celui de
Corneille. Brutus reproche à Cassius, *that he hath*
an itching palm : ce qui signifie précisément que
Cassius se fait graisser la pate. Cassius répond

qu'il aimerait mieux être un chien et aboyer à la
lune que de se faire donner des pots-de-vin. Il
y a d'ailleurs des choses vives et animées, mais
ce ton de la halle n'est pas tout-à-fait celui de
la scène tragique ; ce n'est pas celui du sage
Addison.

La seconde conférence est dans l'*Alexandre* de
Racine, entre Porus, Éphestion et Taxile. Si
Éphestion était un personnage principal, et si
la tragédie était intéressante, cette conférence
pourrait encore plaire beaucoup au théâtre,
même après celle de Sertorius et de Pompée. Le
mal est que ces scènes ne sont pas absolument
nécessaires à la pièce. Sertorius même dit au
quatrième acte :

> .... Quel bruit fait par la ville
> De Pompée et de moi l'entrevue inutile ?

Ces scènes donnent rarement au spectateur
d'autre plaisir que celui de voir de grands hommes
conférer ensemble.

V. 1.   Seigneur, qui des mortels eût jamais osé croire
         Que la trève à tel point dût rehausser ma gloire ?

Certainement Sertorius n'a jamais dit à Pompée, *quel homme aurait jamais osé croire que ma
gloire pût être augmentée ?* On ne parle point ainsi
de soi-même ; la bienséance n'est pas observée
dans les expressions. Le fond de la pensée est que

la visite de Pompée est le plus grand honneur qu'il ait jamais reçu ; mais il ne doit pas commencer par parler de sa gloire, et par dire que jamais mortel n'eût osé croire que cette gloire pût augmenter ; ces vers peuvent paraître une fanfaronnade plus qu'un compliment. Il eût été plus court, plus naturel, plus décent, de supprimer ces vers, et de dire avec une noble simplicité : *Seigneur, je doute encor si ma vue est trompée, etc.*

V. 3.   Qu'un nom à qui la guerre a fait trop applaudir
Dans l'ombre de la paix trouvât à s'agrandir ?

Comment est-ce qu'un nom trouve quelque chose ? Sertorius veut dire qu'il n'a jamais reçu tant d'honneurs ; mais un nom ne s'agrandit pas ; et il ne fallait pas qu'il commençât une conversation polie et modeste par dire que la guerre a fait applaudir à son nom. Ce n'est pas au nom qu'on applaudit, c'est à la personne, aux actions.

V. 9.   .... Faites qu'on se retire.

Pompée ne doit pas demander qu'on se retire, pour pouvoir dire en liberté à Sertorius qu'il l'estime. On peut faire un compliment en public, et faire ensuite retirer les assistans. Cela même eût fait un bon effet au théâtre.

SCÈNE II.

V. 1.   L'inimitié qui règne entre nos deux partis
         N'y rend pas de l'honneur tous les droits amortis.
         Comme le vrai mérite a ses prérogatives
         Qui prennent le dessus des haines les plus vives,
         L'estime et le respect sont de justes tributs
         Qu'aux plus fiers ennemis arrachent les vertus.

Cet *amortissement des droits*, ces *prérogatives du vrai mérite*, gâtent un peu ce commencement du discours de Pompée. *Prérogatives* n'est pas le mot propre; et des *prérogatives qui prennent le dessus des haines!* rien n'est moins élégant. Quand même ces deux vers seraient bons, ils pècheraient en ce qu'ils sont inutiles; ils affaibliraient ces deux beaux vers si nobles et si simples :

> L'estime et le respect sont les justes tributs
> Qu'aux cœurs même ennemis arrachent les vertus.

Rien de trop, voilà la grande règle.

V. 3.   Comme le vrai mérite a ses prérogatives, etc.

Cette phrase, ce *comme,* ne conviennent pas à Pompée. Cela sent trop son rhéteur. Ce tour est trop apprêté, cette expression trop prosaïque. Le défaut est petit; mais il faut remarquer tout dans un dialogue aussi important que celui de Pompée et de Sertorius.

V. 7.　Et c'est ce que vient rendre à la haute vaillance,
　　　　Dont je ne fais ici que trop d'expérience,
　　　　L'ardeur de voir de près un si fameux héros.

Ce *rendre* se rapporte à *tribut;* mais on ne rend point un tribut, on rend justice, on rend hommage, on paie un tribut.

V. 10.　Sans lui voir en la main piques ni javelots.

Il serait à désirer que Corneille eût tourné autrement ce vers. *Voir piques* n'est pas français.

V. 11.　Et le front désarmé de ce regard terrible,
　　　　Qui dans nos escadrons guide un bras invincible.

Le *front désarmé* se rapporte à *sans voir;* de sorte que la véritable construction est, *sans lui voir le front désarmé;* ce qui est précisément le contraire de ce qu'il entend. Il reste à savoir si un général doit parler à un autre général de son regard terrible.

V. 15. . . . . . Ce franc aveu sied bien aux grands courages.

C'est ce qu'on doit dire de Pompée, mais c'est ce que Pompée ne doit pas dire de lui : c'est une parenthèse du poëte. Jamais un général d'armée ne se vante ainsi, et ne s'appelle *grand courage.* Il ne faut jamais faire parler les hommes autrement qu'ils ne parleraient eux-mêmes. C'est une règle générale qu'on ne peut trop répéter.

V. 16.   J'apprends plus contre vous par mes désavantages
       Que les plus beaux succès qu'ailleurs j'aie emportés
       Ne m'ont encore appris par mes prospérités.

On emporte une place, on remporte un avantage, on a un succès, on n'emporte point un succès. C'est un barbarisme.

V. 19.   Je vois ce qu'il faut faire à voir ce que vous faites.

Je vois à voir, répétition qu'il faut éviter.

V. 34.   Souffrez que je réponde à vos civilités.

Il eût été mieux que Sertorius eût répondu aux civilités de Pompée sans le dire; cela donne à son discours un air apprêté et contraint. Il annonce qu'il veut faire un compliment. Un tel compliment doit être sans appareil, afin qu'il paraisse plus naturel et plus vrai. On n'a pas besoin de faire retirer les assistans pour faire un compliment.

V. 35.   Vous ne me donnez rien par cette haute estime
       Que vous n'ayez déja dans le degré sublime.

Degré sublime, expression faible et impropre, employée pour la rime.

V. 41.   Si dans l'occasion je ménage un peu mieux
       L'assiette du pays et la faveur des lieux, etc.

Je ne peux m'empêcher de remarquer ici qu'on trouve dans plusieurs livres, et surtout dans l'Histoire du théâtre, que le vicomte de Turenne, à la représentation de *Sertorius*, s'écria : *Où donc Corneille a-t-il pu apprendre l'art de la guerre ?* Ce conte est ridicule. Corneille eût très mal fait d'entrer dans les détails de cet art ; il fait dire en général à Sertorius ce que ce Romain devait peut-être se passer de dire, qu'il sait mieux se prévaloir du terrain que Pompée. Il n'y a pas là de quoi étonner un Turenne. Les généraux de Charles-Quint et de François Ier pouvaient en effet s'étonner que Machiavel, secrétaire de Florence, donnât des règles excellentes de tactique, et enseignât à disposer les bataillons comme on les range aujourd'hui ; c'est alors qu'on pouvait dire : Où Machiavel a-t-il appris l'art de la guerre ? Mais, si le vicomte de Turenne en avait dit autant sur un ou deux vers de Corneille qui n'enseignent point la tactique, et qui ne doivent point l'enseigner, il aurait dit une puérilité dont il était incapable.

On pouvait plus justement dire que Corneille parlait supérieurement de politique. La preuve en est dans ces vers : *Lorsque deux factions divisent un empire, etc.* : elle est encore plus dans *Cinna*. Nous sommes inondés, depuis peu, de livres sur le gouvernement. Des hommes obscurs, incapables de se gouverner eux-mêmes, et ne connaissant ni le monde, ni la cour, ni les affaires, se sont avisés d'instruire les rois et les ministres, et même de les injurier. Y a-t-il un seul de ces livres,

je n'en excepte pas un, qui approche de loin de
la délibération d'Auguste dans *Cinna*, et de la
conversation de Sertorius et de Pompée? C'est là
que Corneille est bien grand; et la comparaison
qu'on peut faire de ces morceaux avec tous nos
fatras de prose sur la politique, le rend plus grand
encore, et est le plus bel éloge de la poésie.

V. 57.   Et, sur les bords du Tibre, une pique à la main,
      Lui demander raison pour le peuple romain.

On se servait encore de piques en France, lorsqu'on représenta *Sertorius* ; et cette expression
était plus noble qu'aujourd'hui.

V. 59.   De si hautes leçons, seigneur, sont difficiles,
      Et pourraient vous donner quelques soins inutiles,
      Si vous fesiez dessein de me les expliquer
      Jusqu'à m'avoir appris à les bien pratiquer.

Le dernier vers n'a pas un sens net. On ne sait
si l'intention de l'auteur est, si vous vouliez m'expliquer mes leçons jusqu'à ce que vous m'appris-
siez à les mettre en pratique. Mais *faire dessein
de les expliquer jusqu'à m'avoir appris* est un
contre-sens en toute langue. *Faire dessein* est un
barbarisme.

V. 75.   Est-ce être tout Romain qu'être chef d'une guerre
      Qui veut tenir aux fers les maîtres de la terre?

On est chef de parti, on n'est pas chef d'une
guerre. Le mot est impropre.

V. 79.   C'est vous qui sous le joug traînez des cœurs si braves.

Traîner des cœurs peut se dire. Racine a dit :

> Charmant, jeune, traînant tous les cœurs après soi.

Mais cet *après soi* ou *après lui* est absolument nécessaire.

> Entraînant après lui tous les cœurs des soldats.

V. 89.   Mais vous jugez, seigneur, de l'ame par le bras,
          Et souvent l'un paraît ce que l'autre n'est pas.

Ces expressions sont trop négligées; et comment un bras peut-il paraître différent d'une ame? La plupart des fautes de langage sont au fond de défauts de justesse.

V. 99.   Je servirai sous lui tant qu'un destin funeste
          De nos divisions soutiendra quelque reste.

Soutiendra n'est pas le mot propre. On entretient un reste de divisions, on les fomente, etc. On soutient un parti, une cause, une prétention; mais c'est un très léger défaut dans un aussi beau discours que celui de Pompée.

> Lorsque deux factions divisent un empire,
> Chacun suit au hasard la meilleure ou la pire;
> Mais, quand le choix est fait, on ne s'en dédit plus, etc.

Quelle vérité dans ces vers, et quelle force dans leur simplicité! point d'épithète, rien de superflu; c'est la raison en vers.

V. 102. J'ignore quels projets peut former son bonheur.

Un bonheur qui forme des projets est trop impropre.

V. 109. Afin que, Sylla mort, ce dangereux pouvoir
Ne tombe qu'en des mains qui sachent leur devoir.

On peut animer tout dans la poésie ; mais dans une conférence sans passion, les métaphores outrées ne peuvent avoir lieu ; peut-être cette expression porte encore plus l'empreinte d'une négligence qui échappe que d'une figure qu'on recherche.

V. 128. Aux périls de Sylla vous tâtez leur courage.

Ce mot *tâter*, qui par lui-même est familier, et même ignoble, fait ici un très bel effet ; car, comme on l'a déja remarqué, il n'y a guère de mot qui étant heureusement placé ne puisse contribuer au sublime. Ce discours de Sertorius est un des plus beaux morceaux de Corneille, et le reste de la scène en est digne, à quelques négligences près.

Ces vers :

Et votre empire en est d'autant plus dangereux, etc.
Rome n'est plus dans Rome, elle est toute où je suis, etc.

sont égaux aux plus beaux vers de *Cinna* et des *Horaces*.

V. 169: C'est Rome...—Le séjour de votre potentat,
Qui n'a que ses fureurs pour maximes d'état, etc.

Voilà encore un des plus beaux endroits de Corneille; il y a de la force, de la grandeur, de la vérité; et même il est supérieurement écrit, à quelques négligences, à quelques familiarités près, comme le *tyran est bas, donner cette joie, ouvrir tous ses bras.* Mais, quand une expression familière et commune est bien placée et fait un contraste, alors elle tient presque du sublime. Tel est ce vers :

Je n'appelle plus Rome un enclos de murailles.

Ce mot *enclos,* qui ailleurs est si commun et même bas, s'ennoblit ici, et fait un très beau contraste avec ce vers admirable :

Rome n'est plus dans Rome, elle est toute où je suis.

V. 197. .... Et l'on ne sait que c'est
De suivre ou d'obéir que suivant qu'il leur plaît.

Il faut éviter ces expressions triviales *que c'est,* qui n'est pas français, et *ce que c'est,* qui, étant plus régulier, est dur à l'oreille et du style de conversation.

V. 209. Vous qu'à sa défiance il a sacrifié
Jusques à vous forcer d'être son allié...

Cette transition ne me paraît pas assez ménagée. Je crois que Sertorius devait, dans l'énumération des cruautés de Sylla, compter celle d'avoir forcé Pompée à répudier sa femme.

V. 213. J'aimais mon Aristie, il m'en vient d'arracher.

J'aimais mon Aristie est faible, trivial et comique.

V. 219. Protéger hautement les vertus malheureuses,
      C'est le moindre devoir des ames généreuses.

Sertorius ne doit point dire *qu'il est une ame généreuse.* Il doit le laisser entendre; c'est le défaut de tous les héros de Corneille de se vanter toujours.

SCÈNE III.

V. 1.   Venez... montrer à tout le genre humain
      La force qu'on vous fait pour me donner la main.

La force qu'on vous fait est un barbarisme. On dit, prendre à force, faire force de rames, de voiles; céder à la force, employer la force; mais non *faire force à quelqu'un.* Le terme propre est *faire violence* ou *forcer.*

Remarquons ici que le grand Pompée est présenté sous un aspect bien défavorable; c'est l'aventure la plus honteuse de sa vie : il a répudié Antistia qu'il aimait, et a épousé Æmilia, la petite-fille de Sylla, pour faire sa cour à ce tyran. Cette bassesse était d'autant plus honteuse, qu'Émilie était grosse de son premier mari quand Pompée l'épousa par un double divorce. Pompée avoue ici sa honte à Sertorius et à sa première femme. Il ne paraît que comme un esclave de Sylla, qui craint de déplaire à son maître. Dans cette position, quelque chose qu'il dise ou qu'il fasse, il est impossible de s'intéresser à lui. On prend un intérêt médiocre à Sertorius amoureux. Viriate est peut-être le premier personnage de la pièce : mais quiconque n'étalera que de la politique n'excitera jamais les grands mouvemens, qui sont l'ame de la tragédie. Il est dit dans le *Bolæana* que Boileau n'aimait pas cette fameuse conférence de Sertorius et de Pompée. On prétend que Boileau disait que cette scène n'était ni dans la raison ni dans la nature, et qu'il était ridicule que Pompée vînt redemander sa femme à Sertorius, tandis qu'il en avait une autre de la main de Sylla. J'avoue que l'objet de cette conférence peut être critiqué; mais j'ai bien de la peine à croire que Boileau ne fût pas content des morceaux adroits et sublimes de cette scène; il savait trop bien que le goût consiste à savoir admirer les beautés au milieu des défauts.

SCÈNE IV.

Après une scène de politique, il n'est guère possible que jamais une scène de tendresse puisse réussir. Le cœur veut être mené par degrés : il ne peut passer rapidement d'un sujet à un autre; et toutes les fois qu'on promène ainsi le spectateur d'objets en objets, tout intérêt cesse. C'est une des raisons qui empêchent presque toutes les tragédies de Corneille d'être touchantes : il paraît qu'il a senti ce défaut, puisque Sertorius et Pompée ont parlé d'Aristie à la fin de la scène précédente, mais ils n'en ont parlé que par occasion.

V. 3.   Suivant qu'on m'aime ou hait, j'aime ou hais à mon tour, etc.

Ce vers et les suivans sont un peu du haut comique, et ôtent à la femme de Pompée toute sa dignité.

V. 13.   Mon feu, qui n'est éteint que parce qu'il doit l'être,
Cherche en dépit de moi le vôtre pour renaître, etc.

Ce *feu* qui cherche *le feu* de Pompée, ce courroux qui *trébuche*, en un mot cette scène entre un mari et une femme ne passerait pas aujourd'hui.

V. 17.   M'aimeriez-vous encor, seigneur? — Si je vous aime!

Ce qui fait en partie que cette scène est froide, c'est précisément cette chaleur que Pompée essaie de mettre dans sa réponse à sa femme. S'il est vrai qu'il l'aime si tendrement, il joue le rôle d'un lâche de l'avoir répudiée par crainte de Sylla; et Pompée ainsi avili ne peut plus intéresser les spectateurs, comme on vient de le faire voir. Aristie plaît encore moins, en ne paraissant que pour dire à Pompée qu'elle prendra un autre mari, s'il ne veut pas d'elle. Ce sont là des intérêts qui n'ont rien de grand, ni d'attendrissant.

V. 20. Sortez de mon esprit, ressentimens jaloux...
        Rentrez dans mon esprit, jaloux ressentimens...
        Plus de Sertorius... Venez, Sertorius..., etc.

Il n'y a personne qui puisse souffrir cet apprêt, ces refrains, ces jeux d'esprit compassés. Cela ressemble un peu à ces anciennes pièces de poésies nommées *chants royaux*, *ballades*, *virelais*, amusemens que jamais ni les Grecs ni les Romains ne connurent, excepté dans les vers phaleuques, qui étaient une espèce de poésie molle et efféminée où les refrains étaient admis, et quelquefois aussi dans l'églogue :

« Ducite ab urbe domum, mea carmina, ducite Daphnim. »

V. 29. Plus de Sertorius... Hélas! quoi que je die,
        Vous ne me dites point, seigneur, plus d'Émilie.

Cela serait à sa place dans une pastorale, mais dans une tragédie!

V. 41. Ce qu'il vous fait d'injure également m'outrage;
        Mais enfin je vous aime et ne puis davantage.

Ce qu'il fait d'injure est un barbarisme; mais *je vous aime et ne puis davantage* déshonore entièrement Pompée. Le vainqueur de Mithridate ne devait pas s'avilir jusque là.

V. 59.   **Elle porte en ses flancs un fruit de cet amour, etc.**

Ce détail domestique, cette confidence de Pompée, qu'il ne couche point avec sa nouvelle femme, et qu'elle est grosse d'un autre, sont au dessous de la comédie. De telles naïvetés qui succèdent à la belle scène de l'entrevue de Pompée et de Sertorius justifient ce que Molière disait de Corneille, qu'il y avait un lutin qui tantôt lui fesait ses vers admirables, et tantôt le laissait travailler lui-même.

V. 66.   **Rendez-le-moi, seigneur, ce grand nom qu'elle porte.**

C'est le lutin qui fit ce vers-là; mais ce n'est pas lui qui fit *pour celles de ma sorte.*

> Et ce nom seul est tout pour celles de ma sorte.

V. 80.   **Mais pour venger ma gloire, il me faut un époux.**

Une femme qui dit que pour la venger il lui faut un mari, dit une étrange chose. Corneille l'a bien senti en relevant cet aveu par ces mots, *il m'en faut un illustre*, et ce n'est peut-être pas encore assez.

V. 82.   **Ah! ne vous lassez point d'aimer et d'être aimée**

est un vers d'églogue; et entre un mari et une femme il est au dessous de l'églogue.

V. 85.   **Ayez plus de courage et moins d'impatience.**

C'est au contraire, c'est Aristie qui doit dire à

Pompée : *Ayez plus de courage; c*'est lui seul qui en manque ici.

V. 93. Mais, tant qu'il pourra tout, que pourrai-je, madame ?

Ce vers humilie trop Pompée. Il y a des hommes qu'il ne faut jamais faire voir petits.

V. 94. Suivre en tous lieux, seigneur, l'exil de votre femme.

On ne suit point un exil, on suit une exilée.

V. 96. Et rendre un heureux calme à nos divisions.

On rend le calme à un peuple agité et divisé, on ne rend point le calme à une division. Cela est impropre et forme un contre-sens. On fait succéder le calme au trouble, à l'orage; l'union, la concorde à la division. Corneille, dans ses vingt dernières pièces, ne se sert presque jamais du mot propre, ne parle presque jamais français, et surtout n'est jamais intéressant; et cela, tandis que la langue se perfectionnait sous la plume de tant de beaux génies du grand siècle, tandis que Racine parlait au cœur avec tant de chaleur, de noblesse, d'élégance, et dans un langage si pur.

V. 101. Ce n'est pas s'affranchir qu'un moment le paraître.

Pour que ce vers fût français, il faudrait *ce n'est pas être affranchi que le paraître.*

V. 106. Perpenna qui l'a joint saura que vous en dire.

Ce vers familier, et la dissertation politique de

Pompée avec sa femme, augmentent les défauts de cette scène. Le principal vice est dans le sujet, et je crois qu'il était impossible de mettre de la chaleur dans cette pièce.

V. 109. .... Ce peu que j'y rends de vaine déférence,
　　　　 Jaloux du vrai pouvoir ne sert qu'en apparence.

Le peu de déférence qui est jaloux du pouvoir, et qui sert en apparence, est un galimatias qui n'est pas français.

V. 124. Me voulez-vous, seigneur? ne me voulez-vous pas?

C'est un vers de comédie qui avilit tout; et ce vers est le précis de toute la scène.

V. 133. Sertorius sait vaincre, et garder ses conquêtes. —
　　　　 La vôtre, à la garder, coûtera bien des têtes.

La vôtre, etc., est un vers de *Nicomède*, qui est bien plus à sa place dans *Nicomède* qu'ici, parce qu'il sied mieux à Nicomède de braver son frère, qu'à Pompée de braver sa femme.

V. 153. Ah! c'en est trop, madame, et de nouveau je jure...

Ce vers fait bien connaître à quel point cette scène de politique amoureuse était difficile à faire. Quand on répète ce qu'on a déja dit, c'est une preuve qu'on n'a rien à dire.

V. 160. Me punissent les dieux que vous avez jurés,
　　　　 Si, passé ce moment, et hors de votre vue,
　　　　 Je vous garde une foi que vous avez rompue!

Il faudrait au moins qu'elle fût sûre d'épouser Sertorius pour parler ainsi.

V. 164. Éteindre un tel amour ! — Vous-même l'éteignez.

Si Pompée est en effet si amoureux, il n'a pas dû se séparer d'Aristie; et, s'il n'a pas une passion violente, tout ce qu'il dit de cet amour refroidit au lieu d'échauffer.

V. 168. Adieu donc pour deux jours — Adieu pour tout jamais.

Pour jamais est bien plus fort que *pour tout jamais*. Ce dialogue pressé, rapide, coupé, est souvent dans Corneille d'une grande beauté. Il ferait beaucoup d'effet entre deux amans; il n'en fait point entre un mari et une femme qui ne sont pas dans une situation assez douloureuse. Il était impossible de faire d'un tel sujet une véritable tragédie. Les demi-passions ne réussissent jamais à la longue; et les intérêts politiques peuvent tout au plus produire quelques beaux vers qu'on aime à citer. La seule scène de Sertorius et de Pompée. suffisait alors à une nation qui sortait des guerres civiles. On n'avait rien d'aucun auteur qu'on pût comparer à ce morceau sublime, et on pardonnait à tout le reste en faveur de ces beautés qui n'appartenaient dans le monde entier qu'à Corneille.

ACTE QUATRIÈME.
SCÈNE I.

V. 1.   Pourrai-je voir la reine? etc.

Cette scène de Sertorius avec une confidente a quelque chose de comique. Les scènes avec les subalternes sont d'ordinaire très froides dans la tragédie, à moins que ces personnages secondaires n'apportent des nouvelles intéressantes, ou qu'ils ne donnent lieu à des explications plus intéressantes encore. Mais ici Sertorius demande simplement des nouvelles. Il veut savoir *où vont* les sentimens de Viriate, quoique des sentimens n'aillent point. Thamire semble un peu le railler, en lui disant que Perpenna offert par lui *fléchira* le dédain de la reine; et Sertorius répond qu'il a pour elle un *violent* respect. Cela n'est pas fort tragique.

V. 19.   . . . . . . Je préférerais un peu d'emportement
         Aux plus humbles devoirs d'un tel accablement, etc.

Avouons que Sertorius et cette suivante débitent un étrange galimatias de comédie. Ce violent *respect* que l'aspect de Viriate fait régner sur les plus doux vœux de Sertorius, ce peu de *respects* qui ressemblent aux *respects* de Sertorius, ce *respect* qui ne sait que trouver des raisons pour un autre, et cette suivante qui préférerait un peu d'emportement aux plus humbles devoirs d'un accablement; enfin l'autre qui lui réplique qu'il n'en est rien parti capable de lui nuire, et qu'un soupir échappé ne pût détruire ; ce n'est pas le lutin qui a fait de tels vers.

V. 34.   Ah! pour être Romain, je n'en suis pas moins homme!

Ce vers a quelque chose de comique ; aussi est-il excellent dans la bouche du Tartufe, qui dit :

> Ah! pour être dévot, je n'en suis pas moins homme!

mais il n'est pas permis à Sertorius de parler comme le Tartufe.

V. 35.   J'aime, et peut-être plus qu'on n'a jamais aimé.

Ce vers prouve encore que ceux qui ont dit que Corneille dédaignait de faire parler d'amour ses héros se sont bien trompés. Ce vers est d'autant plus déplacé dans la bouche de Sertorius, qu'il n'a rien dit jusqu'ici qui puisse faire croire qu'il ait une grande passion. Rien ne déplaît plus au théâtre que les expressions fortes d'un sentiment faible ; plus on cherche alors à attacher, et moins on attache.

Et qu'est-ce qu'une reine qui est sensible à de nouveaux désirs, et qui entend des raisons et non pas des soupirs ?

Et cette suivante qui n'entend pas bien ce qu'un soupir veut dire, et qui serait un meilleur truche-ment ? Non, jamais on n'a rien mis de plus mauvais sur la scène tragique. On dira tant qu'on voudra que cette critique est dure; je dois et je veux la publier, parce que je déteste le mauvais autant que j'idolâtre le bon.

V. 49.   La voici. Profitez des avis qu'on vous donne,
.   Et gardez bien surtout qu'elle ne m'en soupçonne.

Profitez de mes avis, mais ne me nommez pas, discours de soubrette ridicule. A quoi sert cette froide scène de comédie? Mais il faut remplir son acte; mais il faut donner à un parterre, souvent ignorant, grossier et tumultueux, trois cents vers pour les cinq sous qu'on payait alors. Non, il faut bien plutôt ne donner que deux cents beaux vers par acte que trois cents mauvais. Il ne faut point prostituer ainsi l'art de la poésie. Il est honteux qu'il y ait en France un parterre où les spectateurs sont debout, pressés, gênés, nécessairement tumultueux. Peut-être c'est encore un mal qu'on donne des spectacles tous les jours; s'ils étaient plus rares, ils pourraient devenir meilleurs.

« Voluptates commendat rarior usus. »

SCÈNE II.

V. 1.   On m'a dit qu'Aristie a manqué son projet.

Cette scène, remplie d'ironie et de coquetterie, semble bien peu convenable à Sertorius et à Viriate. Les vers en paraissent aussi contraints que

les sentimens. Mais, quand on voit ensuite Sertorius qui dit qu'il aime *malgré ses cheveux gris*, et
qu'il a cru qu'il ne lui en *coûterait que deux ou
trois soupirs*, Sertorius paraît trop petit. Viriate
d'ailleurs lui dit à peu près les mêmes choses
qu'Aristie a dites à Pompée. L'une dit : *Me voulez-
vous ? ne me voulez-vous pas ?* l'autre dit : *M'aimez-
vous ?* L'une veut que Pompée lui rende sa main ; ·
l'autre que Sertorius lui donne sa main. Pompée
a parlé politique à sa femme ; Sertorius parle poli-·
tique à sa maîtresse. Viriate lui dit : *Vous savez que
l'amour n'est pas ce qui me presse.* L'un et l'autre
s'épuisent en raisonnemens. Enfin Viriate finit
cette scène en disant .

> Je suis reine; et qui sait porter une couronne,
> Quand il a prononcé, n'aime point qu'on raisonne.

C'est parler à Sertorius dont elle dépend, comme
si elle parlait à son domestique ; et ce *n'aime
point qu'on raisonne* est d'un comique qui n'est
pas supportable : la fierté est ridicule quand elle
n'est pas à sa place.

V. 8.   Ce n'est pas en effet ce qui plus m'embarrasse, etc.

*Obéir sans remise, une offre en l'air, assurer des
nœuds, une frénésie poussée au dernier éclat.*
Quels vers ! quelles expressions ! et de petits
écoliers oseront me reprocher d'être trop sévère?.

V. 19.   Et, quand l'obéissance a de l'exactitude,
         Elle voit que sa gloire est dans la promptitude.

Une obéissance qui a de l'exactitude!

V. 29.   Je n'ai donc qu'à mourir en faveur de ce choix.

Il n'y a guère, dans toutes ces scènes, d'expression qui soit juste; mais le pis est que les sentimens sont encore moins naturels. Un vieux factieux tel que Sertorius doit-il dire à une femme qu'il mourra en faveur du choix qu'elle fera d'un autre?

V. 41.   Puis-je me plaindre à vous d'un retour inégal
         Qui tient moins d'un ami qu'il ne fait d'un rival?

Ce n'est pas parler français; c'est coudre ensemble, pour rimer, des paroles qui ne signifient rien: car que peut signifier *un retour inégal?* Que d'obscurités! que de barbarismes entassés! et quelle froideur!

V. 45.   Vous m'en parlez enfin comme si vous m'aimiez.

Il n'y a point de vers plus comique.

V. 46.   Souffrez, après ce mot, que je meure à vos pieds.

Jamais le ridicule excessif des intrigues amoureuses de nos héros de théâtre n'a paru plus sensiblement que dans ce couplet où ce vieux militaire, ce vieux conjuré, veut mourir d'amour aux pieds de sa Viriate qu'il n'aime guère. Il s'en est défendu *à voir ses cheveux gris;* mais sa passion ne s'est pas *vue alentie*, quoiqu'il se fût figuré que de tels dé-plaisirs ne lui coûteraient que deux ou trois sou-pirs. Il envisageait l'*estime de chef magnanime*.

V. 74. .... Je ne sais que c'est d'aimer ni de haïr.

Aristie a dit à Pompée : *suivant qu'on m'aime ou hait, j'aime ou hais à mon tour ;* et Viriate dit à Sertorius *qu'elle ne sait que c'est d'aimer ni de haïr*. Dès qu'elle ne sait que c'est ou ce que c'est, elle n'a qu'un intérêt de politique, par conséquent elle est froide. Cependant elle dit, le moment d'après, *m'aimez-vous?* Ne devrait-elle pas lui dire : L'amour n'est pas fait pour nous; l'intérêt de l'état, le vôtre, celui de ma grandeur, doivent présider à notre hyménée?

V. 91.   Que se tiendrait heureux un amour moins sincère
Qui n'aurait autre but que de se satisfaire!

Autre but que de se satisfaire donne une idée qui est un peu comique, et qui assurément ne convient pas à la tragédie.

V. 114. Et que m'importe à moi si Rome souffre ou non ? etc.

Voilà enfin des sentimens dignes d'une reine et d'une ennemie de Rome; voilà des vers qui seraient dignes de l'entrevue de Pompée et de Sertorius, avec un peu de correction.

Si tout le rôle de Viriate était de cette force, la pièce serait au rang des chefs-d'œuvre.

V. 135. .... Je vois quelles tempêtes
　　　　Cet ordre surprenant formera sur nos têtes.

Un ordre surprenant qui forme des tempêtes sur des têtes !

V. 144. Elle en prendra pour vous une haine où j'aspire, etc.

Prendre une haine ! aspirer à une haine ! un orgueil endurci ! et c'est par là qu'on veut l'arrêter ici !

V. 148. Mais nos Romains, madame, aiment tous leur patrie ;
　　　　Et, de tous leurs travaux, l'unique et doux espoir
　　　　C'est de vaincre bientôt assez pour la revoir.

Vaincre assez pour revoir Rome !

V. 161. La perte de Sylla n'est pas ce que je veux ;
　　　　Rome attire encor moins la fierté de mes vœux, etc.

Attirer la fierté des vœux, c'est encore une de ces expressions impropres et sans justesse. *Un hymen qui ne peut trouver d'amorce au milieu d'une ville ! des attraits où l'on n'est roi qu'un an !*

Quand on examine de près cette foule innombrable de fautes, on est effrayé.

V. 180. Vous savez que l'amour n'est pas ce qui me presse.

Nous avons déjà remarqué ce vers. Voyez le commencement de cette scène.

SCÈNE III.

V. 1. Dieux ! qui peut faire ainsi disparaître la reine, etc.

Cette scène paraît encore moins digne de la tragédie que les précédentes. Perpenna et Sertorius ne s'entendent point : l'un dit, je parlais de Sylla ; l'autre, je parlais de la reine. Ces petites méprises ne sont permises que dans la comédie. Il est vrai que cette scène est toute comique :

Quelque chose qui le gêne ; savez-vous ce qu'on dit ?
l'avez-vous mis fort loin au delà de la porte ? je me
suis dispensé de le mener plus loin ; nous n'avons
rien conclu, mais ce n'est pas ma faute. Si je m'en
trouvais mal, vous ne seriez pas bien. Tout le reste est écrit de ce style.

V. 29.   . . . Je vous demandais quel bruit fait par la ville
        De Pompée et de moi l'entretien inutile.

Quel bruit fait par la ville est du style de la comédie, comme on le sent assez ; mais ce que Sertorius fait trop sentir, c'est qu'en effet la conférence qu'il a eue avec Pompée n'a rien produit dans la pièce. Ce n'est, comme on l'a déja dit, qu'une belle conversation dont il ne résulte rien, un beau dialogue de politique. Si cette entrevue avait fait naître la conspiration de Perpenna, ou quelque autre intrigue intéressante et terrible, elle eût été une beauté tragique, au lieu qu'elle n'est qu'une beauté de dialogue.

Remarquez que cette tragédie est un tissu de conversations souvent très embrouillées, jusqu'à ce que le héros de la pièce soit assassiné. De là naît la froideur qui produit l'ennui.

V. 32.   Seigneur, ceux de sa suite en ont su mal user, etc.

Les gens de la suite de Pompée qui en ont su mal user, le coup d'une erreur qu'on veut rompre avant qu'elle grossisse; une pourpre qui agit; l'erreur qui s'épand jusqu'en nos garnisons; des gens comme vous deux et moi; Sylla qui prend cette mesure, de rendre l'impunité fort sûre; la reine qui est d'une humeur si fière. Ce sont là des expressions peu convenables et bien vicieuses : mais le plus grand vice, encore une fois, c'est le manque d'intérêt; et ce manque d'intérêt vient principalement de ce qu'il n'y a dans la pièce que de demi-desseins, des demi-passions et des demi-volontés.

Sertorius conseille à Perpenna d'épouser la reine des Ilergètes, *qui rendra ses volontés bien plus tôt satisfaites,* après quoi il lui dit qu'il ira souper chez lui. Assurément il n'y a rien là de tragique.

V. 51.   Croyez-moi, pour des gens comme vous deux et moi,
         Rien n'est si dangereux que trop de bonne foi.

Des gens comme vous deux!

V. 53.   Sylla, par politique, a pris cette mesure
         De montrer aux soldats l'impunité fort sûre.

Un homme d'état prend des mesures; un ouvrier, un maçon, un tailleur, un cordonnier, prennent une mesure.

V. 85.   Celle des Vacéens, celle des Ilergètes
         Rendraient vos volontés bien plus tôt satisfaites.

On ne s'attendait ni à la reine des Vacéens, ni à celle des Ilergètes. Rien n'est plus froid que de pareilles propositions; et, dans une tragédie, le froid est encore plus insupportable que le comique déplacé et que les fautes de langage.

V. 107. Voyez quel prompt remède on y peut apporter,
        Et quel fruit nous aurons de la violenter.

Un fruit de violenter est un barbarisme et un solécisme.

V. 127. Adieu, j'entre un moment pour calmer son chagrin,
        Et me rendrai chez vous à l'heure du festin.

La scène commence par un général de l'armée romaine qui dit qu'il a reconduit le grand Pompée jusqu'à la porte, et finit par un autre général qui dit : Allons souper.

SCÈNE IV.

V. 1.   Ce maître si chéri fait pour vous des merveilles.

Du comique encore, et de l'ironie! et dans un subalterne!

V. 5.   Quels services faut-il que votre espoir hasarde,
         Afin de mériter l'amour qu'elle vous garde?

Des services qu'un espoir hasarde, et un amour qu'on garde!

V. 16.   .... Allons en résoudre chez moi.

Il peut aussi bien se résoudre dans l'endroit où il parle.

ACTE CINQUIÈME.

SCÈNE I.

V. 1.   Oui, madame, j'en suis comme vous ennemie.
Vous aimez les grandeurs, et je hais l'infamie, etc.

Que veulent Aristie et Viriate? qu'ont-elles à se dire? elles se parlent pour se parler : c'est une dame qui rend visite à une autre; elles font la conversation; et cela est si vrai, que Viriate répète à la femme de Pompée tout ce qu'elle a déja dit de Sertorius.

La règle est qu'aucun personnage ne doit paraître sur la scène sans nécessité. Ce n'est pas encore assez, il faut que cette nécessité soit intéressante. Ces dialogues inutiles sont ce qu'on appelle *du remplissage*. Il est presque impossible de faire une tragédie exempte de ce défaut. L'usage a voulu que les actes eussent une longueur à peu près égale. Le public encore grossier se croyait trompé s'il n'avait pas deux heures de spectacle pour son argent. Les chœurs des anciens étaient absolument ignorés; et dans ces malheureux jeux de paume où de mauvais farceurs étaient accoutumés à déclamer les farces de Hardi et de Garnier, le bourgeois de Paris exigeait pour ses cinq sous qu'on déclamât pendant deux heures. Cette loi a prévalu depuis que nous sommes sortis de la barbarie où nous étions plongés. On ne peut trop s'élever contre ce ridicule usage.

V. 41.   Avec un seul vaisseau ce grand héros prit terre, etc.

Ces particularités ont déja été annoncées dès le premier acte. Viriate fait au cinquième une nouvelle exposition : rien ne fait mieux voir qu'elle n'a rien à dire. Point de passion, point d'intrigue dans Viriate, nul changement d'état.

V. 80.   ...... Mais que nous veut ce Romain inconnu ? etc. .

Comme Pompée et Sertorius ont eu un entretien qui n'a rien produit, Aristie et Viriate ont ici un entretien non moins inutile, mais plus froid. Viriate conte à Aristie l'histoire de Sertorius, qu'elle a déja contée à d'autres dans les actes précédens.

Les fautes principales de langage sont, *daigner pencher sa main,* pour dire, *abaisser sa main; consent l'hyménée,* au lieu de, *consent à l'hyménée; s'il n'a tout son éclat,* pour *s'il ne s'effectue pas; un reste d'autre espoir; la paix qui ouvre trop les portes de Rome; Rome qui domine au cœur; l'ordre qu'un grand effet demande, et qui arrête Pompée à le donner.*

> Si le terme est impropre et le tour vicieux,
> En vain vous m'étalez une scène savante.

Mais ici la scène n'est point savante, et les termes sont très impropres, les tours sont très vicieux.

SCÈNE II.

V. 3. .... Ces lettres, mieux que moi,
Vous diront un succès qu'à peine encor je croi.

La nouvelle, arrivée de Rome, que Sylla quitte la dictature, qu'Émilie est morte en accouchant, et que Pompée peut reprendre sa femme, n'a rien qui soit digne de la tragédie. Elle avilit le grand Pompée, qui n'ose se marier et se remarier qu'avec la permission de Sylla. De plus, cette nouvelle n'est qu'un événement qui ne naît point de l'intrigue et du fond du sujet. Ce n'est pas comme dans *Bajazet* :

Viens, j'ai reçu cet ordre, il faut l'intimider,

V. 23. A deux milles d'ici j'ai su le rencontrer.

Ce *j'ai su* fait entendre qu'il y avait beaucoup de peine, beaucoup d'art et de savoir-faire à rencontrer Pompée. *J'ai su vaincre et régner*, parce que ce sont deux choses très difficiles :

J'ai su, par une longue et pénible industrie,
Des plus mortels venins prévenir la furie...
J'ai su lui préparer des craintes et des veilles...
J'ai prévu ses complots, je sais les prévenir.

Le mot *savoir* est bien placé dans tous ces exemples ; il indique la peine qu'on a prise.

Mais *j'ai su rencontrer un homme en chemin* est ridicule. Tous les mauvais poëtes ont imité cette faute.

V. 29.   L'ordre que pour son camp ce grand effet demande
         L'arrête à le donner, attendant qu'il s'y rende, etc.

Tout ce couplet est confus, obscur, inintelligible ; tournez-le en prose : *Son transport d'amour,
qui le rappelle, ne lui permet pas d'achever son retour ; et l'ordre que ce grand effet demande pour son
camp l'arrête à le donner, attendant qu'il se rende à
ce camp.* Un pareil langage est-il supportable? Il
est triste d'être forcé de relever des fautes si considérables et si fréquentes.

(*Fin de la scène.*) Un domestique qui apporte
une lettre et des nouvelles qui n'ont rien de surprenant, rien de tragique, est une chose absolument indigne du théâtre. Aristie, qui n'a produit
dans la pièce aucun événement, apprend par un
exprès que la seconde femme de Pompée est *morte
en couche.*

Arcas dit qu'il a rendu une pareille lettre à
Pompée, qu'il a rencontré à deux milles de la
ville. Ce ne sont pas là certainement les péripéties,
les catastrophes que demande Aristote; c'est un
fait historique altéré, mis en dialogue.

SCÈNE III.

L'assassinat de Sertorius, qui devait faire un
grand effet, n'en fait aucun : la raison en est que
ce qui n'est point préparé avec terreur n'en peut
point causer. Le spectateur y prend d'autant moins

d'intérêt, que Viriate elle-même ne s'en occupe presque pas; elle ne songe qu'à elle, elle dit *qu'on veut disposer d'elle et de son trône.*

V. 1.   .... Ah, madame! — Qu'as-tu,
Thamire, et d'où te vient ce visage abattu? etc.

Qu'as-tu? d'où te vient ce visage? cet illustre bras!

V. 20.   N'attendez point de moi de soupirs ni de larmes.

Il semble que l'auteur, refroidi lui-même dans cette scène, fait répéter à Viriate les mêmes vers et les mêmes choses que dit Cornélie en tenant l'urne de Pompée, à cela près que les vers de Cornélie sont très touchans et que ceux de Viriate languissent.

V. 21.   Ce sont amusemens que dédaigne aisément
Le prompt et noble orgueil d'un vif ressentiment.

Ce sont amusemens est comique, et *le prompt et noble orgueil* n'a point de sens. On n'a jamais dit *un prompt orgueil;* et assurément ce n'est pas un sentiment d'orgueil qu'on doit éprouver quand on apprend l'assassinat de son amant.

V. 31.   Et, jusqu'à ce qu'un temps plus favorable arrive,
Daignez vous souvenir que vous êtes captive.

J'ai dit souvent qu'on doit soigneusement éviter ce concours de syllabes qui offensent l'oreille, *jusqu'à ce que.* Cela paraît une minutie; ce n'en est point une : ce défaut répété forme un style trop barbare. J'ai lu dans une tragédie :

> Nous l'attendrons tous trois jusqu'à ce qu'il se montre,
> Parce que les proscrits s'en vont à sa rencontre.

SCÈNE IV.

V. 1.   Sertorius est mort ; cessez d'être jalouse,
        Madame, du haut rang qu'aurait pris son épouse,
        Et n'appréhendez plus, comme de son vivant,
        Qu'en vos propres états elle ait le pas devant.

C'est une chose également révoltante et froide que l'ironie avec laquelle cet assassin vient répéter à Viriate ce qu'elle lui avait dit au second acte, qu'elle craignait qu'Aristie ne prît *le pas devant*.

Il vient se proposer avec des *qualités* où Viriate trouvera *de quoi mériter une reine*. Son bras l'a dégagée d'un *choix abject*. Enfin, il fait entendre à la reine qu'il est plus jeune que Sertorius.

Il n'y a point de connaisseur qui ne se rebute à cette lecture ; le seul fruit qu'on en puisse retirer, c'est que jamais on ne doit mettre un grand crime sur la scène qu'on ne fasse frémir le spectateur ; que c'est là où il faut porter le trouble et l'effroi dans l'ame, et que tout ce qui n'émeut point est indigne de la scène tragique.

C'est une règle puisée dans la nature, qu'il ne faut point parler d'amour quand on vient de commettre un crime horrible, moins par amour que

par ambition. Comment ce froid amour d'un scélérat pourrait-il produire quelque intérêt? Que
le forcené Ladislas, emporté par sa passion, teint
du sang de son rival, se jette aux pieds de sa maîtresse, on est ému d'horreur et de pitié. Oreste
fait un effet admirable dans *Andromaque,* quand
il paraît devant Hermione, qui l'a forcé d'assassiner Pyrrhus. Point de grands crimes sans de
grandes passions qui fassent pleurer pour le criminel même. C'est là la vraie tragédie.

V. 7.   .... Ce coup heureux saura vous maintenir.

Un coup qui saura la maintenir! Voilà encore
ce mot de *savoir* aussi mal placé que dans les
scènes précédentes.

V. 25.   Lâche, tu viens ici braver encor des femmes !

Pourquoi Aristie ne fait-elle aucun effet? c'est
qu'elle est de trop dans cette scène.

V. 43.   Cependant vous pourriez, pour votre heur et le mien,
        Ne parler pas si haut à qui ne vous dit rien,

sont des vers de Jodelet; et *je ne vous dis rien,*
après lui avoir parlé assez long-temps, est encore
plus comique.

V. 50.   Et mon silence ingrat a droit de me confondre.

Le *silence ingrat de Viriate!* cette ingrate de
fièvre! Joignez à cela de *hauts remercîmens.*

V. 66.   Tout mon dessein n'était qu'une atteinte frivole.

Que veut dire, *tout son dessein qui n'était qu'une atteinte* ou une *attente frivole?*

V. 87.   Et je me résoudrais à cet excès d'honneur,
         Pour mieux choisir la place à lui percer le cœur...

V. 90.   . . . . . Recevez enfin ma main si vous l'osez.

Rodelinde dit dans *Pertharite:*

> Pour mieux choisir la place à te percer le cœur.
> . . . .
> A ces conditions prends ma main si tu l'oses.

Mais ces vers ne font aucune impression ni dans *Pertharite,* ni dans *Sertorius,* parce que les personnages qui les prononcent n'ont pas d'assez fortes passions. On est quelquefois étonné que le même vers, le même hémistiche fasse un très grand effet dans un endroit, et soit à peine remarqué dans un autre. La situation en est cause : aussi on appelle *vers de situation* ceux qui, par eux-mêmes n'ayant rien de sublime, le deviennent par les circonstances où ils sont placés.

V. 93.   Moi, si je l'oserais ? Vos conseils magnanimes
         Pouvaient perdre moins d'art à m'étaler mes crimes.

Dès qu'on fait sentir qu'il y a de l'art dans une scène, cette scène ne peut plus toucher le cœur.

SCÈNE V.

V. 1.   . . . . Seigneur, Pompée est arrivé ;
Nos soldats mutinés, le peuple soulevé...

Ceci est une aventure nouvelle qui n'est pas assez préparée. Pompée pouvait venir ou ne venir pas le même jour ; les soldats pouvaient ne se pas mutiner. Ces accidens ne tiennent point au nœud de la pièce. Toute catastrophe qui n'est pas tirée de l'intrigue est un défaut de l'art, et ne peut émouvoir le spectateur.

V. 13.   Pour quelle heure, seigneur, faut-il se préparer ? etc.

Aristie répète ici les mêmes choses que lui a dites Perpenna dans la scène précédente. On a déja observé que l'ironie doit rarement être employée dans le tragique ; mais dans un moment qui doit inspirer le trouble et la terreur, elle est un défaut capital.

Aristie ne fait ici qu'un rôle inutile, et peu digne de la femme de Pompée. On a tué Sertorius, qu'elle n'aimait point ; et elle se trouve dans les mains de Perpenna ; elle ne sert qu'à faire remarquer combien elle a fait un voyage inutile en Espagne.

SCÈNE VI.

V. 5.   Je vous rends, Aristie, et finis cette crainte.

Finir une crainte !

V. 9.   Je fais plus ; je vous livre une fière ennemie,
        Avec tout son orgueil et sa Lusitanie.

Comme si cet orgueil était un effet appartenant à Viriate.

V. 19.   Et vous reconnaîtrez, par leurs perfides traits,
        Combien Rome pour vous a d'ennemis secrets...

Des ennemis pour quelqu'un, c'est un solécisme et un barbarisme.

V. 21.   Qui tous, pour Aristie enflammés de vengeance,
        Avec Sertorius étaient d'intelligence.

Enflammés de vengeance pour, même faute.

V. 24.   Madame, il est ici votre maître et le mien.

Quand même la situation serait intéressante, théâtrale et terrible, elle ne pourrait émouvoir, parce que Perpenna n'est là qu'un misérable, qu'un vil délateur, et qu'on ne peut jouer un rôle plus bas et plus lâche.

V. 34.   . . . . Seigneur, qu'allez-vous faire ! —
        Montrer d'un tel secret ce que je veux savoir.

Cette action de brûler des lettres est belle dans l'histoire, et fait un mauvais effet dans une tragédie. On apporte une bougie; autrefois on apportait une chandelle.

V. 40.   Je n'y remettrai point le carnage et l'horreur.

On ne *remet* point le carnage dans une ville comme on y remet la paix. *Le carnage et l'horreur,*

termes vagues et usés qu'il faut éviter. Aujour-
d'hui tous nos mauvais versificateurs emploient le
carnage et l'horreur à la fin d'un vers, comme les
armes et les alarmes, pour.rimer.

V. 48. Je suis maître, je parle; allez, obéissez.

Le froid qui règne dans ce dénoûment vient
principalement du rôle bas et méprisable que joue
Perpenna. Il est assez lâche pour venir accuser la
femme de Pompée d'avoir voulu faire des ennemis
à son mari dans le temps de son divorce, et assez
imbécille pour croire que Pompée lui en saura
gré dans le temps qu'il reprend sa femme.

Un défaut non moins grand, c'est que cette accusation contre Aristie est un faible épisode auquel on ne s'attend point.

C'est une belle chose dans l'histoire que Pompée brûle les lettres sans les lire, mais ce n'est
point du tout une chose tragique; ce qui arrive
dans un cinquième acte sans avoir été préparé
dans les premiers ne fait jamais une impression
violente.

Ces lettres sont une chose absolument étrangère
à la pièce. Ajoutez à tous ces défauts contre l'art du
théâtre que le supplice d'un criminel, et surtout
d'un criminel méprisable, ne produit jamais aucun mouvement dans l'ame; le spectateur ne
craint ni n'espère. Il n'y a point d'exemple d'un

dénoûment pareil qui ait remué l'ame, et il n'y en aura point. Aristote avait bien raison, et connaissait bien le cœur humain quand il disait que le simple châtiment d'un coupable ne pouvait être un sujet propre au théâtre.

Encore une fois, le cœur veut être ému; et quand on ne le trouble pas, on manque à la première loi de la tragédie.

Viriate parle noblement à Pompée, mais des complimens finissent toujours une tragédie froidement. Toutes ces vérités sont dures, je l'avoue; mais à qui dures? à un homme qui n'est plus. Quel bien lui ferais-je en le flattant? quel mal en disant vrai? Ai-je entrepris un vain panégyrique ou un ouvrage utile? Ce n'est pas pour lui que je réfléchis, et que j'écris ce que m'ont appris cinquante ans d'expérience; c'est pour les auteurs et pour les lecteurs. Quiconque ne connaît pas les défauts est incapable de connaître les beautés; et je répète ce que j'ai dit dans l'examen de presque toutes ces pièces, que la vérité est préférable à Corneille, et qu'il ne faut pas tromper les vivans par respect pour les morts. Je ne suis pas même retenu par la crainte de me voir soupçonné de sentir un plaisir secret à rabaisser un grand homme, dans la vaine idée de m'égaler à lui en l'avilissant : je me crois trop au dessous de lui. Je dirai seulement ici que je parlerais avec plus de hardiesse et de force, si je ne m'étais pas exercé quelquefois dans l'art de Corneille.

J'ai dit ma pensée avec l'honnête liberté dont j'ai fait profession toute ma vie; et je sens si vivement ce que le père du théâtre a de sublime, qu'il m'est permis plus qu'à personne de montrer en quoi il n'est pas imitable.

SCÈNE VII.

V. 25.   Je renonce à la guerre ainsi qu'à l'hyménée.

Cette tirade de Viriate est très à sa place, pleine de raison et de noblesse.

SCÈNE VIII.

V. 9.   Allons donner notre ordre à des pompes funèbres.

Donner un ordre à des pompes, et, qui pis est, *notre ordre*!*

_____

* Les éditions données par Corneille portent *notre ordre.*

REMARQUES SUR SOPHONISBE,

PRÉFACE DU COMMENTATEUR.

Il y a des points d'histoire qui paraissent au premier coup d'œil de beaux sujets de tragédie, et qui au fond sont presque impraticables : telles sont, par exemple, les catastrophes de Sophonisbe et de Marc-Antoine. Une des raisons qui probablement excluront toujours ces sujets du théâtre, c'est qu'il est bien difficile que le héros n'y soit avili. Massinisse, obligé de voir sa femme menée en triomphe à Rome, ou de la faire périr pour la soustraire à cette infamie, ne peut guère jouer qu'un rôle désagréable. Un vieux triumvir, tel qu'Antoine, qui se perd pour une femme telle que Cléopâtre, est encore moins intéressant, parce qu'il est plus méprisable.

La *Sophonisbe* de Mairet eut un grand succès ; mais c'était dans un temps où non seulement le goût du public n'était point formé, mais où la France n'avait encore aucune tragédie supportable.

Il en avait été de même de la *Sophonisbe* du Trissino ; et celle de Corneille fut oubliée au bout de quelques années. Elle essuya dans sa nouveauté beaucoup de critiques, et eut des défenseurs célèbres; mais il paraît qu'elle ne fut ni bien attaquée ni bien défendue.

Le point principal fut oublié dans toutes ces disputes. Il s'agissait de savoir si la pièce était intéressante : elle ne l'est pas, puisque, malgré le nom de son auteur, on ne l'a point rejouée depuis quatre-vingts ans. Si ce défaut d'intérêt, qui est le plus grand de tous, comme nous l'avons déja dit, était racheté par une scène semblable à celle de Sertorius et de Pompée, on pourrait la représenter encore quelquefois.

Il ne sera pas inutile de faire connaître ici le style de Mairet et de tous les auteurs qui donnèrent des tragédies avant *le Cid.*

Syphax, dès la première scène, reproche à Sophonisbe sa femme un amour *impudique* pour le roi Massinisse son ennemi. *Je veux bien,* lui dit-il, *que tu me méprises, et que tu en aimes un autre; mais*

> Ne pouvais-tu trouver où prendre tes plaisirs,
> Qu'en cherchant l'amitié de ce prince numide?

Sophonisbe lui répond :

> J'ai voulu m'assurer de l'assistance d'un
> A qui le nom libyque avec nous fût commun.

Ce même Syphax se plaint à son confident Phi·

lon de l'infidélité de son épouse; et Philon, pour
le consoler, lui représente

> . . . . que c'est aux grandes ames
> A souffrir de grands maux, et que femmes sont femmes.

Ensuite, quand Syphax est vaincu, Phénice,
confidente de Sophonisbe, lui conseille de chercher à plaire au vainqueur; elle lui dit:

> Au reste, la douleur ne vous a point éteint
> Ni la clarté des yeux, ni la beauté du teint.
> Vos pleurs vous ont lavée, et vous êtes de celles
> Qu'un air triste et dolent rend encore plus belles.
> Vos regards languissans font naître la pitié,
> Que l'amour suit parfois, et toujours l'amitié;
> N'étant rien de pareil aux effets admirables
> Que font dans les grands cœurs des beautés misérables.
> Croyez que Massinisse est un vivant rocher,
> Si vos perfections ne le peuvent toucher.

Sophonisbe, qui n'avait pas besoin de ces conseils, emploie avec Massinisse le langage le plus
séduisant et lui parle même avec une dignité qui
la rend encore plus touchante. Une de ses suivantes, remarquant l'effet que le discours de Sophonisbe a fait sur le prince, dit derrière elle à
une autre suivante : *Ma compagne, il se prend;* et
sa compagne lui répond : *La victoire est à nous,
ou je n'y connais rien.*

Tel était le style des pièces les plus suivies; tel
était ce mélange perpétuel de comique et de tragique, qui avilissait le théâtre : l'amour n'était
qu'une galanterie bourgeoise; le grand n'était

que du boursouflé; l'esprit consistait en jeux de mots et en pointes; tout était hors de la nature. Presque personne n'avait encore ni pensé ni parlé comme il faut dans aucun discours public.

Il est vrai que la *Sophonisbe* de Mairet avait un mérite très nouveau en France; c'était d'être dans les règles du théâtre. Les trois unités, de lieu, de temps, et d'action, y sont parfaitement observées. On regarda son auteur comme le père de la scène française : mais qu'est-ce que la régularité sans force, sans éloquence, sans grace, sans décence? Il y a des vers naturels dans la pièce, et on admirait ce naturel qui approche du bas, parce qu'on ne connaissait point encore celui qui touche au sublime.

En général, le style de Mairet est ou ampoulé ou bourgeois. Ici c'est un officier du roi Massinisse qui, en annonçant que Sophonisbe est morte empoisonnée, dit au roi :

> Si votre majesté désire qu'on lui montre
> Ce pitoyable objet, il est ici tout contre;
> La porte de sa chambre est à deux pas d'ici,
> Et vous le pourrez voir de l'endroit que voici.

Là, c'est Massinisse, qui en voyant Sophonisbe expirée, s'écrie en s'adressant aux yeux de cette beauté :

> Vous avez donc perdu ces puissantes merveilles
> Qui dérobaient les cœurs et charmaient les oreilles;

Clair soleil, la terreur d'un injuste sénat,
Et dont l'aigle romain n'a pu souffrir l'éclat;
Doncque votre lumière a donné de l'ombrage, etc.

On ne fesait guère alors autrement des vers.

. Dans ce chaos à peine débrouillé de la tragédie naissante on voyait pourtant des lueurs de génie : mais surtout ce qui soutint si long-temps la pièce de Mairet, c'est qu'il y a de la vraie passion. Elle fut représentée sur la fin de 1634, trois ans avant *le Cid*, et enleva tous les suffrages. Les succès en tout genre dépendent de l'esprit du siècle. Le médiocre est admiré dans un temps d'ignorance; le bon est tout au plus approuvé dans un temps éclairé.

On fera peu de remarques grammaticales sur la *Sophonisbe* de Corneille, et on tâchera de démêler les véritables causes qui excluent cette pièce du théâtre.

AVERTISSEMENT AU LECTEUR.

————

« Depuis trente ans que M. Mairet a fait admi-
« rer sa *Sophonisbe* sur notre théâtre, elle y dure
« encore;... elle a des endroits inimitables... Le
« démêlé de Scipion avec Massinisse et le déses-
« poir de ce prince sont de ce nombre. »

On voit que Corneille était alors raccommodé
avec Mairet, ou qu'il craignait de choquer le public, qui aimait toujours l'ancienne *Sophonisbe.*
C'est dans cette scène où Scipion fait à Massinisse
des reproches de sa faiblesse, qu'on trouve ce
vers énergique :

    Massinisse en un jour voit, aime et se marie!

Ce vers est la critique de tant d'amours de théâtre, qui commencent au premier acte, et qui produisent un mariage au dernier.

« Je ne m'aperçus point qu'on se scandalisât
« de voir, dans *Sertorius,* Pompée mari de deux
« femmes vivantes, dont l'une venait chercher un
« second mari aux yeux même de ce premier. »

C'est qu'Aristie est répudiée, et on la plaint;
Sophonisbe ne l'est pas, et on la blâme.

« J'aime mieux qu'on me reproche d'avoir fait
« mes femmes trop héroïnes.... que de m'en-
« tendre louer d'avoir efféminé mes héros par
« une docte et sublime complaisance au goût de

« nos délicats, qui veulent de l'amour partout. »

Ce n'est point Racine que Corneille désigne ici. Ce grand homme, qui n'a jamais efféminé ses héros, qui n'a traité l'amour que comme une passion dangereuse, et non comme une galanterie froide, pour remplir un acte ou deux d'une intrigue languissante; Racine, dis-je, n'avait encore publié aucune pièce de théâtre : c'est de Quinault dont il est ici question. Le jeune Quinault venait de donner successivement *Stratonice*, *Amalasonte*, *le faux Tibérinus*, *Astrate*. Cet *Astrate* surtout, joué dans le même temps que *Sophonisbe*, avait attiré tout Paris, tandis que *Sophonisbe* était négligée. Il y a de très belles scènes dans *Astrate*; il y règne surtout de l'intérêt : c'est ce qui fit son grand succès. Le public était las de pièces qui roulaient sur une politique froide, mêlée de raisonnemens sur l'amour et de complimens amoureux, sans aucune passion véritable. On commençait aussi à s'apercevoir qu'il fallait un autre style que celui dont les dernières pièces de Corneille sont écrites. Celui de Quinault était plus naturel et moins obscur. Enfin ses pièces eurent un prodigieux succès, jusqu'à ce que l'*Andromaque* de Racine les éclipsa toutes. Boileau commença à rendre l'*Astrate* ridicule en se moquant de l'anneau royal, qui, en effet, est une invention puérile; mais il faut convenir qu'il y a de très belles scènes entre Sichée et Astrate.

SOPHONISBE,

TRAGÉDIE.

—

ACTE PREMIER.

SCÈNE I.

V. 5. ... L'orgueil des Romains se promettait l'éclat
D'asservir par leur prise et vous et tout l'état.

L'éclat d'asservir vous et tout l'état par une prise, solécisme et barbarisme.

V. 7. Syphax a dissipé par sa seule présence
De leur ambition la plus fière espérance.

La plus fière espérance d'une ambition, solécisme et barbarisme.

V. 12. Il les range en bataille au milieu de la plaine;
L'ennemi fait le même.

L'ennemi fait le même, barbarisme.

(*Fin de la scène.*) Vous voyez que l'exposition de la pièce est bien faite : on entre tout d'un coup en matière; on est occupé de grands objets. Les fautes de style, comme, *se promettre l'éclat d'asservir vous et l'état, étaler des menaces, envoyer un trompette, une heure à conférer*, sont des minuties, qu'il ne faut pas à la vérité négliger, mais qu'on ne doit pas reprendre sévèrement quand le beau est dominant.

SCÈNE II.

V. 2.   ... Vos vœux pour la paix n'ont pas votre ame entière.

Des vœux qui n'ont pas une ame entière !

V. 23.   Nous vaincrons, Herminie, etc.

Il y a des degrés dans le mauvais comme dans le bon. Cette tirade n'est pas de ce dernier degré qui étonne et qui révolte dans *Pertharite*, dans *Théodore*, dans *Attila*, dans *Agésilas* : mais si le plus plat des auteurs tragiques s'avisait de dire aujourd'hui : *Nos destins jaloux voudront faire quelque chose pour nous à leur tour; un amour qu'il m'a plu de trahir ne se trahira pas jusqu'à me haïr; et l'estime qu'on prend pour un autre mérite, et un ordre ambitieux d'un hymen;* et si enfin il étalait sans cesse tous ces misérables lieux communs de politique, y aurait-il assez de sifflets pour lui ?

V. 29.   Jamais à ce qu'on aime on n'impute d'offense, etc.

Le cœur est glacé dès cette scène. Ces dissertations sur l'amour, qui tiennent plus de la comédie que de la tragédie, ne conviennent ni à une femme qui aime véritablement, ni à une ambitieuse comme Sophonisbe; et Sophonisbe, qui dans cette scène trouve bon que Massinisse ne l'aime point, et qui ne veut pas qu'il en aime une autre, joue dès ce moment un personnage auquel on ne peut jamais s'intéresser.

V. 53. Ce reste ne va point à regretter sa perte,
Dont je prendrais encor l'occasion offerte.

Un reste qui ne va point à regretter une perte dont on prendrait encore l'occasion offerte! quelles expressions! quel style!

V. 96. Un esclave échappé nous fait toujours rougir.

Cette petite coquetterie comique et cette nouvelle dissertation sur les femmes, qui veulent toujours conserver leurs amans, sont si déplacées, que la confidente a bien raison de lui dire respectueusement qu'elle est une capricieuse. Ce mot seul de *caprice* ôte au rôle de Sophonisbe toute la dignité qu'il devait avoir, détruit l'intérêt, et est un vice capital. Ajoutez à cette grande faute les défauts continuels de la diction, comme *Éryxe qui avance la douleur de Sophonisbe par sa joie; une nouveauté qui n'ose consoler de la déloyauté; un illustre refus; une perte devenue amère au dedans; Herminie qui ne comprend pas que peut importer à laquelle on veuille s'arrêter; un reste d'amour qui ne va point à regretter une perte dont on prendrait encore l'occasion offerte;* et tout ce galimatias absurde qu'on ne remarqua pas assez dans un temps où le goût des Français n'était pas encore formé, et qu'on ne remarque guère aujourd'hui, parce qu'on ne lit pas avec attention, et surtout parce que presque personne ne lit les dernières pièces de Corneille.

SCÈNE III.

V. 27.   Rome nous aurait donc appris l'art de trembler.

On n'avait pas mis encore la peur au rang des arts.

V. 30.   On ne voit point d'ici ce qui se passe à Rome.

On sent combien ce vers est ridicule dans une tragédie. Si on voulait remarquer tous les mauvais vers, la peine serait trop grande et serait perdue.

(*Fin de la scène.*) Cette conversation politique entre deux femmes, leurs petites picoteries, n'élèvent l'ame du spectateur ni ne la remuent, et le lecteur est rebuté de voir à tout moment de ces vers de comédie que Corneille s'est permis dans toutes ses pièces depuis *Cinna*, et que le succès constant de *Cinna* devait l'engager à proscrire de son style. On pourrait observer les solécismes, les barbarismes de ces deux femmes, et, ce qui est bien plus impardonnable, leur langage trivial et comique.

Il n'est pas permis de mettre dans une tragédie des vers tels que ceux-ci :

Avez-vous en ces lieux quelque commerce? — Aucun. —
D'où le savez-vous donc? — D'un peu de sens commun.
On pourrait fort attendre. — Et durant cette attente
Vous pourriez n'avoir pas l'ame la plus contente...
On ne voit point d'ici ce qui se passe à Rome. —
Mais, madame, les dieux vous l'ont-ils révélé?
.... L'ame la plus crédule

D'un miracle pareil ferait quelque scrupule. —
... Un succès hautement emporté,
Qui remît notre gloire en plus d'égalité. —
Du reste, si la paix vous plaît ou vous déplaît,...
La bataille et la paix sont pour moi même chose, etc. etc.

C'est là ce que Saint-Évremont appelle *parler avec dignité*, c'est la véritable tragédie : et l'*Andromaque* de Racine est à ses yeux une pièce dans laquelle il y a des choses qui approchent du bon ! Tel est le préjugé, telle est l'envie secrète qu'on porte au mérite nouveau sans presque s'en apercevoir. Saint-Évremont était né après Corneille, et avait vu naître Racine. Osons dire qu'il n'était digne de juger ni l'un ni l'autre. Il n'y a peut-être jamais eu de réputation plus usurpée que celle de Saint-Évremont.

SCÈNE IV.

V. der. Et je saurai pour vous, vaincre ou mourir en roi.

Cette scène devrait être intéressante et sublime. Sophonisbe veut forcer son mari à prendre le parti de Carthage contre les Romains. C'est un grand objet et digne de Corneille; si cet objet n'est pas rempli, c'est en partie la faute du style : c'est cette répétition, *m'aimez-vous, seigneur? oui, m'aimez-vous encore?* c'est cette imitation du discours de Pauline à Polyeucte :

Moi qui, pour en étreindre à jamais les grands nœuds,
Ai d'un amour si juste éteint les plus beaux feux.

Imitation mauvaise; car le sacrifice que Pauline a fait de son amour pour Sévère est touchant, et le sacrifice de Massinisse, que Sophonisbe a fait à l'ambition, est d'un genre tout différent. Enfin Syphax est faible, Sophonisbe veut gouverner son mari; la scène n'est pas assez fortement écrite, et tout est froid.

Je ne parle point de *Carthage abandonnée, qui vaut pour l'un et pour l'autre une grande journée*; je ne parle pas du style qui devrait réparer les vices du fond, et qui les augmente.

ACTE SECOND.

On retrouve dans ce second acte des étincelles du feu qui avait animé l'auteur de *Cinna* et de *Polyeucte, etc.* Cependant la pièce de Corneille n'eut qu'un médiocre succès, et la *Sophonisbe* de Mairet continua à être représentée. Je crois en trouver la raison jusque dans les beaux endroits même de la *Sophonisbe* de Corneille. Éryxe, cette ancienne maîtresse de Massinisse, démêle très bien l'amour de Massinisse pour sa rivale : tout ce qu'elle dit est vrai, mais ce vrai ne peut toucher. Elle annonce elle-même que Sophonisbe est aimée : dès lors plus d'incertitude dans l'esprit du spectateur, plus de suspension, plus de crainte. Mairet avait eu l'art de tenir les esprits en suspens : on

ne sait d'abord chez lui si Massinisse pardonnera
ou non à sa captive. C'est beaucoup que, dans le
temps grossier où Mairet écrivait, il devinât ce
grand art d'intéresser. Sa pièce était à la vérité
remplie de vers de comédie et de longues déclamations; mais ce goût subsista très long-temps,
et il n'y avait qu'un petit nombre d'esprits éclairés
qui s'aperçussent de ces défauts. On aimait encore,
ainsi que nous l'avons remarqué souvent, ces
longues tirades raisonnées, qui, à l'aide de cinq
ou six vers pompeux, et de la déclamation am-
poulée d'un acteur, subjuguaient l'imagination
d'un parterre, alors peu instruit, qui admirait ce
qu'il entendait et ce qu'il n'entendait pas. Des vers
durs, entortillés, obscurs, passaient à la faveur
de quelques vers heureux. On ne connaissait pas
la pureté et l'élégance continue du style.

La pièce de Mairet subsista donc, ainsi que
plusieurs ouvrages de Desmarets, de Tristan, de
Duryer, de Rotrou, jusqu'à ce que le goût du
public fut formé.

La *Sophonisbe* de Corneille tomba ensuite comme
les autres pièces de tous ces auteurs; elle est plus
fortement écrite, mais non plus purement; et,
avec l'incorrection et l'obscurité continuelle du
style, elle a le grand défaut d'être absolument
sans intérêt, comme le lecteur peut le sentir à
chaque page.

SCÈNE I.

(*Fin de la scène.*) On sent dans cette scène combien Éryxe est froide et rebutante.

> J'aime donc Massinisse, et je prétends qu'il m'aime;
> Je l'adore, et je veux qu'il m'adore de même...
> Pour juste aux yeux de tous qu'en puisse être la cause,
> Une femme jalouse à cent mépris s'expose :
> Plus elle fait de bruit, moins on en fait d'état.

Est-ce là une comédie de Montfleuri? est-ce une tragédie de Corneille?

SCÈNE II.

Cette scène est aussi froide et aussi comiquement écrite que la précédente. Massinisse est non seulement *le maître de la ville, mais aussi des murs. Il voit céder les soins de la victoire aux douceurs de l'amour en ce reste du jour. Il n'aurait plus sujet d'aucune inquiétude, n'était qu'il ne peut sortir d'ingratitude.* Quand on fait parler ainsi ses héros, il faut se taire. Éryxe dit autant de sottises que Massinisse : j'appelle hardiment les choses par leur nom; et j'ai cette hardiesse, parce que j'idolâtre les beaux morceaux du *Cid*, d'*Horace*, de *Cinna*, de *Polyeucte* et de *Pompée*.

SCÈNE III.

(*Fin de la scène.*) Ce qui fait que cette petite scène de bravades entre Éryxe et Sophonisbe est froide, c'est qu'elle ne change rien à la situation, c'est qu'elle est inutile, c'est que ces deux femmes ne se bravent que pour se braver.

SCÈNE IV.

V. 1.   .... Pardonnez-vous à cette inquiétude
          , Que fait de mon destin la triste incertitude?

·On a dit que ce qui déplut davantage dans la *Sophonisbe* de Corneille, c'est que cette reine épouse le vainqueur de son mari le même jour que ce mari est prisonnier. Il se peut qu'une telle indécence, un tel mépris de la pudeur et des lois, ait révolté tous les esprits·bien faits; mais les actions les plus condamnables, les plus révoltantes, sont très souvent admises dans la tragédie, quand elles sont amenées et traitées avec un grand art. Il n'y en a point du tout ici; et les discours que se tiennent ces deux amans n'étaient pas capables de faire excuser ce second mariage dans la maison même qu'habite encore le premier mari.

Pardonnez, monsieur, à l'inquiétude que l'incertitude de mon destin fait. Jugez l'excès de ma confusion. Si ce qu'on vit d'intelligence entre nous ne vous convaincra point d'une vengeance indigne. Mais plus l'injure est grande, d'autant mieux éclate la générosité de servir une ingrate, mise par votre bras lui-même hors d'état d'en reconnaître l'éclat.

Cet horrible galimatias, hérissé de solécismes,

est-il bien propre à faire pardonner à Sophonisbe l'insolente indécence de sa conduite?

On ne peut excuser Corneille qu'en disant qu'il a fait *Cinna*.

(*Fin de la scène.*) Scène froide encore, parce que le spectateur sait déja quel parti a pris Massinisse, parce qu'elle est dénuée de grandes passions et de grands mouvemens de l'ame.

SCÈNE V.

V. 16.   Mais, comme enfin la vie est bonne à quelque chose,
        Ma patrie elle-même à ce trépas s'oppose.

La vie est bonne à quelque chose! Quels discours et quels raisonnemens!

(*Fin de la scène.*) Scène plus froide encore, parce que Sophonisbe ne fait que raisonner avec sa confidente sur ce qui vient de se passer. Partout où il n'y a ni crainte, ni espérance, ni combats du cœur, ni infortunes attendrissantes, il n'y a point de tragédie. Encore si la froideur était un peu ranimée par l'éloquence de la poésie! mais une prose incorrecte et rimée ne fait qu'augmenter les vices de la construction de la pièce.

ACTE TROISIÈME.

SCÈNE I.

V. 1.   Oui, seigneur, j'ai donné vos ordres à la porte, etc.

Mêmes défauts partout. Quel fruit tirerait-on

des remarques que nous pourrions faire? Il n'y a
que le bon qui mérite d'être discuté.

(*Fin de la scène.*) Scène froide, parce qu'elle ne
change rien à la situation de la scène précédente,
parce qu'un subalterne rapporte en subalterne un
discours inutile de l'inutile Éryxe, et qu'il est fort
indifférent que cette Éryxe ait prononcé ou non
ce vers comique :

> Le roi n'use pas mal de mon consentement.

SCÈNE II.

(*Fin de la scène.*) Scène froide encore, par la
même raison qu'elle n'apporte aucun changement,
qu'elle ne forme aucun nœud, que les personnages
répètent une partie de ce qu'ils ont déjà dit, qu'on
ne s'intéresse point à Éryxe, qu'elle ne fait rien du
tout dans la pièce. Ce sont les Romains et non pas
Éryxe que Massinisse doit craindre; qu'elle se
plaigne ou qu'elle ne se plaigne pas, les Romains
voudront toujours mener Sophonisbe en triomphe.
Mais le pis de tout cela, c'est qu'on ne saurait plus
mal écrire. La première loi quand on fait des vers,
c'est de les faire bons.

SCÈNE III.

(*Fin de la scène.*) Nouvelles bravades inutiles,
qui rendent cette scène aussi froide que les autres.

SCÈNE IV.

(*Fin de la scène.*) Scène encore froide. Sophonisbe semble y craindre en vain la vengeance d'Éryxe, qui n'est point en état de se venger, qui ne joue d'autre personnage que celui d'être délaissée, qui ne parle pas même aux Romains, qui, comme on l'a déja remarqué, ne produit rien du tout dans la pièce.

SCÈNE VI.

V. 97.   Votre exemple est ma loi; vous vivez et je vi.

Il est bon que dans la poésie on puisse supprimer ou ajouter des lettres selon le besoin sans nuire à l'harmonie : *je fai, je vi, je croi, je doi,* pour *je fais, je vis, je crois, je dois,* etc.

(*Fin de la scène.*) Cette scène n'est pas de la froideur des autres, par cette seule raison que la situation est embarrassante : mais cette situation n'est ni noble, ni tragique; elle est révoltante, elle tient du comique. Un vieux mari qui vient revoir sa femme, et qui la trouve mariée à un autre, ferait aujourd'hui un effet très ridicule. On n'aime de telles aventures que dans les contes de La Fontaine et dans des farces. Les mots de *roi,* de *couronne,* de *diadème,* loin de mettre de la dignité dans une aventure si peu tragique, ne servent qu'à faire mieux sentir le contraste de la tragédie et de la comédie. Syphax est si prodigieusement avili, qu'il est impossible qu'on prenne à lui le moindre intérêt. Pour peu qu'on pèse toutes ces raisons, on verra qu'à la longue une nation éclairée est toujours juste, et que c'est en se formant le goût que le public a rejeté *Sophonisbe*.

ACTE QUATRIÈME.

SCÈNE II.

(*Fin de la scène.*) Si le vieux Syphax a été humilié avec sa femme, il l'est bien plus avec Lælius en demandant pardon d'avoir combattu les Romains, et s'excusant sur son *imbécille et sévère esclavage*, sur *ses cheveux gris*, sur *les ardeurs ramassées dans ses veines glacées.*

On demande pourquoi il n'est pas permis d'introduire dans la tragédie des personnages bas et méprisables. La tragédie, dit-on, doit peindre les mœurs des grands; et parmi les grands il se trouve beaucoup d'hommes méprisables et ridicules. Cela est vrai; mais ce qu'on méprise ne peut jamais intéresser : il faut qu'une tragédie intéresse; et ce qui est fait pour le pinceau de Téniers ne l'est pas pour celui de Raphaël.

SCÈNE III.

V. 93.   Vous parlez tant d'amour, qu'il faut que je confesse
Que j'ai honte pour vous de voir tant de faiblesse, etc.

Il y a bien de la force et de la dignité dans les

vers suivans; c'est ce morceau singulier, ce sont quelques autres tirades contre la passion de l'amour, qui ont fait dire assez mal à propos que Corneille avait dédaigné de représenter ses héros amoureux. Le discours de Lælius est noble, et a quelque chose de sublime; mais vous sentez que plus il est grand, plus il rend Massinisse petit. Massinisse est le premier personnage de la pièce, puisque c'est lui qui est passionné et infortuné. Dès que ce premier personnage devient un subalterne traité avec mépris par son supérieur, il ne peut plus être souffert : il est impossible, comme on l'a déja dit, de s'intéresser à ce qu'on méprise. Quand le vieux don Diègue dit à Rodrigue son fils :

> L'amour n'est qu'un plaisir, l'honneur est un devoir,

il n'avilit point Rodrigue, il le rend même plus intéressant, en mettant aux prises sa passion avec l'amour filial; mais, si un envoyé de Pompée venait reprocher à Mithridate sa faiblesse pour Monime, s'il insultait avec une dérision amère au ridicule d'un vieillard amoureux, jaloux de ses deux enfans, Mithridate ne serait plus supportable.

Il paraît que Lælius se moque continuellement de Massinisse, et que ce prince n'exprime ni assez ce qu'il doit dire, ni assez bien ce qu'il dit.

> Quel ridicule espoir en garderait mon ame,
> Si votre dureté me refuse ma femme ?
> Est-il rien plus à moi, rien moins à balancer ?

Lælius répond à ces vers comiques que sa femme n'est point sa femme; le Numide ne parle alors que de son amour fidèle, de ce qu'un digne amour donne d'impatience, des amours de Mars et de Jupiter; il dit qu'il ne veut régner et vivre que dans les bras de Sophonisbe : il parle beaucoup plus tendrement de sa passion pour elle à Lælius, qu'il n'en parle à elle-même; et par là il redouble le mépris que Lælius lui témoigne. C'était là pourtant une belle occasion de répondre avec dignité à Lælius, de faire valoir les droits des rois et des nations, d'opposer la violence africaine à la grandeur romaine, de repousser l'outrage par l'outrage, au lieu de jouer le rôle d'un valet qui s'est marié sans la permission de son maître. Il soutient ce malheureux personnage dans la scène suivante avec Sophonisbe; il la prie de venir demander grace avec lui à Scipion; et enfin la faiblesse de ses expressions ne répond que trop à celle de son ame.

(*Fin de la scène.*) Massinisse paraît dans un avilissement encore plus grand que Syphax; il vient se plaindre de ce qu'on lui prend sa femme; il fait l'apologie de l'amour devant le lieutenant de Scipion; et il fait cette apologie en vers comiques : *Pour aimer à notre âge, en est-on moins parfait?* etc.; et Lælius, qui ne paraît là que pour dire qu'il ne faut point aimer, joue un rôle aussi froid que celui de Massinisse est humiliant.

SCÈNE V.

V. 7.   Allons, allons, madame, essayer aujourd'hui
Sur le grand Scipion ce qu'il a craint pour lui.

Quoi! Massinisse, apprenant que le jeune Scipion arrive, conseille à sa femme d'aller lui faire des coquetteries, et de tâcher d'avoir en un jour trois maris! Sophonisbe répond noblement; mais toute la grandeur de Corneille ne pourrait ennoblir cette scène qui commence par une proposition si lâche et si ridicule.

SCÈNE VI.

V. 1.   Douterez-vous encor, seigneur, qu'elle vous aime? —
Mézétulle, il est vrai, son amour est extrême.

Il serait à souhaiter qu'il le fût, et il y aurait au moins quelque intérêt dans la pièce; mais Sophonisbe n'a point du tout cette *illustre faiblesse* dont Massinisse l'a priée de faire voir les douceurs. Elle ne lui a dit qu'un mot un peu tendre : elle a toujours grand soin de persuader qu'elle n'aime que sa grandeur.

ACTE CINQUIÈME.

SCÈNE I.

V. 32.   Tous les cœurs ont leur faible, et c'était là le mien.

Toutes les scènes précédentes ayant été si froides, il est impossible que ce cinquième acte ne le soit pas. Sophonisbe elle-même avertit qu'elle n'avait point de passion, qu'elle n'avait que la folle ardeur de braver sa rivale; que c'était là son *suprême bien* et son *faible* : un tel faible n'est nullement tragique.

Elle a donc un caractère aussi froid que ses deux maris, puisque de son aveu elle n'a qu'un *caprice* sans grandeur d'ame et sans amour.

SCÈNE II.

(*Fin de la scène.*) Comment se peut-il faire qu'une scène où un mari envoie du poison à sa femme soit froide et comique ? C'est que cette femme lui renvoie son poison, après que ce poison lui a été présenté comme un message tout ordinaire; c'est qu'elle lui fait dire qu'il n'a qu'à s'empoisonner lui-même. Après une si étrange scène, tout ce qui peut étonner, c'est qu'il se soit trouvé autrefois des défenseurs de cette tragédie; et ce qui serait plus étonnant, c'est qu'on la rejouât aujourd'hui.

SCÈNE IV.

(*Fin de la scène.*) Cette scène paraît au dessous de toutes les précédentes, par la raison même qu'elle devait être touchante. Une femme à qui son mari envoie du poison, et qui en fait confidence à sa rivale, semble devoir produire quelques grands mouvemens, quelque changement surprenant de fortune, quelque catastrophe; mais cette confidence, faite froidement et reçue de même, ne produit qu'un vers de comédie :

Que voulez-vous, madame, il faut s'en consoler.

Les expressions les plus simples dans de grands malheurs sont souvent les plus nobles et les plus touchantes : mais nous avons déja remarqué combien il faut craindre, en cherchant le simple, de tomber dans le comique et dans le bas.

SCÈNE V.

(*Fin de la scène.*) Cette fin de la pièce est, quant au fond, très inférieure à celle de Mairet : car du moins Massinisse, dans Mairet, est au désespoir; il montre aux Romains sa femme expirante, et il se tue auprès d'elle; mais ici Sophonisbe parle de Massinisse comme du dernier des hommes, et cet homme si méprisé épouse Éryxe. La pièce de Corneille finit donc par le mariage de deux personnages dont personne ne se soucie : et Corneille a si bien senti combien Massinisse est bas et odieux, qu'il n'ose le faire paraître; de sorte qu'il ne reste sur la scène qu'un Lælius qui ne prend nulle part au dénoûment, la froide Éryxe, et des subalternes.

SCÈNE VIII.

V. 37.   Elle meurt à mes yeux, mais elle meurt sans trouble,
Et soutient, en mourant, la pompe d'un courroux
Qui semble moins mourir que triompher de nous.

La pompe d'un courroux qui semble moins mourir que triompher! On voit assez que c'est là de l'enflure dépourvue du mot propre, et qu'un courroux n'est pas pompeux. Éryxe répond avec noblesse et avec convenance. Il eût été à désirer que la pièce finît par ce discours d'Éryxe, ou que Lælius eût mieux parlé; car qu'importe qu'on *aille voir Scipion ou Massinisse?*

V. 59.   Madame, encore un coup, laissons-en faire au temps

n'est pas une fin heureuse. Les meilleures sont celles qui laissent dans l'ame du spectateur quelque idée sublime, quelque maxime vertueuse et importante, convenable au sujet; mais tous les sujets n'en sont pas susceptibles.

On n'a point remarqué tous les défauts dans les détails, que le lecteur remarque assez. La pièce en est pleine; elle est très froide, très mal conçue et très mal écrite.

REMARQUES SUR OTHON,

TRAGÉDIE REPRÉSENTÉE EN 1665.

———

PRÉFACE DU COMMENTATEUR.

Il ne faut guère en croire sur un ouvrage ni l'auteur, ni ses amis, encore moins les critiques précipitées qu'on en fait dans la nouveauté. En vain Corneille dit, dans sa préface, que cette pièce égale ou passe la meilleure des siennes; en vain Fontenelle fait l'éloge d'*Othon* : le temps seul est juge souverain; il a banni cette pièce du théâtre. Il y en a sans doute une raison qu'il faut chercher; je n'en connais point de meilleure que l'exemple de *Britannicus*. Le temps nous a appris que, quand on veut mettre la politique sur le théâtre, il faut la traiter comme Racine, y jeter de grands intérêts, des passions vraies, et de grands mouvemens d'éloquence, et que rien n'est plus nécessaire qu'un style pur, noble, coulant et égal, qui se soutienne d'un bout de la pièce à l'autre. Voilà tout ce qui manque à *Othon*.

Avouons que cette tragédie n'est qu'un arrangement de famille; on ne s'y intéresse pour personne; il y est beaucoup parlé d'amour, et cet amour même refroidit le lecteur. Lorsque ce ressort, qui devrait attacher, a manqué son effet, la pièce est perdue.

Il est dit dans l'*Histoire du théâtre*, à l'article *Othon*, que Corneille refit trois fois le cinquième acte : j'ai de la peine à le croire ; mais, si la chose est vraie, elle prouve qu'il fallaít le refaire une quatrième fois, ou plutôt qu'il était impossible de tirer un cinquième acte intéressant d'un sujet ainsi arrangé. Corneille ne refit pas trois fois la prem) ère scène du premier acte, qui est pleine de très grandes beautés. Quand le sujet porte l'auteur, il vogue à pleines voiles : mais, quand l'auteur porte le sujet, quand il est accablé du poids de la difficulté, et refroidi par le défaut d'intérêt qu'il ne peut se dissimuler à lui-même, alors tous ses efforts sont inutiles. Corneille pouvait être d'abord échauffé par le beau portrait que fait Tacite de la cour de Galba, et par le discours qu'il prête à cet empereur.

Le nom de Rome était encore quelque chose d'important. Corneille avait assez d'invention pour former une intrigue de cinq actes ; mais tout cela n'avait rien d'attachant ni de tragique. Il le sentit, sans doute, plus d'une fois en composant, et quand il fut au cinquième acte il se vit arrêté. Il s'aperçut trop tard que ce n'était pas là une tragédie. Racine lui-même aurait échoué dans un sujet pareil.

OTHON,

———

ACTE PREMIER.

SCÈNE I.

Il y a peu de pièces qui commencent plus heureusement que celle-ci; je crois même que de toutes les expositions, celle d'*Othon* peut passer pour la plus belle; et je ne connais que l'exposition de *Bajazet* qui lui soit supérieure.

V. 41. Je les voyais tous trois se hâter sous un maître,
Qui, chargé d'un long âge, a peu de temps à l'être,
Et tous trois à l'envi s'empresser ardemment
A qui dévorerait ce règne d'un moment.

Corneille n'a jamais fait quatre vers plus forts, plus pleins, plus sublimes; et c'est en partie ce qui justifie la liberté que je prends de préférer cette exposition à celle de toutes ses autres pièces. A la vérité, il y a quelques vers familiers et négligés dans cette première scène, quelques expressions vicieuses, comme, *le mérite et le sang font un éclat en vous* : on ne dit point *faire un éclat dans quelqu'un.*

V. 44.   A qui dévorerait ce règne d'un moment.

La beauté de ce vers consiste dans cette métaphore rapide du mot *dévorer;* tout autre terme eût
été faible; c'est là un de ces mots que Despréaux
appelait *trouvés.* Racine est plein de ces expressions
dont il a enrichi la langue. Mais qu'arrive-t-il?
bientôt ces termes neufs et originaux, employés
par les écrivains les plus médiocres, perdent le
premier éclat qui les distinguait; ils deviennent
familiers; alors les hommes de génie sont obligés
de chercher d'autres expressions, qui souvent ne
sont pas si heureuses. C'est ce qui produit le style
forcé et sauvage dont nous sommes inondés. Il en
est à peu près comme des modes : on invente
pour une princesse une parure nouvelle ; toutes
les femmes l'adoptent; on veut ensuite renchérir,
et on invente du bizarre plutôt que de l'agréable.

V. 91.   Il se vengerait même à la face des dieux.

A la face des dieux est ce qu'on appelle une
cheville; il ne s'agit point ici de dieux et d'autels.
Ces malheureux hémistiches qui ne disent rien,
parce qu'ils semblent en trop dire, n'ont été que
trop souvent imités.

V. 102.   Seigneur, en moins de rien il se fait des miracles

est un vers comique; mais ces petits défauts, qui
rendraient une mauvaise scène encore plus mau-

vaise, n'empêchent pas que celle-ci ne soit claire, vigoureuse, attachante ; trois mérites très rares dans les expositions.

Cette première scène d'*Othon* prouve que Corneille avait encore beaucoup de génie. Je crois qu'il ne lui a manqué que d'être sévère pour lui-même, et d'avoir des amis sévères. Un homme capable de faire une telle scène pouvait assurément faire encore de bonnes pièces. C'est un très grand malheur, il faut le redire, que personne ne l'avertît qu'il choisissait mal ses sujets, que ces dissertations politiques n'étaient pas propres au théâtre, qu'il fallait parler au cœur, observer les règles de la langue, s'exprimer avec clarté et avec élégance, ne jamais rien dire de trop, préférer le sentiment au raisonnement ; il le pouvait ; il ne l'a fait dans aucune de ses dernières pièces. Elles donnent de grands regrets.

SCÈNE II.

V. 1.   Je crois que vous m'aimez, seigneur, et que ma fille
         Vous fait prendre intérêt en toute la famille, etc.

La pièce commence à faiblir dès cette seconde scène. On voit trop que la tragédie ne sera qu'une intrigue de cour, une cabale pour donner un successeur à Galba. C'est là de quoi fournir une douzaine de lignes à un historien, et quelques pages à des écrivains d'anecdotes ; mais ce n'est pas là un sujet de tragédie. *Othon* est beaucoup moins théâtral que *Sophonisbe*, et bien moins heureux encore que *Sertorius*. *Agésilas*, qui suit, est moins théâtral encore qu'*Othon*. Le succès est presque toujours dans le sujet; ce qui le prouve, c'est que *Théodore*, *Sophonisbe*, *la Toison d'or*, *Pertharite*, *Othon*, *Agésilas*, *Suréna*, *Pulchérie*, *Bérénice*, *Attila*, pièces que le public a proscrites, sont écrites à peu près du même style que *Rodogune*, dont on revoit le cinquième acte et quelques autres morceaux avec tant de plaisir. Ce sont quelquefois les mêmes beautés, et toujours les mêmes défauts dans l'élocution. Partout vous trouverez des pensées fortes et des idées alambiquées, de la hauteur et de la familiarité, de l'amour mêlé de politique, quelques vers heureux, et beaucoup de mal faits, des raisonnemens, des contestations, des bravades. Il est impossible de ne pas reconnaître la même main. D'où peut donc venir la différence du succès, si ce n'est du fond même du dessin? Les défauts de style, qui ne se remarquent pas dans le beau spectacle du cinquième acte de *Rodogune*, se font sentir quand le sujet ne les couvre pas, quand l'esprit du spectateur refroidi a la liberté d'examiner la diction, l'inconvenance, l'irrégularité des phrases, les solécismes. Je sais bien qu'*OEdipe* était un très beau sujet; mais ce n'est pas le sujet de *Sophocle* que Corneille a traité; c'est l'amour de Thésée et de Dircé, mêlé avec la fable d'Œdipe; c'est une froide politique, jointe à un froid amour, qui rend tant de pièces insipides.

Une fille qui fait prendre intérêt en toute la famille; des devoirs dont s'empresse un amant; Galba qui refuse son ordre à l'effet de nos vœux; de l'air dont nous nous regardons; une vérité qu'on voit trop manifeste; du tumulte excité; Vitellius qui arrive avec sa force unie; ce qu'il a de vieux corps; de qui se l'immola; ramener les esprits par un jeune empereur; il ira du côté de Laous; il a remis exprès à tantôt d'en résoudre; ces grands jaloux; un œil bas; une princesse qui s'est mise à sourire : tout cela est à la vérité très défectueux. Le fond du discours de Vinius est raisonnable; mais ce n'est pas assez.

V. 87. . . . . Il est d'autres Romains,
    Seigneur, qui sauront mieux appuyer vos desseins...
    Et qui seront ravis de vous devoir l'empire.
    . . . . Sans Plautine
    L'amour m'est un poison, le bonheur m'assassine.
    ... Les douceurs du pouvoir souverain
    Me sont d'affreux tourmens, s'il m'en coûte sa main...
    Vous voulez que je règne, et je ne sais qu'aimer.

Je ne remarquerai que ces étranges vers dans cette scène; ils sont en partie le sujet de la pièce. Othon est amoureux; car, quoi qu'on en dise, encore une fois, il n'y a aucun des héros de Cor-

neille qui ne le soit; mais il est amoureux froidement. Il n'a d'abord demandé la fille de Vinius que
par politique; il n'a pas de ces passions violentes,
qui seules réussissent au théâtre, et qui seules font
pardonner le refus d'un empire. Il a commencé par
étaler la profondeur d'un courtisan habile; il parle
à présent comme un jeune homme passionné et
tendre. Il dément le caractère qu'il a fait paraître
dans la première scène; et le même homme qui
se fera nommer empereur et qui détrônera Galba
renonce ici à l'empire. Le spectateur ne croit
guère à cet amour; il ne s'y intéresse pas. Un des
meilleurs connaisseurs, en lisant *Othon* pour la
première fois, dit à cette seconde scène : Il est impossible que la pièce ne soit froide; et il ne se
trompa point. En effet, ces craintes éloignées que
montre Vinius de ce qui peut arriver un jour ne
sont point un assez grand ressort. Il faut craindre
des périls présens et véritables dans la tragédie,
sans quoi tout languit, tout ennuie.

SCÈNE III.

V. 1.   Non pas, seigneur, non pas; quoi que le ciel m'envoie,
       Je ne veux rien tenir d'une honteuse voie.

Cette troisième scène justifie déja ce qu'on doit
prévoir, que ce n'est pas là une tragédie. Plautine
écoutait à la porte, et elle vient interrompre son

père, pour dire en vers durs et obscurs qu'elle ne voudrait point un jour épouser son amant, si cet amant marié à une autre ne pouvait revenir à elle que par un divorce. Non seulement c'est manquer à la bienséance, mais quel faible intérêt, quel froid sujet d'une scène, qu'une fille qui, sans être appelée, vient dire à son père devant son amant ce qu'elle ferait un jour, si ce froid amant voulait l'épouser en troisièmes noces ! Elle serait en effet la troisième femme d'Othon, qui l'épouserait après avoir répudié Poppée et Camille.

V. 7.　　. . . Je vaincrai l'horreur d'un si cruel devoir, etc.

Vaincre l'horreur d'un cruel devoir; ce qu'à ses désirs elle fait de violence pour fuir les appas honteux d'une espérance indigne; la vertu qui dompte et bannit l'amour, et qui n'en souffre qu'un vertueux retour. Ce sont là des expressions qui affaibliraient les plus beaux sentimens.

V. 16.　　Quittez vos yeux de père, et prenez-en d'amant.

Ce vers ne prépare pas un intérêt tragique, et ce défaut revient souvent dans toutes ces dernières tragédies.

SCÈNE IV.

V. 2.   ... S'il faut prévenir ce mortel déshonneur,
          Recevez-en l'exemple, etc.

Othon, qui veut se tuer ainsi au premier acte
pour une crainte imaginaire, et pour une maîtresse, excite plutôt le rire que la terreur; rien
n'est jamais plus mal reçu au théâtre qu'un désespoir mal placé, et qu'on n'attendait pas d'un
homme qui n'a d'abord parlé que de politique.
Ajoutons que cette scène entre Othon et Plautine
est très faible. Je remarque que Plautine conseille
ici à Othon précisément la même chose qu'Atalide
à Bajazet; mais quelle différence de situation, de
sentimens et de style! Bajazet est réellement en
danger de sa vie, et Othon ne court ici qu'un danger chimérique. Plautine est raisonneuse et froide;
Atalide est touchante, et a autant de délicatesse
que d'amour. Enfin, ce qui est de la plus grande
importance, les vers de Corneille ne valent rien,
et ceux de Racine sont parfaits dans leur genre.
Comparez (rien ne forme plus le goût), comparez
aux vers d'Atalide ces vers de Plautine :

> Et n'aspire qu'au bien d'aimer et d'être aimé. —
> Qu'un tel épurement demande un grand courage!...
> Et se croit mal aimé, s'il n'en a l'assurance...
> Et que de votre cœur vos yeux indépendans
> Triomphent comme moi des troubles du dedans. —
> Conservez-moi toujours l'estime et l'amitié.

C'est le style, c'est la diction qui fait tout dans les scènes où le spectateur est assez tranquille pour réfléchir sur les vers; et encore est-il nécessaire de ne point négliger la diction dans les situations les plus frappantes du théâtre. En un mot, il faut toujours bien écrire.

V. 22.   Il est un autre amour dont les vœux innocens
         S'élèvent au dessus du commerce des sens.

Encore des dissertations métaphysiques sur l'amour : quel mauvais goût! C'était l'esprit du temps, dit-on; mais il faut dire encore que la nation française est la seule qui ait eu cette malheureuse espèce d'esprit. Cela est bien pis que les *concetti* qu'on reprochait aux Italiens.

ACTE SECOND,

SCÈNE I.

V. 1.   Dis-moi donc, lorsqu'Othon s'est offert à Camille,
        A-t-il paru contraint? a-t-elle été facile?
        Son hommage auprès d'elle a-t-il eu plein effet?
        Comment l'a-t-elle pris, et comment l'a-t-il fait? etc.

Racine a encore pris entièrement cette situation dans sa tragédie de *Bajazet*. Atalide a envoyé son amant à Roxane; elle s'informe en tremblant du succès de cette entrevue qu'elle a ordonnée elle-même, et qui doit causer sa mort. La délicatesse

de ses sentimens, les combats de son cœur, ses
craintes, ses douleurs, sont exprimés en vers si
naturels, si aisés, si tendres, que ces vraies beautés charment tous les lecteurs.

Mais ici, Corneille commence sa scène par
quatre vers dont le ridicule est si extrême, qu'on
n'ose plus même les citer dans des ouvrages sé-
rieux : *Dis-moi donc, lorsqu'Othon, etc.*

Plautine exprime les mêmes sentimens qu'A-
talide :

En regardant son change ainsi que mon ouvrage, etc.

Atalide est dans des circonstances absolument
semblables; mais c'est précisément dans ces mêmes
situations qu'on voit la prodigieuse différence
qu'il y a entre le sentiment et le raisonnement,
entre l'élégance et la dureté du style, entre cet
art charmant qui développe avec une vérité si
touchante tous les replis du cœur, et la vaine déclamation ou la sécheresse.

V. 27.   Othon à la princesse a fait un compliment
Plus en homme de cour qu'en véritable amant, etc.

Toute cette tirade est entièrement du style de
la comédie; mais de la comédie froide et dénuée
d'intérêt. *L'amour qui est civilité dans Othon, et la
civilité qui est amour dans Camille,* est si éloigné
de la tragédie, qu'on ne conçoit guère comment

Corneille a pu y faire entrer de pareilles phrases
et de pareilles idées.

V. 33.   Ses gestes concertés, ses regards de mesure,
          N'y laissaient aucun mot aller à l'aventure...
          Jusque dans ses soupirs la justesse régnait,
          Et suivait pas à pas un effort de mémoire, etc.

Qu'est-ce que *des regards de mesure, et la justesse
qui règne dans des soupirs?* et comment cette *justesse
de soupirs* peut-elle suivre un *effort de mémoire?*
Othon a-t-il appris par cœur un long compliment?
De tels vers ne seraient tolérables en aucun genre
de poésie. Que veut dire madame de Sévigné,
quand elle dit : *Racine n'ira pas loin ; pardonnons
de mauvais vers à Corneille?* Non, il ne faut pas
pardonner des pensées fausses très mal exprimées, il faut être juste.

SCÈNE II.

V. 1.   . . . . Que venez-vous m'apprendre?

Corneille, qu'on a voulu faire passer pour un
poëte qui dédaignait d'introduire l'amour sur la
scène, était tellement accoutumé à faire parler
d'amour ses héros, qu'il représente ici un vieux
ministre d'état comme amoureux de Plautine; et
cette Plautine lui répond par des injures. On
peut, dans les mouvemens violens d'une passion
trahie, et dans l'excès du malheur, s'emporter en

reproches; mais Plautine n'a aucune raison de
parler ainsi au premier ministre de l'empereur
qui la demande en mariage : ce trait est contre la
bienséance et contre la raison : ce qui est bien plus
extraordinaire, c'est que Martian, à qui Plautine
fait le plus sanglant outrage, en lui reprochant
très mal à propos sa naissance, lui dit ensuite :
Madame, encore un coup, souffrez que je vous aime.
L'amour de ce ministre, les réponses de Plautine,
et tout ce dialogue, révoltent et refroidissent. Ce
n'est là ni peindre les hommes comme ils sont, ni
comme ils doivent être, ni les faire parler comme
ils doivent parler.

V. 15.   Votre ame, en me fesant cette civilité,
       Devrait l'accompagner de plus de vérité, etc.

*Une ame qui fait une civilité ! le mal qui vient à
un vieux ministre d'état* (et c'est le mal d'amour),
et Plautine qui répond à ce ministre *qu'il n'a point
changé de visage;* et l'autre qui réplique *qu'il a
l'oreille du grand maître.*

Que dire d'un tel dialogue? On est obligé de
faire un commentaire : que ce commentaire au
moins serve à faire connaître que son auteur rend
justice : il ne connaît aucune occasion où l'on
doive déguiser la vérité. Plautine montre de la
hauteur; et, si cette hauteur menait à quelque
chose de tragique, elle pourrait faire impression.

Remarquons encore : que de la hauteur n'est pas de la grandeur.

SCÈNE III.

V. 1.　Madame, enfin Galba s'accorde à vos souhaits;
　　　 Et j'ai tant fait sur lui, que, dès cette journée, ·
　　　 De vous avec Othon il consent l'hyménée. —
　　　 Qu'en dites-vous, seigneur? etc.

Tout ce qu'on peut remarquer, c'est que *j'ai tant fait sur lui* est un barbarisme et une expression basse; que le *qu'en dites-vous* de Plautine est une ironie comique; que *sa grande ame qui fait un présent de sa flamme* est très vicieux; qu'*il fait bon s'expliquer* est bourgeois; et que la scène est très froide.

SCÈNE IV.

V. 35.　Il sait trop ménager ses vertus et ses vices.
　　　　Il était sous Néron de toutes ses délices, etc.

Le portrait d'Othon est très beau dans cette scène. Il est permis à un auteur dramatique d'ajouter des traits aux caractères qu'il dépeint, et d'aller plus loin que l'histoire. Tacite dit d'Othon : *Pueritiam incuriose, adolescentiam petulenter egerat; gratus Neroni æmulatione luxus... In provinciam specie legationis seposuit... comiter administrata provincia.* « Son enfance fut paresseuse, sa jeunesse « débauchée; il plut à Néron en imitant ses vices

« et son luxe. S'étant exilé lui-même dans la Lusi-
« tanie dont il était gouverneur, il s'y comporta
« avec humanité. »

Cette scène serait intéressante si elle produisait
de grands événemens. Les fautes sont : *l'amitié
ressaisie de trois cœurs, que ce nœud la retienne
d'ajouter, où près de cette belle*, et quelques autres
expressions qui ne sont ni assez nobles, ni assez
correctes.

V. 66.   S'il a grande naissance, il a peu de vertu, etc.

*S'il a grande naissance; une vigueur adroite et
fière qui sème des appas; et c'est là justement; mo-
quons-nous du reste; il nous devra le tout; s'il vient
par nous à bout, etc.* Il n'est pas nécessaire de dire
que toutes ces façons de parler sont ou vicieuses
ou ignobles.

V. 101.   Quoi! votre amour fera toujours son capital
          Des attraits de Plautine et du nœud conjugal?

Cela seul suffirait pour avilir un héros, et détruit tout ce que cette scène promettait.

SCÈNE V.

V. 1.   Je vous rencontre ensemble ici fort à propos,
        Et voulais à tous deux vous dire quatre mots.

A propos et *quatre mots* auraient gâté le rôle de
Cornélie; mais une fille qui vient parler ainsi de

son mariage à deux ministres est bien loin d'être
une Cornélie. Camille emploie cette figure froide
de l'ironie, qu'il faut employer si sobrement; elle
parle en bourgeoise, en parlant de l'empire. *Je
sais ce qui m'est propre, je m'aime un peu moi-même;
je n'ai pas grande envie.* L'insipidité de l'intrigue et
la bassesse de l'expression sont égales. Ces fautes
trop souvent répétées sont cause que cette pièce
admirablement commencée faiblit de scène en
scène, et ne peut plus être représentée.

ACTE TROISIÈME.

SCÈNE I.

V. 1.   Ton frère te l'a dit, Albiane? — Oui, madame;
         Galba choisit Pison, et vous êtes sa femme, etc.

L'intrigue n'est pas ici plus intéressante et plus
tragique qu'auparavant. Cette confidente qui apprend à sa maîtresse qu'elle va être femme de Pison,
et que son amant Othon sera sacrifié, pourrait
émouvoir le spectateur si le péril d'Othon était
bien certain. Mais qui a dit à cette confidente
qu'un jour Pison étant César se déferait d'Othon?
Premièrement, Camille devrait apprendre son
mariage de la bouche de l'empereur, et non de
celle d'une confidente; et ce serait du moins une
espèce de situation, une petite surprise, quelque
chose de ressemblant à un coup de théâtre; si

Camille, espérant d'obtenir Othon de l'empereur, recevait inopinément de la bouche de l'empereur l'ordre d'en épouser un autre.

Secondement, de longs discours d'une suivante, qui dit que *les princesses doivent faire les avances*, jetteraient du froid sur le rôle de Phèdre, et sur les tragédies d'*Andromaque* et d'*Iphigénie*.

Troisièmement, s'il y a quelque chose d'aussi comique et d'aussi insipide qu'une suivante qui dit : *C'est la gêne où réduit celles de votre sorte; si je n'avais fait enhardir votre amant, il ne vous aurait pas parlé, etc.;* c'est une princesse qui répond : *Tu le crois donc qu'il m'aime?* Le lecteur sent assez qu'*un devoir qui passe du côté de l'amour... se faire en la cour un accès pour un plus digne amour;* en un mot, tout ce dialogue n'est pas ce qu'on doit attendre dans une tragédie.

SCÈNE II.

V. 1.   ... L'empereur vient ici vous trouver
      Pour vous dire son choix et le faire approuver, etc.

On ne voit jamais dans cette pièce qu'une fille à marier. Il n'est pas contre la convenance que Galba tâche d'ennoblir la petitesse de cette intrigue par un discours politique; mais il est contre toute bienséance, tranchons le mot, il est intolérable que Camille dise à l'empereur qu'il serait bon *que son mari eût quelque chose de propre à donner de l'amour.* Galba dit à sa nièce que ce raisonnement est fort délicat.

SCÈNE III.

V. 150. N'en parlons plus; dans Rome il sera d'autres femmes
A qui Pison en vain n'offrira pas sa foi.

Si on fesait paraître un vieillard de comédie, entre sa nièce et un amant qu'elle veut épouser, on ne pourrait guère s'exprimer autrement que dans cette scène :

> N'en parlons plus... il sera d'autres femmes
> A qui Pison en vain, etc.

Otez les noms, toute cette tragédie n'est qu'une comédie sans intérêt, et aussi froidement écrite que durement. Je le répète, on a voulu un commentaire sur toutes les pièces de Corneille : mais que dire d'un mauvais ouvrage, sinon qu'il est mauvais, en montrant aux étrangers et aux jeunes gens pourquoi il est si mauvais?

SCÈNE IV.

V. 1. Othon, est-il bien vrai que vous aimiez Camille? etc.

Le vice de cette scène est la suite des défauts précédens. La petite ironie de Galba, *est-il bien vrai que vous aimiez Camille? si vous l'aimez, elle vous aime aussi; son cœur aspire à votre hymen d'une*

telle force; choisissez des charges à communs sen-
timens; tenez-vous assuré qu'elle aura tout mon
bien; y a-t-il dans tout cela un seul mot qui ne
soit, même pour le fond, convenable au seul
genre comique ?

SCÈNE V.

V. 1.   Vous pouvez voir par là mon ame tout entière, etc.

Cette scène sort du ton de la comédie; mais
l'impression déja reçue empêche le spectateur de
voir de l'élévation dans un sujet qui, pendant près
de trois actes, n'a presque rien eu de noble et de
grand. Tous les discours artificieux que tient
Othon pour se débarrasser de l'amour de Camille,
toutes ses craintes de l'avenir, ne peuvent faire
naître d'autre sentiment que celui de l'indiffé-
rence. Camille, à la fin de la scène, est jalouse de
Plautine, mais elle est froidement jalouse. Othon
ne peut guère intéresser personne en parlant de
sa première femme Poppée, qui a été maîtresse
de Néron. Camille peut-elle intéresser davantage,
en disant qu'*elle ne sait point faire valoir les choses;*
qu'elle ne sait pas quel amour elle a pu donner, mais
qu'Othon aime à raisonner sur l'empire. Elle l'y
trouve assez fort, et même d'une force à montrer qu'il
connaît ce que l'empire a d'amorce ?

Je crois que cette acte était impraticable. Tout

manque quand l'intérêt manque. C'est précisément ce que dit l'auteur de l'*Histoire du Théâtre*
Français, à l'article *Othon* : *La partie la plus néces-*
saire y manque; l'intérêt est l'ame d'une pièce, et le
spectateur n'en prend ici pour aucun des personnages.

ACTE QUATRIÈME.

SCÈNE I.

V. 1.   Que voulez-vous, seigneur, qu'enfin je vous conseille ? etc.

Cette scène pourrait faire quelque effet si Othon
était véritablement en danger; mais cette crainte
prématurée, que Pison ne le fasse mourir un jour,
n'a rien de réel, comme on l'a déja remarqué. Tout
l'édifice de la pièce tombe par cette seule raison;
et je crois que c'est une loi qui ne souffre aucune
exception, que jamais un danger éloigné ne doit
faire le nœud d'une tragédie.

SCÈNE II.

Le consul Vinius vient ici apprendre à Othon
une grande nouvelle. Une partie de l'armée dé
sire Othon pour empereur; mais cela même rend
Othon et Vinius des personnages froids et inutiles : ni l'un ni l'autre n'ont eu la moindre part
au grand changement qui se va faire dans l'empire
romain. Ce sont quatre soldats qui sont venus

avertir Viniüs des sentimens de l'armée; les personnages principaux n'ont rien fait du tout. C'est un défaut capital, qu'il faut éviter dans quelque sujet que ce puisse être.

SCÈNE III.

Viniüs joue ici le rôle d'un intrigant, et rien de plus. Il ne se soucie point d'Othon; il lui importe peu qui sa fille épousera; ses sentimens sont bas, lorsque même il parle de l'empire, et il se fait mépriser par sa propre fille inutilement.

SCÈNE IV.

Ces petites picoteries de deux femmes, ces ironies, ces bravades continuelles, qui ne produisent rien du tout, seraient mauvaises, quand même elles produiraient quelque chose. Ces petites scènes de remplissage sont fréquentes dans les dernières pièces de Corneille. Jamais Racine n'est tombé dans ce défaut; et quand il fait parler Hermione à Andromaque, Iphigénie à Ériphile, Roxane à Atalide, il n'emploie point ces froides ironies, ces petits reproches comiques, ce ton bourgeois, ces expressions de la conversation la plus familière. Il fait parler ces femmes avec noblesse et avec sentiment. Il touche le cœur, il arrache même quelquefois des larmes; mais que Corneille est loin d'en faire répandre!

SCÈNE V.

Que dire de cette scène, sinon qu'elle est aussi froide que les autres? Camille croit tromper Martian, et Martian croit tromper Camille, sans qu'il y ait encore le moindre danger pour personne, sans qu'il y ait eu aucun événement, sans qu'il y ait eu un seul moment d'intérêt.

SCÈNE VI.

V. 27. Du courroux à l'amour si le retour est doux,
   On repasse aisément de l'amour au courroux.

Aucun personnage n'agit dans la pièce. Un subalterne apprend à Camille que quinze ou vingt soldats ont proclamé Othon; et Camille, qui aimait cet Othon, consent tout d'un coup qu'on lui fasse couper la tête, et prononce une maxime de comédie sur le retour de l'amour au courroux, et du courroux à l'amour.

ACTE CINQUIÈME.

Le cinquième acte est absolument dans le goût des quatre premiers, et fort au dessous d'eux; aucun personnage n'agit, et tous discutent. Le vieux Galba, ayant menacé sa nièce, discute avec elle ses raisons, et se trompe, comme un vieillard de comédie qu'on prend pour dupe; et le style n'est ni plus net, ni plus pur, ni plus noble que dans ce qu'on a déja lu.

SCÈNE II.

V. 3.   ... Ceux de la marine et les Illyriens
Se sont avec chaleur joints aux prétoriens, etc.

Après tous les mauvais vers précédens que nous n'avons point repris, nous ne dirons rien des soldats de la marine et des Illyriens qui se sont avec chaleur joints aux prétoriens; mais nous remarquerons que cette scène pouvait être aussi belle que celle d'Auguste, de Cinna et de Maxime, et qu'elle n'est qu'une scène froide de comédie. Pourquoi? c'est qu'elle est écrite de ce style familier, bas, obscur, incorrect, auquel Corneille s'était accoutumé; c'est qu'il n'y a ni noblesse dans les sentimens, ni éloquence dans les discours, ni rien qui attache.

On a dit quelquefois que Corneille ne cherchait pas à faire de beaux vers, que la grandeur des sentimens l'occupait tout entier : mais il n'y a nulle grandeur dans aucune de ses dernières pièces, et quant aux vers, il faut les faire excellens, ou ne se point mêler d'écrire. *Cinna* ne passe à la postérité qu'à cause de ses beaux vers : ils sont dans la bouche de tous les connaisseurs. Le grand mérite de Corneille est d'avoir fait de très beaux vers dans ses premières pièces, c'est-à-dire d'avoir exprimé de très belles pensées en vers corrects et harmonieux.

(*Commencement de la scène.*) Galba dit : *Hé bien !
quelles nouvelles ?* Cet empereur, au lieu d'agir
comme il le doit, demande ce qui se passe, comme
un nouvelliste. Vinius lui donne le conseil de per-
sister à ne rien faire, conseil visiblement ridicule.
Il lui dit : *Un salutaire avis agit avec lenteur.* Ce
n'est pas certainement dans le moment d'une crise
aussi forte, quand on proclame un autre empereur, que la lenteur est salutaire. Galba ne sait à
quoi se déterminer, et se contente de faire remarquer à sa nièce qu'il est triste de régner quand les
ministres d'état se contrarient.

SCÈNE III.

Galba demandait tranquillement des nouvelles :
on lui en donne une fausse. Il est vrai que cette
fausse nouvelle est rapportée dans Tacite ; mais
c'est précisément parce qu'elle n'est qu'historique,
parce qu'elle n'est point préparée, parce que c'est
un simple mensonge d'un nommé *Atticus,* qu'il
fallait ne pas employer un dénoûment si desti-
tué d'art et d'intérêt.

SCÈNE IV.

Cet Atticus, qui n'est pas un personnage de
la pièce, vient en faire le dénoûment, en fesant
accroire qu'il a tué Othon. Ce pourrait être tout,

au plus le dénoûment du *Menteur*. Le vieux Galba croit cette fausseté. Il conseille à Plautine d'*évaporer ses soupirs*. Camille dit un petit mot d'ironie à Plautine, et va *dans son appartement*.

SCÈNE V.

Non seulement Plautine demeure sur la scène, et s'occupe à répondre par des injures à l'amour du ministre d'état Martian, mais ce grand ministre d'état, qui devrait avoir partout des serviteurs et des émissaires, ne sait rien de ce qui s'est passé. Il croit une fausse nouvelle, lui qui devrait avoir tout fait pour être informé de la vérité. Il est pris pour dupe par cet Atticus, comme l'empereur.

SCÈNE VI.

Enfin deux soldats terminent tout dans le propre palais de Galba. Martian et Plautine apprennent qu'Othon est empereur. Si le lecteur peut aller jusqu'au bout de cette pièce et de ces remarques, il observera qu'il ne faut jamais introduire sur la fin d'une tragédie un personnage ignoré dans les premiers actes, un subalterne qui commande en maître. Il est impossible de s'intéresser à ce personnage, et il avilit tous les autres.

SCÈNE VII.

Cette scène est aussi froide que tout le reste, parce qu'on ne s'intéresse point du tout à ce Vinius qu'on jette par la fenêtre. Tout cet acte se passe à apprendre des nouvelles, sans qu'il y ait ni intrigue attachante, ni sentimens touchans, ni grands tableaux, ni beau dénoûment, ni beaux vers. Othon, l'empereur, ne reparaît que pour dire qu'il est *un malheureux amant.* Camille est oubliée. Galba n'a paru dans la pièce que pour être trompé et tué.

Puissent au moins ces réflexions persuader les jeunes auteurs qu'un sujet politique n'est point un sujet tragique, que ce qui est propre pour l'histoire l'est rarement pour le théâtre; qu'il faut dans la tragédie beaucoup de sentiment et peu de raisonnemens; que l'ame doit être émue par degrés; que sans terreur et sans pitié nul ouvrage dramatique ne peut atteindre au but de l'art, et qu'enfin le style doit être pur, vif, majestueux et facile!

Corneille, dans une épître au roi, dit qu'Othon et Suréna

Ne sont point des cadets indignes de Cinna.

Il y a en effet dans le commencement d'*Othon* des vers aussi forts que les plus beaux de *Cinna,* mais la suite est bien loin d'y répondre : aussi cette pièce n'est point restée au théâtre.

On joua la même année l'*Astrate* de Quinault, célèbre par le ridicule que Despréaux lui a donné, mais plus célèbre alors par le prodigieux succès qu'elle eut. Ce qui fit ce succès, ce fut l'intérêt qui parut régner dans la pièce. Le public était las de tragédies en raisonnemens et de héros dissertateurs. Les cœurs se laissèrent toucher par l'*Astrate*, sans examiner si la pièce était vraisemblable, bien conduite, bien écrite. Les passions y parlaient, et c'en fut assez. Les acteurs s'animèrent; ils portèrent dans l'ame du spectateur un attendrissement auquel il n'était pas accoutumé. Les excellens ouvrages de l'inimitable Racine n'avaient point encore paru. Les véritables routes du cœur étaient ignorées ; celles que présentait l'*Astrate* furent suivies avec transport. Rien ne prouve mieux qu'il faut intéresser, puisque l'intérêt le plus mal amené échauffa tout le public, que des intrigues froides de politique glaçaient depuis plusieurs années.

REMARQUES SUR AGÉSILAS,

TRAGÉDIE REPRÉSENTÉE EN 1666.

PRÉFACE DU COMMENTATEUR.

Agésilas n'est guère connu dans le monde que
par le mot de Despréaux :

> J'ai vu l'Agésilas ;
> Hélas !

Il eut tort sans doute de faire imprimer, dans
ses ouvrages, ce mot qui n'en valait pas la peine,
mais il n'eut pas tort de le dire. La tragédie d'*Agésilas* est un des plus faibles ouvrages de Corneille.
Le public commençait à se dégoûter. On trouve,
dans une lettre manuscrite d'un homme de ce
temps-là, qu'il s'éleva un murmure très désagréable
dans le parterre, à ces vers d'Aglatide :

> Hélas ! — Je n'entends pas des mieux,
> Comme il faut qu'un hélas s'explique ;
> Et, lorsqu'on se retranche au langage des yeux,
> Je suis muette à la réplique.

Ce même parterre avait passé, dans la pièce
d'*Othon*, des vers beaucoup plus répréhensibles,
en faveur des beautés des premières scènes ; mais

il n'y avait point de pareilles beautés dans *Agési-las* : on fit sentir à Corneille qu'il vieillissait. Il donnait un ouvrage de théâtre presque tous les ans, depuis 1625, si vous en exceptez l'intervalle entre *Pertharite* et *OEdipe* : il travaillait trop vite ; il était épuisé. Plaignons le triste état de sa fortune, qui ne répondait pas à son mérite, et qui le forçait à travailler.

On prétend que la mesure des vers qu'il employa dans *Agésilas* nuisit beaucoup au succès de cette tragédie. Je crois, au contraire, que cette nouveauté aurait réussi, et qu'on aurait prodigué les louanges à ce génie si fécond et si varié, s'il n'avait pas entièrement négligé dans *Agésilas*, comme dans les pièces précédentes, l'intérêt et le style.

Les vers irréguliers pourraient faire un très bel effet dans une tragédie ; ils exigent, à la vérité, un rhythme différent de celui des vers alexandrins et des vers de dix syllabes ; ils demandent un art singulier : vous pouvez voir quelques exemples de la perfection de ce genre dans Quinault. :

> Le perfide Renaud me fuit :
> Tout perfide qu'il est, mon lâche cœur le suit.
> Il me laisse mourante ; il veut que je périsse.
> Je revois à regret la clarté qui me luit ;
> L'horreur de l'éternelle nuit
> Cède à l'horreur de mon supplice, etc. etc.

Toute cette scène bien déclamée remuera les

cœurs autant que si elle était bien chantée ; et la musique même de cette admirable scène n'est qu'une déclamation notée.

Il est donc prouvé que cette mesure de vers pourrait porter dans la tragédie une beauté nouvelle dont le public a besoin pour varier l'uniformité du théâtre.

Le lecteur doit trouver bon qu'on ne fasse aucun commentaire sur une pièce qu'on ne devrait pas même imprimer : il serait mieux, sans doute, qu'on ne publiât que les bons ouvrages des bons auteurs ; mais le public veut tout avoir, soit par une vaine curiosité, soit par une malignité secrète, qui aime à repaître ses yeux des fautes des grands hommes.

La tragédie d'*Agésilas* est à la vérité très froide, et aussi mal écrite que mal conduite. Il y a pourtant quelques endroits où on retrouve encore un reste de Corneille. Le roi Agésilas dit à Lysander :

> En tirant toute à vous la suprême puissance,
>   Vous me laissez des titres vains.
> On s'empresse à vous voir, on s'efforce à vous plaire ;
> On croit lire en vos yeux ce qu'il faut qu'on espère ;
> On pense avoir tout fait quand on vous a parlé.
> Mon palais près du vôtre est un lieu désolé...
> Général en idée, et monarque en peinture,
> De ces illustres noms pourrais-je faire cas,
> S'il les fallait porter, moins comme Agésilas,
>   Que comme votre créature,
> Et montrer avec pompe au reste des humains
> En ma propre grandeur l'ouvrage de vos mains ?

Si vous m'avez fait roi, Lysander, je veux l'être.
Soyez-moi bon sujet, je vous serai bon maître;
Mais ne prétendez plus partager avec moi
    Ni la puissance ni l'emploi.
Si vous croyez qu'un sceptre accable qui le porte,
A moins qu'il prenne une aide à soutenir son poids,
    Laissez discerner à mon choix
Quelle main à m'aider pourrait être assez forte.
Vous aurez bonne part à des emplois si doux,
    Quand vous pourrez m'en laisser faire;
Mais soyez sûr aussi d'un succès tout contraire,
Tant que vous ne voudrez les tenir que de vous.

S'il y a beaucoup de fautes de diction dans ces vers, si le style est faible, du moins les pensées sont fortes, sages, vraies, sans enflure et sans amplification de rhétorique.

Qu'il me soit permis de dire ici que, dans mon enfance, le père Tournemine, jésuite, partisan outré de Corneille, et ennemi de Racine, qu'il regardait comme janséniste, me fesait remarquer ce morceau, qu'il préférait à toutes les pièces de Racine. C'est ainsi que la prévention corrompt le goût, comme elle altère le jugement dans toutes les actions de la vie.

REMARQUES SUR ATTILA,

ROI DES HUNS,

TRAGÉDIE REPRÉSENTÉE EN 1667.

PRÉFACE DU COMMENTATEUR.

Attila parut malheureusement la même année qu'*Andromaque*. La comparaison ne contribua pas à faire remonter Corneille à ce haut point de gloire où il s'était élevé; il baissait, et Racine s'élevait : c'était alors le temps de la retraite; il devait prendre ce parti honorable. La plaisanterie de Despréaux devait l'avertir de ne plus travailler, ou de travailler avec plus de soin :

> Après l'Agésilas,
> Hélas!
> Mais, après l'Attila;
> Holà!

On connaît encore ces vers :

> Peut aller au parterre attaquer Attila;
> Et, si le roi des Huns ne lui charme l'oreille,
> Traiter de visigoths tous les vers de Corneille.

On a prétendu (car que ne prétend-on pas!) que Corneille avait regardé ces vers comme un éloge; mais quel poëte trouvera jamais bon qu'on

traite ses vers de visigoths, surtout lorsqu'ils sont
en effet durs et obscurs pour la plupart? La dureté
et la sécheresse dans l'expression sont assez communément le partage de la vieillesse; il arrive alors
à notre esprit ce qui arrive à nos fibres. Racine,
dans la force de son âge, né avec un cœur tendre,
un esprit flexible, une oreille harmonieuse, donnait à la langue française un charme qu'elle n'avait
point eu jusqu'alors; ses vers entraient dans la
mémoire des spectateurs, comme un jour doux
entre dans les yeux; jamais les nuances des passions ne furent exprimées avec un coloris plus naturel et plus vrai; jamais on ne fit de vers plus
coulans et en même temps plus exacts.

Il ne faut pas s'étonner si le style de Corneille,
devenu encore plus incorrect et plus raboteux
dans ses dernières pièces, rebutait les esprits que
Racine enchantait, et qui devenaient par cela
même plus difficiles.

Quel commentaire peut-on faire sur *Attila, qui
combat de tête, encore plus que de bras;* sur *la terreur de son bras, qui lui donne pour nouveaux compagnons les Alains, les Francs et les Bourguignons;*
sur un Ardaric et sur un Valamir, deux prétendus
rois qu'on traite comme des officiers subalternes;
sur cet Ardaric qui est amoureux, et qui s'écrie :

Qu'un monarque est heureux, lorsque le ciel lui donne
La main d'une si rare et si belle personne! etc.

La même raison qui m'a empêché d'entrer dans aucun détail sur *Agésilas* m'arrête pour *Attila*; et les lecteurs qui pourront lire ces pièces me pardonneront sans doute de m'abstenir des remarques; je suis sûr du moins qu'ils ne me pardonneraient pas d'en avoir fait.

Je dirai seulement, dans cette préface, qu'il est très vraisemblable que cet Attila, très peu connu des historiens, était un homme d'un mérite rare dans son métier de brigand. Un capitaine de la nation des Huns qui force l'empereur Théodose à lui payer tribut, qui savait discipliner ses armées, les recruter chez ses ennemis mêmes, et nourrir la guerre par la guerre; un homme qui marcha en vainqueur de Constantinople aux portes de Rome, et qui, dans un règne de dix ans, fut la terreur de l'Europe entière, devait avoir autant de politique que de courage; et c'est une grande erreur de penser qu'on puisse être conquérant sans avoir autant d'habileté que de valeur. Il ne faut pas croire, sur la foi de Jornandès, qu'Attila mena une armée de cinq cent mille hommes dans les plaines de la Champagne : avec quoi aurait-il nourri une pareille armée? La prétendue victoire remportée par Aétius, auprès de Châlons, et deux cent mille hommes tués de part et d'autre dans cette bataille, peuvent être mis au rang des mensonges historiques. Comment Attila, vaincu en

Champagne, serait-il allé prendre Aquilée? La
Champagne n'est pas assurément le chemin d'Aquilée dans le Frioul. Personne ne nous a donné des
détails historiques sur ces temps malheureux.
Tout ce qu'on sait, c'est que les Barbares venaient
des Palus-Méotides et du Borysthène, passaient
par l'Illyrie, entraient en Italie par le Tyrol, ra-
vageaient l'Italie entière, franchissaient ensuite
l'Apennin et les Alpes, et allaient jusqu'au Rhin,
jusqu'au Danube.

Corneille, dans sa tragédie d'*Attila,* fait paraître
Ildione, une princesse, sœur d'un prétendu roi
de France ; elle s'appelait *Ildecone* à la première
représentation : on changea ensuite ce nom ridicule. Mérouée, son prétendu frère, ne fut jamais
roi de France. Il était à la tête d'une petite nation
barbare vers Mayence, Francfort et Cologne.
Corneille dit :

> Que le grand Mérouée est un roi magnanime,
> Amoureux de la gloire, ardent après l'estime...
> Qu'il a déja soumis et la Seine et la Loire.

Ces fictions peuvent être permises dans une
tragédie ; mais il faudrait que ces fictions fussent
intéressantes.

REMARQUES SUR BÉRÉNICE,

TRAGÉDIE DE RACINE, REPRÉSENTÉE EN 1670.

PRÉFACE DU COMMENTATEUR.

Un amant et une maîtresse qui se quittent ne sont pas sans doute un sujet de tragédie. Si on avait proposé un tel plan à Sophocle ou à Euripide, ils l'auraient renvoyé à Aristophane. L'amour qui n'est qu'amour, qui n'est point une passion terrible et funeste, ne semble fait que pour la comédie, pour la pastorale, ou pour l'églogue.

Cependant Henriette d'Angleterre, belle-sœur de Louis XIV, voulut que Racine et Corneille fissent chacun une tragédie des adieux de Titus et de Bérénice. Elle crut qu'une victoire obtenue sur l'amour le plus vrai et le plus tendre ennoblissait le sujet; et en cela elle ne se trompait pas : mais elle avait encore un intérêt secret à voir cette victoire représentée sur le théâtre; elle se ressouvenait des sentimens qu'elle avait eus long-temps pour Louis XIV, et du goût vif de ce prince pour elle. Le danger de cette passion, la crainte de mettre le trouble dans la famille royale, les noms de beau-frère et de belle-sœur, mirent un frein à leurs désirs ; mais il resta toujours dans leurs cœurs une inclination secrète, toujours chère à l'un et à l'autre.

Ce sont ces sentimens qu'elle voulut voir développés sur la scène, autant pour sa consolation que pour son amusement. Elle chargea le marquis de Dangeau, confident de ses amours avec le roi, d'engager secrètement Corneille et Racine à travailler l'un et l'autre sur ce sujet, qui paraissait si peu fait pour la scène. Les deux pièces furent composées dans l'année 1670, sans qu'aucun des deux sût qu'il avait un rival.

Elles furent jouées en même temps sur la fin de la même année ; celle de Racine à l'hôtel de Bourgogne, et celle de Corneille au Palais-Royal.

Il est étonnant que Corneille tombât dans ce piége ; il devait bien sentir que le sujet était l'opposé de son talent. Entelle ne terrassa point Darès dans ce combat ; il s'en faut bien. La pièce de Corneille tomba ; celle de Racine eut trente représentations de suite ; et, toutes les fois qu'il s'est trouvé un acteur et une actrice capables d'intéresser dans les rôles de Titus et de Bérénice, cet ouvrage dramatique qui n'est peut-être pas une tragédie, a toujours excité les applaudissemens les plus vrais ; ce sont les larmes.

Racine fut bien vengé, par le succès de *Bérénice*, de la chute de *Britannicus*. Cette estimable pièce

était tombée, parce qu'elle avait paru un peu froide;
le cinquième acte surtout avait ce défaut; et Néron, qui revenait alors avec Junie, et qui se justi-
fiait de la mort de Britannicus, fesait un très
mauvais effet. Néron, qui se cache derrière une
tapisserie pour écouter, ne paraissait pas un empereur romain. On trouvait que deux amans, dont
l'un est aux genoux de l'autre, et qui sont surpris
ensemble, formaient un coup de théâtre plus
comique que tragique; les intérêts d'Agrippine,
qui veut seulement avoir le premier crédit, ne
semblaient pas un objet assez important. Narcisse
n'était qu'odieux; Britannicus et Junie étaient
regardés comme des personnages faibles. Ce n'est
qu'avec le temps que les connaisseurs firent revenir le public. On vit que cette pièce était la peinture fidèle de la cour de Néron. On admira enfin
toute l'énergie de Tacite exprimée dans des vers
dignes de Virgile. On comprit que Britannicus et
Junie ne devaient pas avoir un autre caractère. On
démêla dans Agrippine des beautés vraies, solides,
qui ne sont ni gigantesques ni hors de la nature,
et qui ne surprennent point le parterre par des
déclamations ampoulées. Le développement du
caractère de Néron fut enfin regardé comme un
chef-d'œuvre. On convint que le rôle de Burrhus
est admirable d'un bout à l'autre, et qu'il n'y a
rien de ce genre dans toute l'antiquité. Britanni-

cus fut la pièce des connaisseurs, qui conviennent des défauts, et qui apprécient les beautés.

Racine passa de l'imitation de Tacite à celle de Tibulle. Il se tira d'un très mauvais pas par un effort de l'art, et par la magie enchanteresse de ce style qui n'a été donné qu'à lui.

Jamais on n'a mieux senti quel est le mérite de la difficulté surmontée. Cette difficulté était extrême, le fond ne semblait fournir que deux ou trois scènes, et il fallait faire cinq actes.

On ne donnera qu'un léger commentaire sur la tragédie de Corneille; il faut avouer qu'elle n'en mérite pas. On en fera sur celle de Racine, que nous donnons avant la *Bérénice* de Corneille. Les lecteurs doivent sentir qu'on ne cherche qu'à leur être utile : ce n'est ni pour Corneille ni pour Racine qu'on écrit; c'est pour leur art, et pour les amateurs de cet art si difficile.

On ne doit pas se passionner pour un nom. Qu'importe qui soit l'auteur de la *Bérénice* qu'on lit avec plaisir, et celui de la *Bérénice* qu'on ne lit plus? C'est l'ouvrage et non la personne, qui intéresse la postérité. Tout esprit de parti doit céder au désir de s'instruire.

BÉRÉNICE,

TRAGÉDIE DE RACINE.

———

ACTE PREMIER.

SCÈNE I.

V. 7.　De son appartement cette porte est prochaine,
　　　Et cette autre conduit dans celui de la reine, etc.

Ce détail n'est pas inutile; il fait voir clairement combien l'unité de lieu est observée; il met le spectateur au fait tout d'un coup. On pourrait dire que *la pompe de ces lieux, et ce cabinet superbe,* paraissent des expressions peu convenables à un prince que cette pompe ne doit point du tout éblouir, et qui est occupé de toute autre chose que des ornemens d'un cabinet. J'ai toujours remarqué que la douceur des vers empêchait qu'on ne remarquât ce défaut.

V. 15.　Quoi! déja de Titus épouse en espérance,
　　　Ce rang entre elle et vous met-il tant de distance?

Épouse en espérance, expression heureuse et neuve dont Racine enrichit la langue, et que par conséquent on critiqua d'abord. Remarquez encore qu'*épouse* suppose *étant épouse;* c'est une ellipse heureuse en poésie. Ces finesses font le charme de la diction.

V. 17.   Va, dis-je, et, sans vouloir te charger d'autres soins,
       Vois si je puis bientôt lui parler sans témoins.

Ce vers, *sans vouloir te, etc.*, qui ne semble fait que pour la rime, annonce avec art qu' Antio-chus aime Bérénice.

SCÈNE II.

ANTIOCHUS, seul.

Beaucoup de lecteurs réprouvent ce long monologue. Il n'est pas naturel qu'on fasse ainsi tout seul l'histoire de ses amours; qu'on dise : *Je me suis tu cinq ans ; on m'a imposé silence ; j'ai couvert mon amour d'un voile d'amitié.* On pardonne un monologue qui est un combat du cœur, mais non une récapitulation historique.

V. 20.   Belle reine, et pourquoi vous offenseriez-vous ?

Belle reine a passé pour une expression fade.

V. 28.   Je pars, fidèle encor quand je n'espère plus.

Ces amans fidèles, sans succès et sans espoir, n'intéressent jamais. Cependant la douce harmonie de ces vers naturels fait qu'on supporte Antiochus : c'est surtout dans ces faibles rôles que la belle versification est nécessaire.

SCÈNE IV.

V. 2. . . . . Je n'ai percé qu'à peine
Les flots toujours nouveaux d'un peuple adorateur,
Qu'attire sur ses pas sa prochaine grandeur.

La prose'n'eût pu exprimer cette idée avec la même précision, ni se parer de la beauté de ces figures. C'est là le grand mérite de la poésie. Cette scène est parfaitement écrite, et conduite de même; car il doit y avoir une conduite dans chaque scène comme dans le total de la pièce; elle est même intéressante, parce que Antiochus ne dit point son secret, et le fait entendre.

SCÈNE IV.

V. 25. Jugez de ma douleur, moi dont l'ardeur extrême,
Je vous l'ai dit cent fois, n'aime en lui que lui-même;
Moi qui, loin des grandeurs dont il est revêtu,
Aurais choisi son cœur et cherché sa vertu!

Personne avant Racine n'avait ainsi exprimé ces sentimens, qu'on retrouve à la vérité dans tous les livres d'amour, et dont le seul mérite consiste dans le choix des mots. Sans cette élégance si fine et si naturelle, tout serait languissant.

V. 68. Mes pleurs et mes soupirs vous suivaient en tous lieux.

Ce vers et les suivans n'ont pas le mérite qu'on a remarqué dans les notes précédentes. Un roi dont *les pleurs et les soupirs suivent en tous lieux* une

reine amoureuse d'un autre est là un fade personnage qui exprime en vers faibles et lâches un amour
un peu ridicule. Si la pièce était écrite de ce ton,
elle ne serait qu'une très faible idylle en dialogues.
Plus le héros qu'on fait parler est dans une position désagréable et indigne d'un héros, plus il
faut s'étudier à relever par la beauté du style la
faiblesse du fond. Le rôle d'Antiochus ne peut
avoir rien de tragique : mettez-y donc plus de noblesse, plus de chaleur et plus d'intérêt, s'il est
possible.

En général, les déclarations d'amour, les maximes d'amour, sont faites pour la comédie. Les déclarations de Xipharès, d'Hippolyte, d'Antiochus,
sont de la galanterie, et rien de plus : ces morceaux se sentent du goût dominant qui régnait
alors.

V. 84.   La valeur de Titus surpassait ma fureur, etc.

Voilà à peu près ce qu'un lecteur éclairé demande. Antiochus se relève, et c'est un grand art
de mettre les louanges de Titus dans sa bouche.
Toute cette tirade où il parle de Titus est parfaite
en son genre. Si Antiochus ne parlait là que de
son amour, il ennuierait, il affadirait; mais tous
les accessoires, toutes les circonstances qu'il emploie, sont nobles et intéressantes; c'est la gloire
de Titus, c'est un siége fameux dans l'histoire;

c'est, sans le vouloir, l'éloge de l'amour de Bérénice pour Titus. Vous vous sentez alors attaché malgré vous et malgré la petitesse du rôle d'Antiochus. Vous verrez, dans l'*Examen d'Ariane*, que l'auteur n'a pu imiter ni l'art de Racine, ni le style de Racine. Les premiers actes d'*Ariane* sont une faible copie de *Bérénice*. Vous sentirez combien il est difficile d'approcher de cette élégance continue et de ce style toujours naturel.

V. 130. J'oublie en sa faveur un discours qui m'outrage, etc.

Voilà le modèle d'une réponse noble et décente; ce n'est point ce langage des anciennes héroïnes de roman, qu'une déclaration respectueuse transporte d'une colère impertinente. Bérénice ménage tout ce qu'elle doit à l'amitié d'Antiochus; elle intéresse par la vérité de sa tendresse pour l'empereur. Il semble qu'on entende Henriette d'Angleterre elle-même, parlant au marquis de Vardes. La politesse de la cour de Louis XIV, l'agrément de la langue française, la douceur de la versification la plus naturelle, le sentiment le plus tendre, tout se trouve dans ce peu de vers. Point de ces maximes générales que le sentiment réprouve. Rien de trop, rien de trop peu. On ne pouvait rendre plus agréable quelque chose de plus mince.

SCÈNE V.

V. 1.   . . . Que je le plains! tant de fidélité,
          Madame, méritait plus de prospérité, etc.

La faiblesse du sujet se montre ici dans toute
sa misère; ce n'est plus ce goût si fin, si délicat;
Phénice parle un peu en soubrette.

V. 5   Je l'aurais retenu

est encore plus mauvais; cela est d'un froid comique : il importe bien ce qu'aurait fait Phénice!
mais ce défaut est bientôt réparé par le discours
passionné de Bérénice ;   /

          Cette foule de rois, ce consul, ce sénat,
          Qui tous de mon amant empruntaient leur éclat, etc.

V. 31.   En quelque obscurité que le ciel l'eût fait naître,
          Le monde, en le voyant, eût reconnu son maître.

Un homme sans goût a traité cet éloge de flat-
terie; il n'a pas songé que c'est une amante qui
parle. Ce vers fit d'autant plus de plaisir qu'on
l'appliquait à Louis XIV, alors couvert de gloire,
et dont la figure, très supérieure à celle d'Auguste, semblait faite pour commander aux autres
hommes; car Auguste était petit et ramassé, et
Louis XIV avait reçu tous les avantages que peut
donner la nature. Enfin, dans ce vers, c'était moins
Bérénice que Madame qui s'expliquait. Rien ne
fait plus de plaisir que ces allusions secrètes; mais

il faut que les vers qui les font naître soient beaux
par eux-mêmes.

V. 39.   Aussitôt, sans l'attendre, et sans être attendue,
          Je reviens le chercher, et, dans cette entrevue,
          Dire tout ce qu'aux cœurs l'un de l'autre contens
          Inspirent des transports retenus si long-temps.

Ces vers ne sont que des vers d'églogue. La sortie
de Bérénice, qui ne s'en va que pour revenir dire
tout ce que disent *les cœurs contens,* est sans intérêt, sans art, sans dignité. Rien ne ressemble
moins à une tragédie. Il est vrai que l'idée qu'elle
a de son bonheur fait déja un contraste avec l'in-
fortune qu'on sait bien qu'elle va essuyer; mais la
fin de cet acte n'en est pas moins faible.

ACTE SECOND.

SCÈNE I.

V. 2.   .... J'ai couru chez la reine, etc.

Je crois que le second acte commence plus mal
que le premier ne finit. *J'ai couru chez la reine,*
comme s'il fallait courir bien loin pour aller d'un
appartement dans un autre. *J'y suis couru,* qui est
un solécisme; cet *il suffit. Et que fait la reine Bérénice?* et le *trop aimable princesse;* tout cela est *trop
petit* et d'une naïveté qu'il est trop aisé de tourner
en ridicule. Les simples propos d'amour sont des
objets de raillerie quand ils ne sont point relevés
ou par la force de la passion, ou par l'élégance du

discours : aussi ces vers prêtèrent-ils le flanc à la parodie de la farce nommée *comédie italienne.*

SCÈNE II.

V. 7. .... J'entends de tous côtés
   Publier vos vertus, seigneur, et ses beautés.

On ne publie point des beautés, cela n'est pas exact.

V. 13. Et je l'ai vue aussi cette cour peu sincère,
   A ses maîtres toujours trop soigneuse de plaire, etc.

Rarement Racine tombe-t-il long-temps; et quand il se relève, c'est toujours avec une élégance aussi noble que simple, toujours avec le mot propre, ou avec des figures justes et naturelles, sans lesquelles le mot propre ne serait que de l'exactitude. La réponse de Paulin est un chef-d'œuvre de raison et d'habileté; elle est fortifiée par des faits, par des exemples; tout y est vrai, rien n'est exagéré; point de cette enflure qui aime à représenter les plus grands rois avilis en présence d'un bourgeois de Rome. Le discours de Paulin n'en a que plus de force, il annonce la disgrace de Bérénice.

Racine et Corneille ont évité tous deux de faire trop sentir combien les Romains méprisaient une Juive. Ils pouvaient s'étendre sur l'aversion que cette misérable nation inspirait à tous les peuples; mais l'un et l'autre ont bien vu que cette vérité

trop développée jetterait sur Bérénice un avilissement qui détruirait tout intérêt.

V. 35.　On sait qu'elle est charmante, et de si belles mains
　　　　Semblent vous demander l'empire des humains.

De si belles mains ne paraît pas digne de la tragédie; mais il n'y a que ce vers de faible dans cette
tirade.

V. 83.　Cet amour est ardent, il le faut confesser.

Il y a dans presque toutes les pièces de Racine
de ces naïvetés puériles, et ce sont presque toujours les confidens qui les disent. Les critiques
en prirent occasion de donner du ridicule au seul
nom de Paulin, qui fut long-temps un terme de
mépris. Racine eût mieux fait d'ailleurs de choisir
un autre confident, et de ne le point nommer d'un
nom français, tandis qu'il laisse à Titus son nom
latin. Ce qui est bien plus digne de remarque,
c'est que les railleurs sont toujours injustes. S'ils
relevèrent les mauvais vers qui échappent à Paulin, ils oublièrent qu'il en débite beaucoup d'excellens. Ces railleurs s'épuisèrent sur la *Bérénice*
de Racine, dont ils sentaient l'extrême mérite
dans le fond de leur cœur; ils ne disaient rien de
celle de Corneille, qui était déja oubliée, mais ils
opposaient l'ancien mérite de Corneille au mérite
présent de Racine.

V. 207.　Depuis cinq ans entiers chaque jour je la vois,
　　　　Et crois toujours la voir pour la première fois.

Ces vers sont connus de presque tout le monde; on en a fait mille applications; ils sont naturels et pleins de sentiment; mais ce qui les rend encore meilleurs, c'est qu'ils terminent un morceau charmant. Ce n'est pas une beauté, sans doute, de l'*Électre* et de l'*OEdipe* de Sophocle; mais qu'on se mette à la place de l'auteur, qu'on essaie de faire parler Titus comme Racine y était obligé, et qu'on voie s'il est possible de le faire mieux parler. Le grand mérite consiste à représenter les hommes et les choses comme elles sont dans la nature, et dans la belle nature. Raphael réussit aussi bien à peindre les Graces que les Furies.

V. 212. Encore un coup, allons, il n'y faut plus penser.

Encore un coup est une façon de parler trop familière et presque basse, dont Racine fait trop souvent usage.

V. 214. Je n'examine point si j'y pourrai survivre.

Cette résolution de l'empereur ne fait attendre qu'une seule scène. Il peut renvoyer Bérénice avec Antiochus, et la pièce sera bientôt finie. On conçoit très difficilement comment le sujet pourra fournir encore quatre actes; il n'y a point de nœud, point d'obstacle, point d'intrigue. L'empereur est le maître; il a pris son parti, il veut et il doit vouloir que Bérénice parte. Ce n'est que dans les sentimens inépuisables du cœur, dans le passage d'un mouvement à l'autre, dans le développement des plus secrets ressorts de l'ame que l'auteur a pu trouver de quoi remplir la carrière. C'est un mérite prodigieux, et dont je crois que lui seul était capable.

SCÈNE IV.

V. 6.   **Je demeure sans voix et sans ressentiment.**

Ce dernier mot est le seul employé par Racine qui ait été hors d'usage depuis lui. *Ressentiment* n'est plus employé que pour exprimer le souvenir des outrages, et non celui des bienfaits.

V. 29.   **N'en doutez point, madame.**

Ces mots de *madame* et de *seigneur* ne sont que des complimens français. On n'employa jamais chez les Grecs, ni chez les Romains, la valeur de ces termes. C'est une remarque qu'on peut faire sur toutes nos tragédies. Nous ne nous servons point des mots *monsieur, madame*, dans les comédies tirées du grec : l'usage a permis que nous appelions les Romains et les Grecs *seigneur*, et les Romaines *madame ;* usage vicieux en soi, mais qui cesse de l'être, puisque le temps l'a autorisé.

SCÈNE V.

V. 16.   Il craint peut-être, il craint d'épouser une reine.
Hélas! s'il était vrai... mais non, etc.

Sans ce *mais non*, sans les assurances que Titus
lui a données tant de fois de n'être jamais arrêté
par ce scrupule, elle devrait s'attacher à cette idée;
elle devrait dire : Pourquoi Titus embarrassé vient-
il de prononcer en soupirant les mots de *Rome* et
d'*empire ?* Elle se rassure sur les promesses qu'on
lui a faites; elle cherche de vaines raisons. Il est
pardonnable, ce me semble, qu'elle craigne que
Titus ne soit instruit de l'amour d'Antiochus. Les
amans et les conjurés peuvent, je crois, sur le
théâtre, se livrer à des craintes un peu chimé-
riques, et se méprendre. Ils sont toujours troublés,
et le trouble ne raisonne pas. Bérénice, en rai-
sonnant juste, aurait plutôt craint Rome que la
jalousie de Titus. Elle aurait dit : Si Titus m'aime,
il forcera les Romains à souffrir qu'il m'épouse;
et non pas : *Si Titus est jaloux, Titus est amoureux.*

ACTE TROISIÈME.

SCÈNE I.

On n'a d'autre remarque à faire sur cette scène,
sinon qu'elle est écrite avec la même élégance que
le reste, et avec le même art. Antiochus chargé,

par son rival même de déclarer à Bérénice que ce
rival aimé renonce à elle, devient alors un personnage un peu plus nécessaire qu'il n'était.

SCÈNE II.

C'est ici qu'on voit plus qu'ailleurs la nécessité
absolue de faire de beaux vers; c'est-à-dire d'être
éloquent de cette éloquence propre au caractère
du personnage et à sa situation; de n'avoir que
des idées justes et naturelles; de ne se pas permettre un mot vicieux, une construction obscure,
une syllabe rude; de charmer l'oreille et l'esprit
par une élégance continue. Les rôles qui ne sont
ni principaux, ni relevés, ni tragiques, ont surtout besoin de cette élégance et du charme d'une
diction pure. Bérénice, Atalide, Ériphile, Aricie,
étaient perdues sans ce prodige de l'art, prodige
d'autant plus grand qu'il n'étonne point, qu'il plaît
par la simplicité, et que chacun croit que s'il avait
eu à faire parler ces personnages, il n'aurait pu les
faire parler autrement :

« Speret idem, sudet multum, frustraque laboret. »

SCÈNE III.

V. 12. ....Suspendez votre ressentiment.
       D'autres, loin de se taire en ce même moment,
       Triompheraient peut-être, etc.

Concevez l'excès de la tyrannie de la rime,

puisque l'auteur qui lui commande le plus est
gêné par elle au point de remplir un hémistiche
de ces mots inutiles et lâches, *en ce même moment*

V. 23.   **Vous voyez devant vous une reine éperdue,**
   Qui, la mort dans le sein, vous demande deux mots.

Deux mots ailleurs seraient une expression triviale; elle est ici très touchante; tout intéresse,
la situation, la passion, le discours de Bérénice,
l'embarras même d'Antiochus.

V. 67.   **Pour jamais à mes yeux gardez-vous de paraître.**

Voilà le caractère de la passion. Bérénice vient
de flatter tout-à-l'heure Antiochus pour savoir
son secret; elle lui a dit : Si jamais je vous fus
chère, parlez; elle l'a menacé de sa haine s'il
garde le silence; et dès qu'il a parlé elle lui ordonne de ne jamais paraître devant elle. Ces
flatteries, ces emportemens, font un effet très
intéressant dans la bouche d'une femme; ils ne
toucheraient pas ainsi dans un homme. Tous ces
symptômes de l'amour sont le partage des amantes.
Presque toutes les héroïnes de Racine étalent ces
sentimens de tendresse, de jalousie, de colère,
de fureur; tantôt soumises, tantôt désespérées.
C'est avec raison qu'on a nommé Racine le poëte
des femmes. Ce n'est pas là du vrai tragique; mais
c'est la beauté que le sujet comportait.

SCÈNE IV.

V. 33.　Va voir si la douleur ne l'a point trop saisie.

Tous les actes de cette pièce finissent par des vers faibles et un peu langoureux. Le public aime assez que chaque acte se termine par quelque morceau brillant qui enlève les applaudissemens. Mais *Bérénice* réussit sans ce secours. Les tendresses de l'amour ne comportent guère ces grands traits qu'on exige à la fin des actes dans des situations vraiment tragiques.

ACTE QUATRIÈME.

SCÈNE I.

V. 1.　Phénice ne vient point. Momens trop rigoureux,
Que vous paraissez lents à mes rapides vœux! etc.

Je me souviens d'avoir vu autrefois une tragédie de *Saint Jean-Baptiste*, supposée antérieure à *Bérénice*, dans laquelle on avait inséré toute cette tirade pour faire croire que Racine l'avait volée. Cette supposition maladroite était assez confondue par le style barbare du reste de la pièce. Mais ce trait suffit pour faire voir à quels excès se porte la jalousie, surtout quand il s'agit des succès du théâtre, qui, étant les plus éclatans dans la littérature, sont aussi ceux qui aveuglent le plus les yeux de l'envie. Corneille et Racine en ressentirent les effets tant qu'ils travaillèrent.

SCÈNE II.

V. 10. Souffrez que de vos pleurs je répare l'outrage, etc.

On peut appliquer à ces vers ce précepte de Boileau :

Qui dit, sans s'avilir, les plus petites choses.

En effet, rien n'est plus petit que de faire paraître sur le théâtre tragique une suivante qui propose à sa maîtresse de rajuster son voile et ses cheveux. Otez à ces idées les graces de la diction, on rira.

SCÈNE III.

V. 5. Voyons la reine.

Ou le théâtre reste vide, ou Titus voit Bérénice; s'il la voit, il doit donc dire qu'il l'évite, ou lui parler.

SCÈNE IV.

(*Fin de la scène.*) Ce monologue est long, et il contient, pour le fond, les mêmes choses à peu près que Titus a dites à Paulin. Mais remarquez qu'il y a des nuances différentes. Les nuances font beaucoup dans la peinture des passions; et c'est là le grand art si caché et si difficile dont Racine s'est servi pour aller jusqu'au cinquième acte sans

rebuter le spectateur. Il n'y a pas dans ce monologue un seul mot hors de sa place. *Ah, lâche!
fais l'amour, et renonce à l'empire.* Ce vers et tout
ce qui suit me paraissent admirables.

SCÈNE V.

V. 115. Vous êtes empereur, seigneur, et vous pleurez!

Ce vers si connu fesait allusion à cette réponse
de mademoiselle Mancini à Louis XIV : *Vous m'aimez, vous êtes roi, vous pleurez, et je pars!* Cette
réponse est bien plus remplie de sentiment, est
bien plus énergique que le vers de Bérénice. Ce
vers même n'est au fond qu'un reproche un peu
ironique. Vous dites qu'un empereur doit vaincre
l'amour; vous êtes empereur, et vous pleurez!

V. 116. Oui, madame, il est vrai, je pleure, je soupire.

Cela est trop faible; il ne faut pas dire *je pleure;*
il faut que par vos discours on juge que votre
cœur est déchiré. Je m'étonne comment Racine
a, cette fois, manqué à une règle qu'il connaissait
si bien.

**V. 130. Je sais qu'en vous quittant le malheureux Titus
Passe l'austérité de toutes les vertus.**

Cela me paraît encore plus faible, parce que
rien ne l'est tant que l'exagération outrée. Il est
ridicule qu'un empereur dise qu'il y a plus de

vertu, plus d'austérité à quitter sa maîtresse qu'à immoler à sa patrie ses deux enfans coupables. Il fallait peut-être dire, en parlant des Brutus et des Manlius : *Titus en vous quittant les égale peut-être*, ou plutôt il ne fallait point comparer une victoire remportée sur l'amour à ces exemples étonnans et presque surnaturels de la rigidité des anciens Romains. Les vers sont bien faits, je l'avoue; mais, encore une fois, cette scène élégante n'est pas ce qu'elle devrait être.

V. 158. Adieu.

Peut-être cette scène pouvait-elle être plus vive, et porter dans les cœurs plus de trouble et d'attendrissement; peut-être est-elle plus élégante et mesurée que déchirante.

> Et que tout l'univers reconnaisse, sans peine,
> Les pleurs d'un empereur, et les pleurs d'une reine.
> Car enfin, ma princesse, il faut nous séparer. —
> Hé bien! seigneur, hé bien! qu'en peut-il arriver?
> Vous ne comptez pour rien les pleurs de Bérénice. —
> Je les compte pour rien! Ah, ciel! quelle injustice!

Tout cela me paraît petit; je le dis hardiment, et je suis en cela seul de l'opinion de Saint-Évremont, qui dit en plusieurs endroits que les sentimens dans nos tragédies ne sont pas assez profonds, que le désespoir n'y est qu'une simple douleur, la fureur un peu de colère.

SCÈNE VI.

V. 17.   Moi-même je me hais. Néron, tant détesté,
      N'a point à cet excès poussé sa cruauté.

Autre exagération puérile. Quelle comparaison y a-t-il à faire d'un homme qui n'épouse point sa maîtresse à un monstre qui fait assassiner sa mère?

V. 20.   Allons, Rome en dira ce qu'elle en voudra dire. —
      Quoi, seigneur! — Je ne sais, Paulin, ce que je dis.

Dire et *dis* font un mauvais effet. *Je ne sais ce que je dis* est du style comique, et c'était quand il se croyait plus austère que Brutus, et plus cruel que Néron, qu'il pouvait s'écrier : *Je ne sais ce que je dis.*

V. 27.   Et le peuple, élevant vos vertus jusqu'aux nues,
      Va partout de lauriers couronner vos statues.

Élevant vos vertus, etc.; ni cette expression, ni cette cacophonie, ne semblent dignes de Racine.

V. 30.   Pourquoi suis-je empereur? pourquoi suis-je amoureux?

Tous ces actes finissent froidement, et par des vers qui appartiennent plus à la haute comédie qu'à la tragédie. Il ne doit pas demander pourquoi il est empereur. *Amoureux* est d'une idylle, *amoureux* est trop général. Pourquoi dois-je quitter ce que je dois adorer, pourquoi suis-je forcé à rendre malheureuse celle qui mérite le moins de l'être?

C'est là (du moins je le crois) le sentiment qu'il devait exprimer.

SCÈNE VII.

V. 3.　Elle n'entend ni pleurs, ni conseil, ni raison.

Ce mot *pleurs*, joint avec *conseil* et *raison*, sauve l'irrégularité du terme *entendre*. On n'entend point des pleurs; mais ici *n'entend* signifie *ne donne point attention*.

V. 14.　Moi-même, en ce moment, sais-je si je respire?

Cette scène et la suivante, qui semblent être peu de chose, me paraissent parfaites. Antiochus joue le rôle d'un homme qui est supérieur à sa passion. Titus est attendri et ébranlé comme il doit l'être; et dans le moment le sénat vient le féliciter d'une victoire qu'il craint de remporter sur lui-même. Ce sont des ressorts presque imperceptibles qui agissent puissamment sur l'ame. Il y a mille fois plus d'art dans cette belle simplicité que dans cette foule d'incidens dont on a chargé tant de tragédies. Corneille a aussi le mérite de n'avoir jamais recours à cette malheureuse et stérile fécondité qui entasse événement sur événement; mais il n'a pas l'art de Racine, de trouver dans l'incident le plus simple le développement du cœur humain.

ACTE CINQUIÈME.

SCÈNE I.

V. 55.   Lisez, ingrat! lisez, et me laissez sortir.

Titus lisait tout haut cette lettre à la première représentation. Un mauvais plaisant dit que c'était le testament de Bénérice. Racine en fit supprimer la lecture. On a cru que la vraie raison était que la lettre ne contenait que les mêmes choses que Bérénice dit dans le cours de la pièce.

SCÈNE VII.

V. 87.   Pour la dernière fois, adieu, seigneur. — Hélas!

Je n'ai rien à dire de ce cinquième acte, sinon que c'est en son genre un chef-d'œuvre, et qu'en le relisant avec des yeux sévères, je suis encore étonné qu'on ait pu tirer des choses si touchantes d'une situation qui est toujours la même; qu'on ait trouvé encore de quoi attendrir, quand on paraît avoir tout dit; que même tout paraisse neuf dans ce dernier acte, qui n'est que le résumé des quatre précédens : le mérite est égal à la difficulté, et cette difficulté était extrême. On peut être un peu choqué qu'une pièce finisse par un *hélas!* Il fallait être sûr de s'être rendu maître du cœur des spectateurs pour oser finir ainsi.

Voilà, sans contredit, la plus faible des tragédies de Racine qui sont restées au théâtre. Ce n'est pas même une tragédie; mais que de beautés de détail, et quel charme inexprimable règne presque toujours dans la diction! Pardonnons à Corneille de n'avoir jamais connu ni cette pureté ni cette élégance : mais comment se peut-il faire que personne depuis Racine n'ait approché de ce style enchanteur? Est-ce un don de la nature? est-ce le fruit d'un travail assidu? C'est l'effet de l'un et de l'autre. Il n'est pas étonnant que personne ne soit arrivé à ce point de perfection; mais il l'est que le public ait depuis applaudi avec transport à des pièces qui à peine étaient écrites en français, dans lesquelles il n'y avait ni connaissance du cœur humain, ni bon sens, ni poésie; c'est que des situations séduisent, c'est que le goût est très rare. Il en a été de même dans d'autres arts. En vain on a devant les yeux des Raphaël, des Titien, des Paul Véronèse; des peintres médiocres usurpent après eux de la réputation, et il n'y a que les connaisseurs qui fixent à la longue le mérite des ouvrages.

TITE ET BÉRÉNICE,

COMÉDIE HÉROÏQUE DE CORNEILLE.

———

ACTE PREMIER.

SCÈNE I.

V. 3.   … Plus nous approchons de ce grand hyménée,
Plus en dépit de moi je m'en trouve gênée.

On saura bientôt de quel hyménée on parle;
mais on ne saura point que c'est Domitie qui parle;
et le lieu où elle est n'est point annoncé.

Cette Domitie, fille de Corbulon, est amoureuse
de Domitian, qui l'est aussi d'elle. Il est vrai que
cet amour est froid; mais il est vrai aussi que,
quand Domitian et sa maîtresse Domitie s'expri-
meraient avec la tendre élégance des héros de Racine, ils n'en intéresseraient pas davantage. Il y a
des personnages qu'il ne faut jamais représenter
amoureux : les grands hommes, comme Alexandre, César, Scipion, Caton, Cicéron, parce que
c'est les avilir; et les méchans hommes, parce
que l'amour dans une ame féroce ne peut jamais
être qu'une passion grossière qui révolte au lieu
de toucher, à moins qu'un tel caractère ne soit

attendri et changé par un amour qui le subjugue.
Domitian, Caligula, Néron, Commode, en un
mot tous les tyrans qui feront l'amour à l'ordinaire, déplairont toujours. Dès que Domitian est
l'amoureux de la pièce, la pièce est tombée.

V. 6.   Ne devrait-il pas faire aussi tous mes plaisirs ?

Il semble, par ce vers, et par tant d'autres dans
ce goût, que Corneille ait voulu imiter la mollesse
du style de son rival, qui seul alors était en possession des applaudissemens au théâtre; mais il
l'imite comme un homme robuste, sans grace et
sans souplesse, qui voudrait se donner les attitudes
gracieuses d'un danseur agile et élégant.

V. 8.   Rome s'en fait d'avance en l'esprit une fête, etc.

Cette expression, et l'*amer* et le *rude, tout-à-fait
la maîtresse, un nœud reculé qui dégoûte*, font bien
voir que Corneille n'était pas fait pour combattre
Racine dans la carrière de l'élégance et du sentiment.

V. 41.   J'ai quelques droits, Plautine, à l'empire romain, etc.

Où sont donc ces droits à l'empire qu'elle *peut
mettre en bonne main ?* Quoi ! parce qu'elle est fille
d'un Corbulon, que quelques troupes voulurent
déclarer César, elle a des droits à l'empire? C'est
heurter toutes les notions qu'on a du gouvernement des Romains.

V. 43. Mon père avant le sien, élu pour cet empire,
Préféra... tu le sais, et c'est asscz t'en dire.

On n'est point élu pour l'empire, cela n'est pas français; et que veut dire ce *préféra* avec ces points...? On peut laisser une phrase suspendue quand on craint de s'expliquer, quand on aurait trop de choses à dire, quand on fait entendre, par ce qui suit, ce qu'on n'a pas voulu énoncer d'abord, et qu'on le fait plus fortement entendre que si on s'expliquait, comme dans *Britannicus* :

> Et ce même Sénèque, et ce même Burrhus,
> Qui depuis... Rome alors estimait leurs vertus.

Mais ici ce *préféra* ne signifie autre chose sinon que Corbulon préféra son devoir : ce n'était pas là la place d'une réticence. On s'est un peu étendu sur cette remarque, parce qu'elle contient une règle générale, et que ces réticences inutiles et déplacées ne sont que trop communes.

V. 46. Mais pour le cœur, te dis-je, il n'est pas tout à moi. —
La chose est bien égale, il n'a pas tout le vôtre, etc.

La chose est bien égale; il n'a pas tout le vôtre; vous en aimez un autre; et comme sa raison; une ardeur pour un rang; qu'entre nous la chose soit égale; un divorce qui ravale; un sort à qui l'on renvoie; ce que Domitie a d'ambitieux caprice qui lui fait un dur supplice; en l'aimant comme il faut, comme il faut qu'il vous aime. Est-il possible qu'avec un tel style on ait voulu jouter contre Racine dans un ouvrage où tout dépend du style!

V. 63.   Si l'amour quelquefois souffre qu'on le contraigne,
          Il souffre rarement qu'une autre ardeur l'éteigne;
          Et, quand l'ambition en met l'empire à bas,
          Elle en fait son esclave et ne l'étouffe pas.

Je passe tous les vers ou faibles, ou durs, ou qui offensent la langue, et je remarquerai seulement que voilà des dissertations sur l'amour, des sentences générales. Ce n'est pas là comme il faut s'y prendre pour traiter une passion douce et tendre; ce n'est pas là *Horatii curiosa felicitas*, et le *molle* de Virgile.

V. 75.   Laisse-moi retracer ma vie en ta mémoire;
          Tu me connais assez pour en savoir l'histoire.

Pourquoi donc répète-t-elle cette histoire à une personne qui la sait si bien? Le sentiment de son *illustre orgueil* n'est pas une raison suffisante pour fonder ce récit, qui d'ailleurs est trop long et trop peu intéressant.

Cette Domitie, partagée entre l'ambition et l'amour, n'est véritablement ni ambitieuse ni sensible. Ces caractères indécis et mitoyens ne peuvent jamais réussir, à moins que leur incertitude ne naisse d'une passion violente, et qu'on ne voie jusque dans cette indécision l'effet du sentiment dominant qui les emporte. Tel est Pyrrhus dans

Andromaque, caractère vraiment théâtral et tragique, excepté dans la scène imitée de Térence : *Crois-tu, si je l'épouse, qu'Andromaque en son cœur n'en sera pas jalouse ?* et dans la scène où Pyrrhus vient dire à Hermione qu'il ne peut l'aimer.

Cette première scène de Domitie annonce que la pièce sera sans intérêt; c'est le plus grand des défauts.

SCÈNE II.

V. 1.   Faut-il mourir, madame ? et, si proche du terme,
           Votre illustre inconstance est-elle encor si ferme, etc.

Cette seconde scène tient au delà de ce que la première a promis. Un Domitian qui veut mourir d'amour! c'est mettre un hochet entre les mains de Polyphème : et qu'est-ce qu'une *illustre inconstance proche du terme, si ferme, que les restes d'un feu si fort se promettent la mort de Domitian dans quatre jours ?* Ces paroles, ces tours inintelligibles qui sont comme jetés au hasard, forment un étrange discours. La princesse Henriette joua un tour bien sanglant à Corneille, quand elle le fit travailler à *Bérénice*.

On ne voit que trop combien la suite est digne de ce commencement. Quels vers que ceux-ci, et que de barbarismes! *Ce n'est pas un mal qui vaille en soupirer; un choix qui charme avec un peu d'appas qu'on met si bas ;* et tous ces complimens ironiques que se font Domitian et Domitie; et *cette beauté qui n'a écouté aucun des soupirans qui l'accablaient de leurs regards mourans; et son cœur qui va tout à Domitian quand on le laisse aller.*

On est étonné qu'on ait pu jouer une pièce ainsi écrite, ainsi dialoguée et raisonnée.

Tous ces raisonnemens de Domitie ne peuvent être écoutés. *Comme la passion du trône est la première, elle est la dominante ; ce n'est pas qu'elle ne se violente à trahir l'amour; mais il est juste que des soupirs secrets la punissent d'aimer contre ses intérêts.*

Il semble que, dans cette pièce, Corneille ait voulu en quelque sorte imiter ce double amour qui règne dans l'*Andromaque*, et qu'il ait tenté de plier la roideur de son caractère à ce genre de tragédie si délicat et si difficile. Domitian aime Domitie, Titus aime aussi Domitie un peu. On propose Bérénice à Domitian, et Bérénice est aimée véritablement de Titus. Avouons qu'on ne pouvait faire un plus mauvais plan.

SCÈNE III.

V. 1.   Elle se défend bien, seigneur, et dans la cour... —
         Aucun n'a plus d'esprit, Albin, et moins d'amour, etc.

Il s'agit bien là d'esprit! et *cette adresse à défendre une mauvaise cause, et la flamme qui applique cette adresse au secours.* Quels vains et malheureux pro-

pos! Peut-on dire en de plus mauvais vers des
choses plus indignes du théâtre tragique?

V. 14.   Dans toute la nature aime-t-on autrement? etc.

Quoi! dans une tragédie une dissertation sur
l'amour - propre! Finissons. Il a bien fallu faire
quelques remarques sur ce premier acte, pour
montrer que c'est une peine perdue que d'en faire
sur les autres. Un commentaire peut être utile
quand on a des beautés et des défauts à examiner:
mais ce serait vouloir outrager la mémoire de Corneille de s'appesantir sur toutes les fautes d'un
ouvrage où il n'y a guère que des fautes. Finissons
nos remarques par respect pour lui : rendons-lui
justice; convenons que c'est un grand homme qui
fut trop souvent différent de lui-même, sans que
ses pièces malheureuses fissent tort aux beaux
morceaux qui sont dans les autres.

REMARQUES SUR PULCHÉRIE,

TRAGÉDIE REPRÉSENTÉE EN 1672.

————

PRÉFACE DU COMMENTATEUR.

Pulchérie était une fille de l'empereur Arcadius et de l'impératrice Eudoxie. Elle avait toute l'ambition de sa mère. Corneille dit, dans son Avis au lecteur, que ses talens étaient merveilleux, et que, dès l'âge de quinze ans, *elle empiéta l'empire sur son frère.* Il est vrai que ce frère, Théodose II, était un homme très faible, qui fut long-temps gouverné par cette sœur impérieuse, plus capable d'intrigues que d'affaires, plus occupée de soutenir son crédit que de défendre l'empire, et n'ayant pour ministres que des esclaves sans courage.

Aussi ce fut de son temps que les peuples du Nord ravagèrent l'empire romain. Cette princesse, après la mort de Théodose le jeune, épousa un vieux militaire, aussi peu fait pour gouverner que Théodose; elle en fit son premier domestique, sous le nom *d'empereur.* C'était un homme qui n'avait su se conduire ni dans la guerre ni dans la paix. Il avait été long-temps prisonnier de Genseric; et, quand il fut sur le trône, il ne se mêla que des querelles des Eutychiens et des Nestoriens. On sent un mouvement d'indignation quand on lit, dans la continuation de l'*Histoire romaine* de Laurent Échard, le puéril et honteux éloge de Pulchérie et de Martian. « Pulchérie (dit l'auteur), « dont les vertus avaient mérité la confiance de « tout l'empire, offrit la couronne à Martian, « pourvu qu'il voulût l'épouser, et qu'il la laissât « fidèle à son vœu de virginité. »

Quelle pitié! il fallait dire, pourvu qu'il la laissât demeurer fidèle à son vœu d'ambition et d'avarice : elle avait cinquante ans, et Martian soixante et dix.

Il est permis à un poëte d'ennoblir ses personnages et de changer l'histoire, surtout l'histoire de ces temps de confusion et de faiblesse. Corneille intitula d'abord cette pièce *tragédie;* il la présenta aux comédiens, qui refusèrent de la jouer. Ils étaient plus frappés de leurs intérêts que de la réputation de Corneille; il fut obligé de la donner à une mauvaise troupe qui jouait au Marais, et qui ne put se soutenir; et malheureusement pour *Pulchérie,* on joua *Mithridate* à peu près dans le même temps; car *Pulchérie* fut représentée les derniers jours de 1672, et *Mithridate* les premiers de 1673.

Fontenelle prétend que son oncle Corneille se peignit lui-même avec bien de la force dans le personnage de Martian. Voici comme Martian parle de lui-même dans la première scène du second acte :

> J'aimais quand j'étais jeune, et ne déplaisais guère.
> Quelquefois de soi-même on cherchait à me plaire ;
> Je pouvais aspirer au cœur le mieux placé ;
> Mais, hélas ! j'étais jeune, et ce temps est passé.
> Le souvenir en tue, et l'on ne l'envisage
> Qu'avec, s'il le faut dire, une espèce de rage.
> On le repousse, on fait cent projets superflus ;
> Le trait qu'on porte au cœur s'enfonce d'autant plus ;
> Et, ce feu, que de honte on s'obstine à contraindre,
> Redouble par l'effort qu'on se fait pour l'éteindre.

Si ces vers d'un vieux berger, plutôt que d'un vieux capitaine, ont paru *forts* à Fontenelle, ils n'en sont pas moins faibles. Enfin Pulchérie épouse Martian. Un Aspar en est tout étonné : *Quoi !* dit-il, *tout vieil et tout cassé qu'il est?* Pulchérie répond : *Tout vieil et tout cassé, je l'épouse ; il me plaît, j'ai mes raisons.*

Cette Pulchérie qui dit à Léon *j'ai de la fierté*, s'exprime trop souvent en soubrette de comédie.

> Je vois entrer Irène ; Aspar la trouve belle.
> Faites agir pour vous l'amour qu'il a pour elle.
> Et, comme en ce dessein rien n'est à négliger,
> Voyez ce qu'une sœur vous pourra ménager.
> . . . .
> Vous aimez, vous plaisez ; c'est tout auprès des femmes.

C'est par là qu'on surprend, qu'on enlève leurs ames.
....
Aspar vous aura vue, et son ame est chagrine... —
Il m'a vue, et j'ai vu quel chagrin le domine.
Mais il n'a pas laissé de me faire juger
Du choix que fait mon cœur quel sera le danger.
Il part de bons avis quelquefois de la haine.
On peut tirer du fruit de tout ce qui fait peine.
Et des plus grands desseins qui veut venir à bout,
Prête l'oreille à tous, et fait profit de tout.

C'est ainsi que la pièce est écrite. La matière y est digne de la forme. C'est un mariage ridicule traversé ridiculement, et conclu de même.

L'intrigue de la pièce, le style et le mauvais succès déterminèrent Corneille à ne donner à cet ouvrage que le titre de *comédie héroïque;* mais, comme il n'y a ni comique ni héroïsme dans la pièce, il serait difficile de lui donner un nom qui lui convînt.

Il semble pourtant que, si Corneille avait voulu choisir des sujets plus dignes du théâtre tragique, il les aurait peut-être traités convenablement; il aurait pu rappeler son génie qui fuyait de lui. On en peut juger par le début de Pulchérie.

Je vous aime, Léon, et n'en fais point mystère;
Des feux tels que les miens n'ont rien qu'il faille taire.
Je vous aime, et non pas de cette folle ardeur
Que les yeux éblouis font maîtresse du cœur;
Non d'un amour conçu par les sens en tumulte,
A qui l'ame applaudit sans qu'elle se consulte,

Et qui, ne concevant que d'aveugles désirs,
Languit dans les faveurs, et meurt dans les plaisirs.

Ces premiers vers en effet sont imposans; ils sont bien faits; il n'y a pas une faute contre la langue, et ils prouvent que Corneille aurait pu écrire encore avec force et avec pureté, s'il avait voulu travailler davantage ses ouvrages. Cependant les connaisseurs d'un goût exercé sentiront bien que ce début annonce une pièce froide. Si Pulchérie aime ainsi, son amour ne doit guère toucher. On s'aperçoit encore que c'est le poëte qui parle, et non la princesse. C'est un défaut dans lequel Corneille tombe toujours. Quelle princesse débutera jamais par dire que l'amour *languit dans les faveurs, et meurt dans les plaisirs?* Quelle idée ces vers ne donnent-ils pas d'une volupté que Pulchérie ne doit pas connaître? De plus, cette Pulchérie ne fait ici que répéter ce que Viriate a dit dans la tragédie de *Sertorius* :

Ce ne sont pas les sens que mon amour consulte,
Il hait des passions l'impétueux tumulte.

Il y a des beautés de pure déclamation, il y a des beautés de sentiment, qui sont les véritables. Cette pièce tombe dans le même inconvénient qu'*Othon*. Trois personnes se disputent la main de la nièce d'Othon; et ici on voit trois prétendans à Pulchérie, nulle grande intrigue, nul événement considérable, pas un seul personnage auquel on s'intéresse. Il y a quelques beaux vers dans *Othon*, et ce mérite manque à *Pulchérie*. On y parle d'amour de manière à dégoûter de cette passion, s'il était possible. Pourquoi Corneille s'obstinait-il à traiter l'amour? Sa comédie héroïque de *Tite et Bérénice* devait lui apprendre que ce n'était pas à lui de faire parler des amans, ou plutôt qu'il ne devait plus travailler pour le théâtre : *solve senescentem*. Il veut de l'amour dans toutes ses pièces ; et depuis *Polyeucte*, ce ne sont que des contrats de mariage, où l'on stipule pendant cinq actes les intérêts des parties, ou des raisonnemens alambiqués sur le devoir des *vrais amans*. A l'égard du style, tandis qu'il se perfectionnait tous les jours en France, Corneille le gâtait de jour en jour. C'est, dès la première scène, l'*habitude à régner, et l'horreur d'en déchoir*; c'est *un penchant flatteur qui fait des assurances*, ce sont *des hauts faits qui portent* à *grands pas à l'empire*.

C'est un vieux Martian qui conte ses amours à sa fille Justine, et qui lui dit : *Allons, parle aussi des tiens; c'est mon tour d'écouter.* La bonne Justine lui dit *comment elle est tombée amoureuse, et comment son imprudente ardeur, prête à s'évaporer, respecte sa pudeur.*

On parle toujours d'amour à la Pulchérie, âgée de cinquante ans. Elle aime un prince nommé

Léon; et elle prie une fille de sa cour de faire
l'amour à ce Léon, afin qu'elle, impératrice,
puisse s'en détacher.

> Qu'il est fort cet amour ! sauve-m'en si tu peux.
> Vois Léon, parle-lui, dérobe-moi ses vœux.
> M'en faire un prompt larcin, c'est me rendre service.

De tels vers sont d'une mauvaise comédie, et de
tels sentimens ne sont pas d'une tragédie.

Mais que dirons-nous de ce vieux Martian
amoureux de la vieille Pulchérie? Cette impératrice entame avec lui une plaisante conversation
au cinquième acte.

> On m'a dit que pour moi vous aviez de l'amour;
> Seigneur, serait-il vrai?
>
> MARTIAN.
> Qui vous l'a dit, madame?
> PULCHÉRIE.
> Vos services, mes yeux...

A quoi le bon homme répond *qu'il s'est tu après
s'être rendu; qu'en effet il languit, il soupire, mais
qu'enfin la langueur qu'on voit sur son visage est
encore plus l'effet de l'amour que de l'âge.*

J'aime encore mieux je ne sais quelle farce dans
laquelle un vieillard est saisi d'une toux violente
devant sa maîtresse, et lui dit : *Mademoiselle, c'est
d'amour que je tousse.*

J'avoue, sans balancer, que les Pradon, les Bon-
necorse, les Coras, les Danchet, n'ont rien fait de

si plat et de si ridicule que toutes ces dernières
pièces de Corneille. Mais je n'ai dû le dire qu'après
l'avoir prouvé.

Corneille se plaint, dans une de ses épîtres, des
succès de son rival; il finit par dire :

> Et la seule tendresse est toujours à la mode.

Oui, la seule tendresse de Racine, la tendresse
vraie, touchante, exprimée dans un style égal à
celui du quatrième Livre de Virgile, et non pas la
tendresse fausse et froide, mal exprimée.

Ce que peu de gens ont remarqué, c'est que Racine, en traitant toujours l'amour, a parfaitement
observé ce précepte de Despréaux :

> Qu'Achille aime autrement que Tyrcis et Philène,
> Et que l'amour, souvent de remords combattu,
> Paraisse une faiblesse, et non une vertu.

Le rôle de Mithridate est au fond par lui-même
un peu ridicule. Un vieillard jaloux de ses deux
enfans est un vrai personnage de comédie; et la
manière dont il arrache à Monime son secret, est
petite et ignoble; on l'a déja dit ailleurs, et rien
n'est plus vrai. Mais que ce fond est enrichi et
ennobli! que Mithridate sent bien ses fautes, et
qu'il se reproche dignement sa faiblesse !

> Quoi! des plus chères mains craignant les trahisons,
> J'ai pris soin de m'armer contre tous les poisons.
> J'ai su, par une longue et pénible industrie,
> Des plus mortels venins prévenir la furie.

Ah! qu'il eût mieux valu, plus sage et plus heureux,
Et repoussant les traits d'un amour dangereux,
Ne pas laisser remplir d'ardeurs empoisonnées
Un cœur déja glacé par le froid des années !

Quand un homme se reproche ses fautes avec tant de force et de noblesse, avec un langage si sublime et si naturel, on les lui pardonne.

C'est ainsi que Roxane se dit à elle-même :

Tu pleures, malheureuse! ah! tu devais pleurer,
Lorsque d'un vain désir à ta perte poussée,
Tu conçus de le voir la première pensée.

On ne voit point, dans ces excellens ouvrages, de *héros qui porte un beau feu dans son sein*, de *princesse aimant sa renommée, qui quand elle dit qu'elle aime est sûre d'être aimée.* On n'y fait point *un compliment, plus en homme d'esprit qu'en véritable amant; l'absence aux vrais amans* n'y est pas *pire que la peste.* Un héros n'y dit point, comme dans *Alcibiade*, que *quand il a troublé la paix d'un jeune cœur, il a cent fois éprouvé qu'un mortel peut goûter un bonheur achevé.* Phèdre, dans son admirable rôle, le chef-d'œuvre de l'esprit humain, et le modèle éternel, mais inimitable, de quiconque voudra jamais écrire en vers; Phèdre se fait plus de reproches que le mari le plus austère ne pourrait lui en faire. C'est ainsi, encore une fois, qu'il faut parler d'amour ou n'en point parler du tout.

C'est surtout en lisant ce rôle de Phèdre qu'on
s'écrie avec Despréaux :

> Hé! qui, voyant un jour la douleur vertueuse
> De Phèdre, malgré soi perfide, incestueuse,
> D'un si noble travail justement étonné,
> Ne bénira d'abord le siècle fortuné
> Qui, rendu plus fameux par tes illustres veilles,
> Vit naître sous ta main ces pompeuses merveilles?

Ces merveilles étaient plus touchantes que pom-
peuses. Que ceux-là se sont trompés, qui ont dit
et répété que Racine avait gâté le théâtre par la
tendresse, tandis que c'est lui seul qui a épuré ce
théâtre, infecté toujours avant lui, et presque
toujours après lui, d'amours postiches, froids et
ridicules, qui déshonorent les sujets les plus gra-
ves de l'antiquité! il vaudrait autant se plaindre
du quatrième Livre de Virgile, que de la manière
dont Racine a traité l'amour. Si on peut condamner en lui quelque chose, c'est de n'avoir pas
toujours mis dans cette passion toutes les fureurs
tragiques dont elle est susceptible, de ne lui avoir
pas donné toute sa violence, de s'être quelquefois
contenté de l'élégance, de n'avoir que touché le
cœur, quand il pouvait le déchirer; d'avoir été
faible dans presque tous ses derniers actes. Mais
tel qu'il est, je le crois le plus parfait de tous nos
poëtes. Son art est si difficile, que depuis lui nous
n'avons pas vu une seule bonne tragédie, Il y en a

eu seulement quelques-unes en très petit nombre,
dans lesquelles les connaisseurs trouvent des
beautés; et, avant lui, nous n'en avons eu aucune
qui fût bien faite du commencement jusqu'à
la fin. L'auteur de ce commentaire est d'autant plus
en droit d'annoncer cette vérité, que lui-même
s'étant exercé dans le genre tragique, n'en a connu
que les difficultés, et n'est jamais parvenu à faire
un seul ouvrage qu'il ne regardât comme très
médiocre.

Non seulement Racine a presque toujours traité
l'amour comme une passion funeste et tragique,
dont ceux qui en sont atteints rougissent : mais
Quinault même sentit dans ses opéras que c'est
ainsi qu'il faut représenter l'amour.

Armide commence par vouloir perdre Renaud,
l'ennemi de sa secte :

> Le vainqueur de Renaud, si quelqu'un le peut être,
> Sera digne de moi.

Elle ne l'aime que malgré elle; sa fierté en gé-
mit; elle veut cacher sa faiblesse à toute la terre;
elle appelle la haine à son secours :

> Venez, haine implacable!
> Sortez du gouffre épouvantable
> Où vous faites régner une éternelle horreur.
> Sauvez-moi de l'amour, rien n'est si redoutable,
> Rendez-moi mon courroux, rendez-moi ma fureur,
> Contre un ennemi trop aimable.

Il y a même de la morale dans cet opéra. La Haine, qu'Armide a invoquée, lui dit :

> Je ne puis te punir d'une plus rude peine,
> Que de t'abandonner pour jamais à l'amour.

Sitôt que Renaud s'est regardé dans le miroir symbolique qu'on lui présente, il a honte de lui-même ; il s'écrie :

> Ciel ! quelle honte de paraître
> Dans l'indigne état où je suis !

Il abandonne sa maîtresse pour son devoir sans balancer. Ces lieux communs de *morale lubrique*, que Boileau reproche à Quinault, ne sont que dans la bouche des génies séducteurs qui ont contribué à faire tomber Renaud dans le piége.

Si on examine les admirables opéras de Quinault, *Armide*, *Roland*, *Atys*, *Thésée*, *Amadis*, l'amour y est tragique et funeste. C'est une vérité que peu de critiques ont reconnue, parce que rien n'est si rare que d'examiner. Y a-t-il rien, par exemple, de plus noble et de plus beau que ces vers d'Amadis ?

> J'ai choisi la gloire pour guide ;
> J'ai prétendu marcher sur les traces d'Alcide.
> Heureux, si j'avais évité
> Le charme trop fatal dont il fut enchanté !
> Son cœur n'eut que trop de tendresse.
> Je suis tombé dans son malheur ;
> J'ai mal imité sa valeur,
> J'imite trop bien sa faiblesse.

Enfin, Médée elle-même ne rend-elle pas hommage aux mœurs qu'elle brave dans ces vers si connus :

> Le destin de Médée est d'être criminelle,
> Mais son cœur était né pour aimer la vertu ?

Voyez sur Quinault, et sur les règles de la tragédie, la *Poétique* de M. Marmontel, ouvrage rempli de goût, de raison et de science.

On aurait pu placer ces réflexions au devant de toute autre pièce que *Pulchérie;* mais elles se sont présentées ici, et elles ont distrait un moment l'auteur des remarques du triste soin de faire réimprimer des pièces que Corneille aurait dû oublier, qui n'ôtent rien aux grandes beautés de ses ouvrages, mais qu'enfin il est difficile de pouvoir lire.

PRÉFACE DE PULCHÉRIE,

PAR CORNEILLE.

—————

« J'aurai de quoi me satisfaire, si cet ouvrage
« est aussi heureux à la lecture qu'il l'a été à la re-
« présentation ; et, si j'ose ne vous dissimuler rien,
« je me flatte assez pour l'espérer. »

Il se flatte beaucoup trop. Cet ouvrage ne fut
point heureux à la représentation, et ne le sera
jamais à la lecture, puisqu'il n'est ni intéressant,
ni conduit théâtralement, ni bien écrit. Il s'en
faut beaucoup.

On a prétendu que ce grand homme tombé si
bas n'était pas capable d'apprécier ses ouvrages,
qu'il ne savait pas distinguer les admirables scènes
de *Cinna*, de *Polyeucte*, de celles d'*Agésilas* et
d'*Attila*. J'ai peine à le croire. Je pense plutôt
qu'appesanti par l'âge et par la dernière manière
qu'il s'était faite insensiblement, il cherchait à se
tromper lui-même.

REMARQUES SUR SURÉNA,

GÉNÉRAL DES PARTHES,

TRAGÉDIE REPRÉSENTÉE EN 1674.

————

PRÉFACE DU COMMENTATEUR.

Suréna n'est point un nom propre, c'est un titre d'honneur, un nom de dignité. Le suréna des Parthes était l'ethmadoulet des Persans d'aujourd'hui, le grand-visir des Turcs. Cette méprise ressemble à celle de plusieurs de nos écrivains, qui ont parlé d'un Azem, grand-vizir de la Porte-Ottomane, ne sachant pas que *visir azem* signifie *grand-visir*. Mais la méprise est bien plus pardonnable à Corneille qu'à ces historiens, parce que l'histoire des Parthes nous est bien moins connue que celle des nouveaux Persans et des Turcs.

La tragédie de *Suréna* fut jouée les derniers jours de 1674, et les premiers de 1675 : elle roule tout entière sur l'amour. Il semblait que Corneille voulût jouter contre Racine. Ce grand homme avait donné son *Iphigénie* la même année 1674. J'avoue que je regarde *Iphigénie* comme le chef-d'œuvre de la scène ; et je souscris à ces beaux vers de Despréaux :

> Jamais Iphigénie en Aulide immolée,
> N'a coûté tant de pleurs à la Grèce assemblée,
> Que, dans l'heureux spectacle à nos yeux étalé,
> En a fait sous son nom verser la Champmêlé.

Veut-on de la grandeur, on la trouve dans Achille, mais telle qu'il la faut au théâtre, nécessaire, passionnée, sans enflure, sans déclamation. Veut-on de la vraie politique, tout le rôle d'Ulysse en est plein ; et c'est une politique parfaite, uniquement fondée sur l'amour du bien public ; elle est adroite ; elle est noble ; elle ne disserte point ; elle augmente la terreur. Clytemnestre est le modèle du grand pathétique ; Iphigénie, celui de la simplicité noble et intéressante ; Agamemnon est tel qu'il doit être : et quel style ! c'est là le vrai sublime.

Après *Suréna*, Pierre Corneille renonça au théâtre, auquel il eût dû renoncer plus tôt. Il survécut près de dix ans à cette pièce, et fut témoin des succès mérités de son illustre rival ; mais il avait la consolation de voir représenter ses anciennes pièces avec des applaudissemens toujours nouveaux ; et c'est aux beaux morceaux de ces anciens ouvrages que nous renvoyons le lecteur. Il remarquera que tout ce qui est bien pensé dans ces chefs-d'œuvre est presque toujours bien exprimé, à quelques tours et quelques termes près qui ont vieilli; et qu'il n'est obscur, guindé, alambiqué, incorrect, faible et froid, que quand il n'est pas soutenu par la force du sujet. Presque tout ce qui est mal exprimé chez lui ne méritait pas d'être exprimé. Il écrivait très inégalement, mais je ne sais s'il avait un génie inégal, comme on le dit; car je le vois toujours, dans ses meilleures pièces et dans ses plus mauvaises, attaché à la solidité du raisonnement, à la force et à la profondeur des idées, presque toujours plus occupé de disserter que de toucher; plein de ressources, jusque dans les sujets les plus ingrats, mais de ressources souvent peu tragiques; choisissant mal tous ses sujets, depuis *OEdipe*; inventant des intrigues, mais petites, sans chaleur et sans vie; s'étant fait un mauvais style, pour avoir travaillé trop rapidement; et cherchant à se tromper lui-même sur ses dernières pièces. Son grand mérite est d'avoir trouvé la France agreste, grossière, ignorante, sans esprit, sans goût, vers le temps du *Cid*, et de l'avoir changée : car l'esprit qui règne au théâtre est l'image fidèle de l'esprit d'une nation. Non seulement on doit à Corneille la tragédie, la comédie, mais on lui doit l'art de penser.

Il n'eut pas le pathétique des Grecs; il n'en donna une idée que dans le dernier acte de *Rodo-*

gune; et le tableau que forme ce cinquième acte me paraît, avec ses défauts, très supérieur à tout ce que la Grèce admirait. Le tableau du cinquième acte d'*Athalie* est dans ce grand goût. Il faut avouer que tous les derniers actes des autres pièces, sans exception, sont maigres, décharnés, faibles en comparaison. Si vous exceptez ces deux spectacles frappans, nos tragédies françaises ont été trop souvent des recueils de dialogues plutôt que des actions pathétiques. C'est par là que nous péchons principalement; mais avec ce défaut, et quelques autres auxquels la nécessité de faire cinq actes assujétit les auteurs, on avoue que la scène française est supérieure à celle de toutes les nations anciennes et modernes. Cet art est absolument nécessaire dans une grande ville telle que Paris; mais avant Corneille cet art n'existait pas, et après Racine il paraît impossible qu'il s'accroisse.

Il n'est pas plus possible de faire un commentaire sur la pièce de *Suréna* que sur *Agésilas*, *Attila*, *Pulchérie*, *Pertharite*, *Tite et Bérénice*, *la Toison d'or*, *Théodore*. Si on a fait quelques réflexions sur *Othon*, c'est qu'en effet les beaux vers répandus dans la première scène soutenaient un peu le commentateur dans ce travail ingrat et dégoûtant. Je finirai par dire qu'il ne faut examiner que les ouvrages qui ont des beautés avec des défauts, afin d'apprendre aux jeunes gens à éviter les uns, et à imiter les autres; mais pour les pièces aussi mal inventées que mal écrites, où les fautes innombrables ne sont pas rachetées par une seule belle scène, il est très inutile de commenter ce qu'on ne peut lire.

On n'aura donc ici qu'une seule observation, que j'ai déjà souvent indiquée; c'est que plus Corneille vieillissait, plus il s'obstinait à traiter l'amour, lui qui, dans son dépit de réussir si mal, se plaignait *que la seule tendresse fût toujours à la mode.* D'ordinaire la vieillesse dédaigne des faiblesses qu'elle ne ressent plus. L'esprit contracte une fermeté sévère qui va jusqu'à la rudesse; mais Corneille, au contraire, mit dans ses derniers ouvrages plus de galanterie que jamais : et quelle galanterie! peut-être voulait-il jouter contre Racine, dont il sentait, malgré lui, la prodigieuse supériorité dans l'art si difficile de rendre cette passion aussi noble, aussi tragique qu'intéressante. Il imprima que

> Othon ni Suréna,
> Ne sont point des cadets indignes de Cinna.

Ils étaient pourtant des cadets très indignes; et Pacorus, et Eurydice, et Palmis, et le Suréna, parlent d'amour comme des bourgeois de Paris.

> Si le mérite est grand, l'estime est un peu forte.
> Vous la pardonnerez à l'amour qui s'emporte.
> Comme vous le forcez à se trop expliquer,
> S'il manque de respect, vous l'en faites manquer.

Il est si naturel d'estimer ce qu'on aime,
Qu'on voudrait que partout on l'estimât de même;
Et la pente est si douce à vanter ce qu'il vaut,
Que jamais on ne craint de l'élever trop haut.

C'est dans ce style ridicule que Corneille fait l'amour dans ses vingt dernières tragédies, et dans quelques unes des premières. Quiconque ne sent pas ce défaut est sans aucun goût, et quiconque veut le justifier se ment à lui-même. Ceux qui m'ont fait un crime d'être trop sévère m'ont forcé à l'être véritablement, et à n'adoucir aucune vérité. Je ne dois rien à ceux qui sont de mauvaise foi. Je ne dois compte à personne de ce que j'ai fait pour une descendante de Corneille, et de ce que j'ai fait pour satisfaire mon goût. Je connais mieux les beaux morceaux de ce grand génie que ceux qui feignent de respecter les mauvais. Je sais par cœur tout ce qu'il a fait d'excellent; mais on ne m'imposera silence en aucun genre sur ce qui me paraît défectueux.

Ma devise a toujours été : *Fari quæ sentiam.*

SURÉNA,

GÉNÉRAL DES PARTHES,

TRAGÉDIE.

———

ACTE CINQUIÈME.

SCÈNE I.

V. 22.   Non, je ne pleure point, madame, mais je meurs.

Ce vers fournira la seule remarque qu'on croie devoir faire sur la tragédie de *Suréna*. *Je ne pleure point, mais je meurs*, serait le sublime de la douleur, si cette idée était assez ménagée, assez préparée pour devenir vraisemblable; car le vraisemblable seul peut toucher. Il faut, pour dire qu'on meurt de douleur, et pour en mourir en effet, avoir éprouvé, avoir fait voir un désespoir si violent, qu'on ne s'étonne pas qu'un prompt trépas en soit la suite; mais on ne meurt pas ainsi de mort subite après avoir fait des raisonnemens politiques, et des dissertations sur l'amour. Le vers par lui-même est très tragique; mais il n'est pas amené par des sentimens assez tragiques. Ce n'est pas assez qu'un vers soit beau, il faut qu'il soit placé, et qu'il ne soit pas seul de son espèce dans la foule.

REMARQUES SUR ARIANE,

TRAGÉDIE DE THOMAS CORNEILLE, REPRÉSENTÉE EN 1672.

PRÉFACE DU COMMENTATEUR.

Un grand nombre d'amateurs du théâtre ayant demandé qu'on joignît aux œuvres dramatiques de Pierre Corneille l'*Ariane* et l'*Essex* de Thomas Corneille, son frère, accompagnées aussi de commentaires, on n'a pu se refuser à ce travail.

Thomas Corneille était cadet de Pierre d'environ vingt années. Il a fait trente-trois pièces de théâtre, aussi bien que son aîné. Toutes ne furent pas heureuses; mais *Ariane* eut un succès prodigieux en 1672, et balança beaucoup la réputation du *Bajazet* de Racine, qu'on jouait en même temps, quoique assurément *Ariane* n'approche pas de *Bajazet*; mais le sujet était heureux. Les hommes, tout ingrats qu'ils sont, s'intéressent toujours à une femme tendre, abandonnée par un ingrat; et les femmes qui se retrouvent dans cette peinture pleurent sur elles-mêmes.

Presque personne n'examine à la représentation si la pièce est bien faite et bien écrite; on est touché; on a eu du plaisir pendant une heure; ce plaisir même est rare, et l'examen n'est que pour les connaisseurs.

On rapporte, dans la *Bibliothèque dès théâtres*, qu'*Ariane* fut faite en quarante jours; je ne suis pas étonné de cette rapidité dans un homme qui a l'habitude des vers, et qui est plein de son sujet. On peut aller vite quand on se permet des vers prosaïques, et qu'on sacrifie tous les personnages à un seul. Cette pièce est au rang de celles qu'on joue souvent, lorsqu'une actrice veut se distinguer par un rôle capable de la faire valoir. La situation est très touchante. Une femme qui a tout fait pour Thésée, qui l'a tiré du plus grand péril, qui s'est sacrifiée pour lui, qui se croit aimée, qui mérite de l'être, qui se voit trahie par sa sœur, et abandonnée par son amant, est un des plus heureux sujets de l'antiquité. Il est bien plus intéressant que la *Didon* de Virgile; car Didon a bien moins fait pour Énée, et n'est point trahie par sa sœur; elle n'éprouve point d'infidélité, et il n'y avait peut-ètre pas là de quoi se brûler.

Il est inutile d'ajouter que ce sujet vaut infiniment mieux que celui de *Médée*. Une empoisonneuse, une meurtrière ne peut toucher des cœurs et des esprits bien faits.

Thomas Corneille fut plus heureux dans le choix de ce sujet que son frère ne le fut dans aucun des siens depuis *Rodogune*; mais je doute que

Pierre Corneille eût mieux fait le rôle d'Ariane que son frère. On peut remarquer, en lisant cette tragédie, qu'il y a moins de solécismes et moins d'obscurités que dans les dernières pièces de Pierre Corneille. Le cadet n'avait pas la force et la profondeur du génie de l'aîné; mais il parlait sa langue avec plus de pureté, quoique avec plus de faiblesse. C'était d'ailleurs un homme d'un très grand mérite, et d'une vaste littérature; et, si vous exceptez Racine, auquel il ne faut comparer personne, il était le seul de son temps qui fût digne d'être le premier au-dessous de son frère.

ARIANE,

TRAGÉDIE.

———

ACTE PREMIER.

SCÈNE I.

V. 1.   Je le confesse, Arcas, ma faiblesse redouble, etc.

Ce rôle d'Œnarus est visiblement imité de celui d'Antiochus dans *Bérénice*, et c'est une mauvaise copie d'un original défectueux par lui-même. De pareils personnages ne peuvent être supportés qu'à l'aide d'une versification toujours élégante, et de ces nuances de sentiment que Racine seul a connues.

Le confident d'Œnarus avoue que sans doute *Ariane est belle*. Œnarus a vu Thésée rendre *quelques soins à Mégiste et à Cyane;* cela l'a flatté *du côté d'Ariane*. C'est un amour de comédie dans le style négligé de la comédie.

V. 17.   Ariane vous charme, et sans doute elle est belle.

Ce vers, et tous ceux qui sont dans ce goût, prouvent assez ce que dit Riccoboni, que la tragédie en France est la fille du roman. Il n'y a rien de grand, de noble, de tragique, à aimer une femme parce qu'*elle est belle*. Il faudrait du moins relever ces petitesses par l'élégance de la poésie.

Que le lecteur dépouille seulement de la rime les vers suivans : *Vous sûtes que Thésée avait, par le secours d'Ariane, évité les détours du labyrinthe en Crète, et que, pour reconnaître un si fidèle amour, il fuyait avec elle vainqueur du Minotaure : quelle espérance vous laissaient des nœuds si bien formés?* Voyez non seulement combien ce discours est sec et languissant, mais à quel point il pèche contre la régularité.

Éviter les détours du labyrinthe en Crète. Thésée n'évita pas les détours du labyrinthe en Crète, puisqu'il fallait nécessairement passer par ces détours. La difficulté n'était pas de les éviter, mais de sortir en ne les évitant pas. Virgile dit :

« Hic labor ille domus, et inextricabilis error. »
Æn. VI, v. 27.

Ovide dit :

« Ducit in errorem variarum ambage viarum. »
Met. VIII.

Racine dit :

Par vous aurait péri le monstre de la Crète,
Malgré tous les détours de sa vaste retraite :
Pour en développer l'embarras incertain,
Ma sœur du fil fatal eût armé votre main.
Phèdre, act. II, sc. v.

Voilà des images, voilà de la poésie, et telle qu'il la faut dans le style tragique.

Pour reconnaître un amour si fidèle. On ne reconnaît point un amour comme on reconnaît un service, un bienfait. *Si fidèle* n'est pas le mot propre. Ce n'est point comme fidèle, c'est comme passionnée qu'Ariane donna le fil à Thésée.

Des nœuds si bien formés. Un nœud est-il bien formé, parce qu'on s'enfuit avec une femme? Cette expression lâche, triviale, vague, n'exprime pas ce qu'on doit exprimer. Examinez ainsi tous les vers, vous n'en trouverez que très peu qui résistent à une critique exacte. Cette négligence dans le style, ou plutôt cette platitude, n'est presque pas remarquée au théâtre. Elle est sauvée par la rapidité de la déclamation, et c'est ce qui encourage tant d'auteurs à se négliger, à employer des termes impropres, à mettre presque toujours le boursouflé à la place du naturel, à rimer en épithètes, à remplir leurs vers de solécismes, ou de façons de parler obscures qui sont pires que des solécismes: pour peu qu'il y ait dans leurs pièces deux ou trois situations intéressantes, quoique rebattues, ils sont contens. Nous avons déja dit que nous n'avons pas depuis Racine une tragédie bien écrite d'un bout à l'autre.

V. 89.   D'un aveugle penchant le charme imperceptible
Frappe, saisit, entraîne, et rend un cœur sensible;
Et, par une secrète et nécessaire loi,
On se livre à l'amour sans qu'on sache pourquoi.

Ces vers sont une imitation de ces vers de *Rodogune* :

> Il est des nœuds secrets, il est des sympathies,
> Dont par le doux rapport les ames assorties, etc.

et de ces vers de *la suite du Menteur* :

> Quand les arrêts du ciel nous ont faits l'un pour l'autre,
> Lise, c'est un accord bientôt fait que le nôtre, etc.

Redisons toujours que ces vers d'idylle, ces petites maximes d'amour, conviennent peu au dialogue de la tragédie; que toute maxime doit échapper au sentiment du personnage; qu'il peut, par les expressions de son amour, dire rapidement un mot qui devienne maxime, mais non pas être un parleur d'amour.

C'est ici qu'il ne sera pas inutile d'observer encore que *ces lieux communs de morale lubrique*, que Despréaux a tant reprochés à Quinault, se trouvent dans des ariettes détachées où elles sont bien placées, et que jamais le personnage de la scène ne prononce une maxime qu'à propos, tantôt pour faire pressentir sa passion, tantôt pour la déguiser. Ces maximes sont toujours courtes, naturelles, bien exprimées, convenables au personnage et à sa situation; mais, quand une fois la passion domine, alors plus de ces sentences amoureuses. Arcabone dit à son frère :

> Vous m'avez enseigné la science terrible
> Des noirs enchantemens qui font pâlir le jour;

> Enseignez-moi, s'il est possible,
> Le secret d'éviter les charmes de l'amour.

Elle ne cherche point à discuter la difficulté de vaincre cette passion, à prouver que l'amour triomphe des cœurs les plus durs.

Armide ne s'amuse point à dire en vers faibles.

> Non, ce n'est point par choix, ni par raison d'aimer,
> Qu'en voyant ce qui plait on se laisse enflammer.

Elle dit en voyant Renaud :

> Achevons... je frémis... Vengeons-nous... je soupire.

L'amour parle en elle, et elle n'est point parleuse d'amour.

(*Fin de la scène.*) Remarquons que le style de cette scène et de beaucoup d'autres est négligé, lâche, faible, prosaïque.

> .....•............. Au défaut d'être aimé,
> Méritons jusqu'au bout de m'en voir estimé.

SCÈNE II.

V. 41. Un ami si parfait... de si charmans appas...
         J'en dis trop, c'est à vous de ne m'entendre pas.

Qui ne sent dans toute cette scène, et surtout en cet endroit, la pusillanimité de ce rôle? Avec ces *charmans appas!* Pourquoi ce pauvre roi dit-il ainsi son secret à Thésée? On laisse échapper les sentimens de son cœur devant sa maîtresse, mais non pas devant son rival.

SCÈNE III.

V. 24.   Ma raison, qui toujours s'intéresse pour elle,
          Me dit qu'elle est aimable, et mes yeux qu'elle est belle.

Ces vers qui sont d'un bouquet à Iris, et *Ariane en beauté partout si renommée*, et *l'amour qui tâche d'ébranler Thésée sur le rapport de ses yeux*, et cet *amour qui a beau parler quand le cœur se tait*, font de Thésée un héros de *Clélie*. Les raisonnemens d'aimer ou n'aimer pas achèvent de gâter cette scène qui d'ailleurs est bien conduite; mais ce n'est pas assez qu'une scène soit raisonnable, ce n'est que remplir un devoir indispensable; et, quand il n'est question que d'amour, tout est froid et petit sans le style de Racine. Cette scène surtout manque de force, les combats du cœur y étaient nécessaires. Thésée, perfide envers une princesse à qui il doit sa vie et sa gloire, devrait avoir plus de remords.

SCÈNE IV.

V. 8.   Vous pouvez là dessus vous répondre vous-même, etc.

Phèdre devait là dessus parler avec plus d'élégance. Cette scène est ennuyeuse, et l'amour de Phèdre et de Thésée déplaît à tout le monde. L'ennui vient de ce qu'on sait qu'ils s'aiment et qu'ils sont d'accord; ils n'ont plus rien alors d'intéressant à se dire. Cette scène pouvait être belle;

mais, quand Phèdre dit *que la gloire est le secours d'un cœur bien né*, et qu'avoir dit *une fois qu'on aime*, c'est le *dire toujours*, on ne croit pas entendre une tragédie.

ACTE SECOND.

SCÈNE I.

V. 13.   Mais, quand d'un premier feu l'ame tout occupée
Ne trouve de douceurs qu'aux traits qui l'ont frappée,
C'est un sujet d'ennui qui ne peut s'exprimer
Qu'un amant qu'on néglige, et qui parle d'aimer.

On voit dans ce vers quelque chose du style de Pierre Corneille : ce sont des maximes générales, elles sont justes; mais disons toujours que les grandes passions ne s'expriment point en maximes. J'ai déja remarqué que vous n'en trouvez pas un seul exemple dans Racine. *Trouver de la douceur à des traits* n'est pas élégant; *c'est un sujet d'ennui qui ne peut s'exprimer* est de la faible prose de comédie; *un amant qui parle d'aimer* est un pléonasme.

V. 17.   Pour m'en rendre la peine à souffrir plus aisée,
Tandis que le roi vient, parle-moi de Thésée.

Le premier vers est prosaïque et mal fait. *Parle-moi de Thésée tandis que le roi vient;* ce vers ne me paraît pas assez passionné. Ce *tandis que le roi vient* semble dire : *Parle-moi de Thésée en atten-*

dant. Observez comme ˙Hermione dans *Andro-*
ˌ *maque* dit la même chose avec plus de sentiment
et d'élégance :

> Ah! qu'Oreste à son gré m'impute ses douleurs,
> N'avons-nous d'entretien que celui de ses pleurs?
> Pyrrhus revient à nous. Hé bien, chère Cléone,
> Conçois-tu les transports de l'heureuse Hermione?
> Sais-tu quel est Pyrrhus? t'es-tu fait raconter
> Le nombre des exploits... mais qui les peut compter? ˙
> Intrépide, et partout suivi de la victoire, etc.

Cela est bien supérieur aux *cent monstres dont
l'univers a été dégagé par Thésée, et qui se voit
purgé d'un mauvais sang;* à ces *victimes prises par
Thésée et par Hercule,* etc.

V. 37.   J'aime Phèdre; tu sais combien elle m'est chère.

Ce˙ sentiment d'Ariane me paraît bien naturel,
et en même temps du plus grand art. Le spectateur sent avec un extrême plaisir les raisons du
silence de Phèdre.

V. 47.   N'ayant jamais aimé, son cœur ne conçoit pas. —
          Elle évite peut-être un cruel embarras.

Ce sentiment est encore très touchant, quoique
le mot *d'embarras* soit trop faible.

V. 50.   Mais vivre indifférente est-ce une vie heureuse?

Ce vers serait fort plat, si Ariane parlait d'elle-
même; mais elle parle de sa sœur; elle la plaint

de ne point aimer, tandis qu'en effet elle aime Thésée. On est déja bien vivement intéressé.

SCÈNE II.

V. 1.   Ne vous offensez point, princesse incomparable, etc.

OEnarus joue ici un rôle de l'Antiochus de *Bérénice;* mais il est bien moins raisonnable et bien moins touchant; il a le ridicule de parler d'amour à une princesse dont il sait que Thésée est idolâtré, et qu'il croit que Thésée adore; et il ne l'a aimée que depuis qu'il a été témoin de leurs amours. Antiochus, au contraire, a aimé Bérénice avant qu'elle se fût déclarée pour Titus, et il ne lui parle que lorsqu'il va la quitter pour jamais. Ce qui rend surtout OEnarus très inférieur à Antiochus, c'est la manière dont il parle.

Thésée a du mérite, et il l'a dit cent fois. Les sens ravis d'OEnarus ont cédé à l'amour dès qu'il a vu Ariane. Il fallait n'en parler plus, il l'a fait par respect. Il n'a point changé d'ame, il a langui d'amour tout consumé. Il demande pour *flatter son martyre un mot favorable et un sincère soupir.*

Ariane répond qu'elle n'est *point ingrate,* que Thésée *se trouve adoré dans son cœur,* que *dès la première fois elle l'a déclaré;* et répète encore, *dès la première fois,* comme si c'était un beau discours à répéter. Ce dialogue trop négligé devait être écrit avec la plus grande finesse. On ne s'aperçoit pas de ces défauts à la représentation; ils choquent beaucoup à la lecture.

SCÈNE III.

V. 1.   Prince, mon trouble parle, etc.

On ne doit, ce me semble, faire un pareil aveu que quand il est absolument nécessaire. Aucune raison ne doit engager Œnarus à se déclarer le rival de Thésée. Antiochus, dans *Bérénice*, ne fait un pareil aveu qu'à la fin du cinquième acte; et c'est en quoi il y a un très grand art. Le style d'Œnarus met le comble à l'insipidité de son rôle; il adore *les charmes de son amour*, il en fait l'*aveu au point de l'hymen*. Il dit que *c'est montrer assez ce qu'est un si beau feu*, et qu'il est *trahi par sa vertu*. Comment est-il trahi par sa vertu, puisqu'il renonce à un si beau feu, et qu'il va préparer le mariage de Thésée et d'Ariane?

SCÈNE IV.

V. 10.   ... Apprenez un projet de ma flamme, etc.

Ce dessein d'Ariane d'unir une sœur qu'elle aime à l'ami de Thésée, tandis que cette sœur lui prépare la plus cruelle trahison, forme une situation très belle et très intéressante : c'est là connaître l'art de la tragédie et du dialogue, c'est même une espèce de coup de théâtre. L'embarras de Thésée et l'extrême bonté d'Ariane attachent le spectateur le plus indifférent : les vers, à la vérité, sont faibles.

V. 17.   Ma sœur a du mérite, elle est aimable et belle...
          L'offre de cet hymen rendra sa joie extrême, etc.

sont des expressions trop négligées, mais la scène par elle-même est excellente.

SCÈNE V.

V. 5.   Je vous comprends tous deux, vous arrivez d'Athènes.

Ariane tombe dans la même méprise que Bérénice, qui impute au trouble de Titus un tout autre sujet que le véritable. Il vaudrait mieux peut-être qu'Ariane demandât à Pirithoüs si les Athéniens ne s'opposent pas à son mariage avec Thésée, plutôt que de soupçonner tout d'un coup qu'ils s'y opposent : mais enfin cette méprise, ne servant qu'à faire éclater davantage l'amour d'Ariane, intéresse beaucoup pour elle.

V. 15.   Et, comment pourrait-il avoir le cœur si bas
          Que tenir tout de vous et ne vous aimer pas ?

Ces deux vers sont imités de ces deux-ci de Sévère dans *Polyeucte* :

          Un cœur qui vous chérit; mais quel cœur assez bas
          Aurait pu vous connaître et ne vous chérir pas ?

Ce mot *bas* n'est tolérable ni dans la bouche de Sévère, ni dans celle de Pirithoüs. Un homme n'est point du tout *bas* pour connaître une femme et ne la pas aimer; et ce n'est point à Pirithoüs à dire que son ami aurait le cœur *bas*, s'il n'aimait pas Ariane : de plus, ce n'est point· une bassesse d'être perfide en amour. Chaque chose a son nom propre; et sans la convenance des termes il n'y a rien de beau.

V. 27.   . . . . Les moindres lâchetés
               Sont pour votre grand cœur des crimes détestés.

Cette impropriété de termes déplaît à quiconque aime la justesse dans les discours. Le mot de *lâcheté* ne convient pas plus que celui de *bas* : et *l'ardeur sans pareille pour la gloire* est déplacée quand il s'agit d'amour. Cette scène ressemble encore à celle où Antiochus vient annoncer à Bérénice qu'elle doit renoncer à Titus; mais il y a bien plus d'art à faire apprendre le malheur de Bérénice par son amant même, qu'à faire instruire Ariane de sa disgrace par un homme qui n'y a nul intérêt.

V. 33.   . . . . moi, qui voudrais pour Thésée
               A cent et cent périls voir ma vie exposée!

Cela est encore imité de Racine :

   Moi, dont vous connaissez le trouble et le tourment,
   Quand vous ne me quittez que pour quelque moment;
   Moi qui mourrais le jour qu'on voudrait m'interdire
   De vous...,

Cela vaut mieux que *cent et cent périls*; mais la

situation est très touchante, et c'est presque toujours la situation qui fait le succès au théâtre.

SCÈNE VI.

V. 2.   Il n'en faut point douter, je suis trahie, etc.

Il manque peut-être à cette scène de la gradation dans la douleur, et de la force dans les sentimens. Ariane ne doit point dire qu'elle *regrette cette raison barbare*. La raison ne s'oppose point du tout à sa juste douleur, et ce n'est pas ainsi que le désespoir s'exprime : c'est le poëte qui fait là une petite digression sur la *raison barbare*, ce n'est point Ariane. Thomas Corneille imitait souvent de son frère ce grand défaut qui consiste à vouloir raisonner quand il faut sentir.

SCÈNE VII.

V. 2.   Vous avez cru Thésée un héros tout parfait?
Vous l'estimiez, sans doute; et qui ne l'eût pas fait?
.... Plus d'honneur, tout chancelle.

Voilà des expressions bien étranges; il n'était plus permis d'écrire avec tant de négligence, après les modèles que Thomas Corneille avait devant les yeux.

V. 12.   Son sang devrait payer la douleur qui me presse.

Pour parler ainsi, Ariane devait être plus sûre de l'infidélité de Thésée. Ce que lui a dit Pirithoüs n'est point assez clair pour la convaincre de son malheur; elle devait demander des éclaircisse-

mens à Pirithoüs, elle devait même chercher Thésée. L'amour aime à se flatter; le doute, l'agita-
tion, le trouble, devaient être plus marqués.
Phèdre se présente ici d'elle-même; c'était à sa
sœur à la faire prier de venir. Phèdre ne doit
point dire : *Quoi ! Thésée...* Feindre en cette occasion de l'étonnement, c'est un artifice qui rend
Phèdre odieuse.

V. 44. Le ciel m'inspira bien, quand par l'amour séduite
   Je vous fis, malgré vous, accompagner ma fuite.
   Il semble que dès lors il me fesait prévoir
   Le funeste besoin que j'en devais avoir.

Voilà quatre vers dignes de Racine.

V. 51. Hélas! et plût au ciel que vous sussiez aimer!

Ce vers est encore fort beau, et par le naturel
dont il est, et par la situation. Elle souhaite que
sa sœur connaisse l'amour; et pour son malheur
Phèdre ne le connaît que trop. Il serait à souhaiter
que les vers suivans fussent dignes de celui-là.

ACTE TROISIÈME.

SCÈNE I.

Cette scène est une de celles qui devraient être
traitées avec le plus d'art et d'élégance. C'est le mérite de bien dire qui seul peut donner du prix à
ces dialogues, où l'on ne peut dire que des choses
communes. Que serait Aricie, que serait Atalide,

si l'auteur n'avait employé tous les charmes de la diction pour faire valoir un fonds médiocre! C'est là ce que la poésie a de plus difficile; c'est elle qui orne les moindres objets.

« Qui dit sans s'avilir les plus petites choses,
« Fait des plus secs chardons des œillets et des roses. »

In tenui labor, at tenuis non gloria.

Ce rôle de Phèdre était très délicat à traiter : quelque chose qu'elle dise pour se justifier, elle est coupable; et, dès qu'elle a fait l'aveu de sa passion à Thésée, on ne peut la regarder que comme une perfide qui cherche à pallier sa trahison. Cependant il y a beaucoup d'art et de bienséance dans les reproches qu'elle se fait, et dans la résolution qu'elle semble prendre.

Que de faiblesse! Il faut l'empêcher d'en jouir,
Combattre incessamment son infidèle audace.
Allez, Pirithoüs, revoyez-le, de grace.

Et si les vers étaient meilleurs, ce sentiment rendrait Phèdre supportable.

V. 46.   Nous avancerions peu, madame, il vous adore.

Le personnage de Pirithoüs est un peu lâche : est-ce à lui d'encourager Phèdre dans sa perfidie?

V. 58.   Quoi! je la trahirais, etc.

L'art du dialogue exige qu'on réponde précisément à ce que l'interlocuteur a dit. Ce n'est que dans une grande passion, dans l'excès d'un grand malheur, qu'on doit ne pas observer cette règle : l'ame alors est toute remplie de ce qui l'occupe, et non de ce qu'on lui dit. C'est alors qu'il est beau de ne pas bien répondre ; mais ici Pirithoüs ouvre à Phèdre la voie la plus convenable et la plus honnête de réussir dans sa passion : cette passion même doit la forcer à répondre à l'ouverture de Pirithoüs.

SCÈNE II.

V. 3. ... Quand au repentir on le porte à céder,
Croit-il que mon amour ose trop demander ?

Ces scènes sont trop faiblement écrites ; mais le plus grand défaut est la nécessité malheureuse où l'auteur met Phèdre de ne faire que tromper. Il fallait un coup de l'art pour ennoblir çe rôle. Peut-être si Phèdre avait pu espérer qu'Ariane épouserait le roi de Naxe, si sur cette espérance elle s'était engagée avec Thésée, alors, étant moins coupable, elle serait beaucoup plus intéressante.

Ariane d'ailleurs ne dit pas toujours ce qu'elle doit dire ; elle se sert du mot de *rage*, elle veut qu'on peigne bien sa *rage* : ce n'est pas ainsi qu'on cherche à attendrir son amant.

SCÈNE III.

V. 1.   Par ce que je vous dis, ne croyez pas, madame,
           Que je veuille applaudir à sa nouvelle flamme, etc.

Cette scène est inutile, et par là devient languissante au théâtre. Pirithoüs ne fait que redire
en vers faibles ce qu'il a déja dit; et Ariane dit des
choses trop vagues.

SCÈNE IV.

V. 1.   Approchez-vous, Thésée, et perdez cette crainte.

Cette scène est très touchante au théâtre, du
moins de la part d'Ariane : elle le serait encore
davantage si Ariane n'était pas tout-à-fait sûre de
son malheur. Il faut toujours faire durer cette incertitude le plus qu'on peut; c'est elle qui est l'ame
de la tragédie : l'auteur l'a si bien senti, qu'Ariane
semble encore douter du changement de Thésée,
quand elle doit en être sûre. *Pourquoi m'aborder,*
dit-elle, *la rougeur au front, quand rien ne vous con-*
fond? et, si ce qu'on m'a dit a quelque vérité, etc.;
c'est s'exprimer en doutant, et c'est ce qui est dans
la nature; mais il ne fallait donc pas que, dans
les scènes précédentes, on l'eût instruite positivement qu'elle était abandonnée.

V. 5.   Un héros tel que vous, à qui la gloire est chère,
       .   Quoi qu'il fasse, ne fait que ce qu'il voit à faire;
           .... Le labyrinthe ouvert
           Vous fit fuir le trépas....................

Voilà de mauvais vers ; et ceux-ci ne sont pas meilleurs :

> Et que s'est-il offert que je pusse tenter,
> Qu'en ta faveur ma flamme ait craint d'exécuter ?

Mais aussi il y a des vers très heureux, comme,

> .... Éblouis-moi si bien,
> Que je puisse penser que tu ne me dois rien...
> Je te suis, mène-moi dans quelque île déserte...
> Tu n'as qu'à dire un mot, ce crime est effacé.
> C'en est fait, tu le vois, je n'ai plus de colère.

Mais surtout

> Remène-moi, barbare, aux lieux où tu ma prise,

est admirable.

Le cœur humain est surtout bien développé et bien peint, quand Ariane dit à Thésée : *Ote-toi de mes yeux ; je ne veux pas avoir l'affront que tu me quittes*, et que dans le moment même elle est au désespoir qu'il prenne congé d'elle. Il y a beaucoup de vers dignes de Racine, et entièrement dans son goût ; ceux-ci, par exemple :

> As-tu vu quelle joie a paru dans ses yeux ?
> Combien il est sorti satisfait de ma haine ?
> Que de mépris !

Cette césure interrompue au second pied, c'est-à-dire au bout de quatre syllabes, fait un effet charmant sur l'oreille et sur le cœur. Ces finesses de l'art furent introduites par Racine, et il n'y a que les connaisseurs qui en sentent le prix.

V. 14.   Même zèle toujours suit mon respect extrême, etc.

Thésée ne peut guère répondre que par ces protestations vagues de reconnaissance; mais c'est alors que la beauté de la diction doit réparer le vice du sujet, et qu'il faut tâcher de dire d'une manière singulière des choses communes.

Tous les sentimens d'Ariane dans cette scène sont naturels et attendrissans; on ne pourrait leur reprocher qu'une diction un peu prosaïque et négligée.

ACTE QUATRIÈME.
SCÈNE I.

V. 1.   Un si grand changement ne peut trop me surprendre, etc.

Cette scène d'OEnarus et de Phèdre est une de celles qui refroidissent le plus la pièce; on le sent assez. Ce roi qui sait le dernier ce qui se passe dans sa cour, et qui dit que *voir un bel espoir tout à coup avorter, passe tous les malheurs qu'on ait à redouter,* et que *c'est du courroux du ciel la preuve la plus funeste,* paraît un roi assez méprisable; mais, quand il dit qu'il sera responsable de ce que Thésée aime probablement dans sa cour quelque fille d'honneur, et qu'on voudra qu'il soit le garant de cet hommage inconnu, on ne peut pas lui pardonner ces discours indignes d'un prince.

Ce que lui dit Phèdre est plus froid encore.

Toutes les scènes où Ariane ne paraît pas sont absolument manquées.

SCÈNE II.

V. 1. Madame, je ne sais si l'ennui qui vous touche
Doit m'ouvrir, pour vous plaindre, ou me fermer la bouche, etc.

On ne peut parler plus mal. Il ne sait si l'ennui qui touche Ariane doit *lui ouvrir, pour la plaindre, ou lui fermer la bouche*; il doit en partager les coups, quoi qui *la blesse ;* il sent le changement *qui trompe la flamme d'Ariane, et il le met au rang des plus noirs attentats ; et le ciel lui est témoin, si Ariane en doute, qu'il voudrait racheter de son sang ce que...* Ariane fait fort bien de l'interrompre ; mais le mauvais style d'Œnarus la gagne. L'espérance qu'elle donne à Œnarus de l'épouser, dès qu'elle connaîtra sa rivale heureuse , est d'un très grand artifice. Son dessein est de tuer cette rivale ; c'est devant Phèdre qu'elle explique l'intérêt qu'elle a de connaître la personne qui lui enlève Thésée; et l'embarras de Phèdre ferait un très grand plaisir au spectateur, si le rôle de Phèdre était plus animé et mieux écrit.

SCÈNE III.

V. 13. Et lorsque son amour a tant reçu du vôtre
Vous le verrez sans peine entre les bras d'une autre ? —
Entre les bras d'une autre! Avant ce coup, ma sœur,
J'aime, je suis trahie, on connaîtra mon cœur.

Voilà de la vraie passion. La fureur d'une amante

trahie éclate ici d'une manière très naturelle. On souhaiterait seulement que Thomas Corneille n'eût point, dans cet endroit, imité son frère qui débite des maximes quand il faut que le sentiment parle. Ariane dit :

> Moins l'amour outragé fait voir d'emportement,
> Plus, quand le coup approche, il frappe sûrement.

Il semble qu'elle débite une loi du code de l'amour pour s'y conformer. Voilà de ces fautes dans lesquelles Racine ne tombe pas. D'ailleurs, tous les discours d'Ariane sont passionnés comme ils doivent l'être; mais la diction ne répond pas aux sentimens, et c'est un défaut capital.

V. 50.   Il faut frapper par là, c'est son endroit sensible, etc.

Cette expression ridicule, et cette autre qui est un plat solécisme, *elle me fait trahir*; et celle-ci, *consentir à ce que la rage a de plus sanglant*, sont du style le plus incorrect et le plus lâche. Cependant à la représentation, le public ne sent point ces fautes; la situation entraîne; une excellente actrice glisse sur ces sottises, et ne vous fait apercevoir que les beautés de sentiment. Telle est l'illusion du théâtre; tout passe quand le sujet est intéressant. Il n'y a que le seul Racine qui soutienne constamment l'épreuve de la lecture.

V. 67.   Et, pour ce qu'a quitté ma trop crédule foi,
Je n'avais que ce cœur que je croyais à moi.

Je le perds, on me l'ôte; il n'est rien que n'essaye
La fureur qui m'anime, afin qu'on me le paye.

On ne peut guère faire de plus mauvais vers.
L'auteur veut dans cette scène imiter ces beaux
vers d'*Andromaque* :

Je percerai ce cœur que je n'ai pu toucher,
Et mes sanglantes mains contre mon sein tournées,
Aussitôt, malgré lui, joindront nos destinées;
Et, tout ingrat qu'il est, il me sera plus doux
De mourir avec lui que de vivre avec vous.

Thomas Corneille imite visiblement cet endroit,
en fesant dire à Ariane :

Tout perfide qu'il est, ma mort suivra la sienne;
Et, sur mon propre sang, l'ardeur de nous unir
Me le fera venger aussitôt que punir.

Quoique Thomas Corneille eût pris son frère
pour son modèle, on voit que, malgré lui, il ne
pouvait s'empêcher de chercher à suivre Racine,
quand il s'agissait de faire parler les passions.

Cependant il se peut faire, et même il arrive
souvent, que deux auteurs ayant à traiter les
mêmes situations, expriment les mêmes sentimens et les mêmes pensées; la nature se fait également entendre à l'un et à l'autre. Racine fesait
jouer *Bajazet* à peu près dans le temps que Corneille donnait *Ariane*. Il fait dire à Roxane :

Quel surcroît de vengeance et de douceur nouvelle,
De le montrer bientôt pâle et mort devant elle!

> De voir sur cet objet ses regards arrêtés,
> Me payer les plaisirs que je leur ai prêtés!

Ariane dit dans un mouvement à peu près semblable :

> Vous figurez-vous bien son désespoir extrême,
> Quand dégouttante encor du sang de ce qu'il aime,
> Ma main offerte au roi, dans ce fatal instant,
> Bravera jusqu'au bout la douleur qui l'attend?

Voyez combien ce demi-vers, *bravera jusqu'au bout*, gâte cette tirade. Que veut dire *braver une douleur qui attend quelqu'un ?* Un seul mauvais vers de cette espèce corrompt tout le plaisir que les sentimens les plus naturels peuvent donner. C'est surtout dans la peinture des passions qu'il faut que le style soit pur, et qu'il n'y ait pas un seul mot qui embarrasse l'esprit, car alors le cœur n'est plus touché.

Ariane s'écarte malheureusement de la nature à la fin de cette scène; c'est ce qui achève de la défigurer. Elle dit *qu'elle doit* donner *à son cœur une cruelle gêne. Son cœur*, dit-elle, *l'a trahie, en lui fesant prendre un amour trop indigne.* Il faut qu'elle trahisse son cœur à son tour; et elle punira ce cœur, de ce qu'il n'a pas connu qu'il parlait pour un traître, en parlant pour Thésée. C'est là le comble du mauvais goût. Un style lâche est presque pardonnable en comparaison de ces froids jeux d'esprit dans lesquels on s'étudie à mal écrire.

SCÈNE IV.

V. 2.   De l'amour aisément on ne vainc point les charmes, etc.

Je n'insiste pas sur ce mot *vainc*, qui ne doit jamais entrer dans les vers, ni même dans la prose. On doit éviter tous les mots dont le son est désagréable, et qui ne sont qu'un reste de l'ancienne barbarie. Mais on ne voit pas trop ce que veut dire Ariane : *S'il dépendait de nous de vaincre les charmes de l'amour, je regretterais moins ce que je perds en vous;* cela ne se joint point à ce vers : *Il vous force à changer, il faut que j'y consente.* Il y a une logique secrète qui doit régner dans tout ce qu'on dit, et même dans les passions les plus violentes; sans cette logique on ne parle qu'au hasard, on débite des vers qui ne sont que des vers : le bon sens doit animer jusqu'au délire de l'amour.

Thésée joue partout un rôle désagréable, et ici plus qu'ailleurs. Un héros qui dans une scène ne dit que ces trois mots : *Madame, je n'ai pas...* ferait mieux de ne rien dire du tout.

SCÈNE V.

V. 27.   A quoi que son courroux puisse être disposé,
          Il est pour s'en défendre un moyen bien aisé, etc.

Il ne trouve, pour défendre sa maîtresse, de meilleur moyen que de s'enfuir. Il dit que *la foudre gronde parce que Ariane veut se venger de sa rivale.* Ce n'est pas là le vrai Thésée. *Il veut, dès cette même nuit, de ces lieux disparaître sans bruit.* C'est un propos de comédie. La scène en général est mal écrite, et il y a des vers qu'on ne peut supporter, comme, par exemple, celui-ci :

> Je la tue, et c'est vous qui me le faites faire.

Mais il y en a aussi d'heureux et de naturels auxquels tout l'art de Racine ne pourrait rien ajouter.

> Et qui me répondra que vous serez fidèle?
> Votre légèreté peut me laisser ailleurs, etc.

La scène finit mal : *Donnez l'ordre qu'il faut, je serai prête à tout.* C'était là qu'on attendait quelques combats du cœur, quelques remords, et surtout de beaux vers qui rendissent le rôle de Phèdre plus supportable.

ACTE CINQUIÈME.

SCÈNE I.

V. 14. **Ma mort n'est qu'un malheur qui ne vaut pas le craindre.**

Cette expression n'est pas française : c'est un reste des mauvaises façons de parler de l'ancien temps que Thomas Corneille se permettait rarement.

Il y a beaucoup d'art à jeter dans cette scène quelques légers soupçons sur Phèdre, et à les détruire. On ne peut mieux préparer le coup mortel qu'Ariane recevra quand elle apprendra que Thésée est parti avec sa sœur. Il est vrai que le style est bien négligé; l'intérêt se soutient, et c'est beaucoup; mais les oreilles délicates ne peuvent supporter

> Que la jeune Cyane est celle que l'on croit
> Que Thésée... — On la nomme à cause qu'il la voit.

Un tel style gâte les choses les plus intéressantes.

SCÈNE II.

V. 18. Si l'on m'avait dit vrai, vous seriez hors de peine.

Pirithoüs est ici plus petit que jamais. L'intime ami de Thésée ne sait rien de ce qui se passe, et ne joue qu'un personnage de valet.

SCÈNE III.

V. 1. Que fait ma sœur? vient-elle? etc.

Cette scène est véritablement intéressante; elle montre bien qu'il faut toujours, jusqu'à la fin, de l'inquiétude et de l'incertitude au théâtre.

V. 19. Elle ne paraît point, et Thésée est parti.

Ce sont là de ces vers que la situation seule rend excellens; les moindres ornemens les affaibli-

raient. Il y en a quelques uns de cette espèce dans
Ariane; c'est un très grand mérite : tant il est vrai
que le naturel est toujours ce qui plaît le plus!

SCÈNE IV.

V. 12. .... Il viole sa foi,
　　　Me désespère, et veut qu'on prenne soin de moi!

Cette répétition des mots du billet de Thésée,
qu'on prenne soin de moi, est excellente. *Il viole sa
foi, me désespère*, est faible et lâche. C'est de sa
sœur qu'elle doit parler : elle savait bien déja que
Thésée avait violé sa foi. *Il me désespère* est un
terme vague. Ariane ne dit pas ce qu'elle doit dire ;
ainsi, le mauvais est souvent à côté du bon, et le
goût consiste à démêler ces nuances.

V. der. Le roi, vous, et les dieux, vous êtes tous complices.

Ce vers passe pour être beau ; il le serait en effet,
si les dieux avaient eu quelque part à la pièce, si
quelque oracle avait trompé Ariane : il faut avouer
que *les dieux* viennent là assez inutilement pour
remplir le vers, et pour frapper l'oreille de la
multitude ; mais ce vers fait toujours effet.

SCÈNE V.

V. 1. Ah, Nérine!

Cette simple exclamation est très touchante. On
se peint à soi-même Ariane plongée dans une
douleur qu'elle n'a pas la force d'exprimer ; mais,

lorsque le moment d'après elle dit que *sa douleur est si forte, que, succombant aux maux qu'on lui fait découvrir, elle demeure insensible à force de souffrir,* ce n'est plus la douleur d'Ariane qui parle, c'est l'esprit du poëte. Il me paraît qu'Ariane raisonne trop, et qu'elle ne raisonne pas assez bien.

V. 17.　Je promettais son sang à mes bouillans transports ;
　　　　Mais je trouve à briser les liens les plus forts.

L'un n'est pas opposé à l'autre. Le poëte ne s'exprime pas comme il le doit ; il veut dire *j'espérais me venger d'une rivale, et cette rivale est ma sœur : elle fuit avec mon amant, et tous deux bravent ma vengeance.* Il y a là une douzaine de vers fort mal faits ; mais rien n'est plus beau que ceux-ci :

　　　La perfide, abusant de ma tendre amitié,
　　　Montrait de ma disgrace une fausse pitié ;
　　　Et jouissant des maux que j'aimais à lui peindre,
　　　Elle en était la cause, et feignait de me plaindre.

Voyez comme dans ces quatre vers tout est naturel et aisé, comme il n'y a aucun mot inutile ou hors de sa place.

V. 58.　Je le comble de biens, il m'accable de maux, etc.

Il est naturel à la douleur de se répandre en plaintes ; la loquacité même lui est permise ; mais c'est à condition qu'on ne dira rien que de juste, et qu'on ne se plaindra point vaguement et en termes impropres. Ariane n'a pas comblé Thésée de biens; il faut qu'elle exprime sa situation, et non pas qu'elle dise faiblement qu'on l'accable de maux. Comment peut-elle dire que Thésée évite sa rencontre par la honte qu'il a de sa perfidie, dans le temps que Thésée est parti avec Phèdre? Comment peut-elle dire qu'*il faudra bien enfin qu'il se montre?* Ariane, en se plaignant ainsi, sèche les larmes des connaisseurs qui s'attendrissaient pour elle. Elle a beau dire, par un retour sur soi-même, *à quel lâche espoir mon trouble me réduit!* ce trouble n'a point dû lui faire oublier que sa sœur lui a enlevé son amant, et qu'ils voguent tous deux vers Athènes; bien au contraire, c'est sur cette fuite que tous ses emportemens et tout son désespoir doivent être fondés. Les vers qu'elle débite ne sont pas assez bien faits:

> La peur d'en faire trop serait hors de saison.
> . . . . Si je demeure aimée;
> . . . . Où mon cœur se ravale.
> De cette assassinante et trop funeste idée;
> Quelques bras que contre eux ma haine puisse unir,
> Je souffre plus encor qu'elle ne peut punir.

SCÈNE VII.

V. 1.   Je ne viens point, madame, opposer à vos plaintes
De faux raisonnemens, ou d'injustes contraintes, etc.

Ce pauvre prince de Naxe qui ne vient point opposer d'*injustes contraintes et de faux raisonne-*

mens, et qui ne finit jamais sa phrase, achève son rôle aussi mal qu'il l'a commencé.

Enfin, dans cette pièce, il n'y a qu'Ariane. C'est une tragédie faible dans laquelle il y a des morceaux très naturels et très touchans, et quelques uns même très bien écrits.

REMARQUES

SUR LE COMTE D'ESSEX,

TRAGÉDIE DE THOMAS CORNEILLE, REPRÉSENTÉE EN 1678.

———

PRÉFACE DU COMMENTATEUR.

La mort du comte d'Essex a été le sujet de quelques tragédies, tant en France qu'en Angleterre. La Calprenède fut le premier qui mit ce sujet sur la scène, en 1632. Sa pièce eut un très grand succès. L'abbé Boyer, long-temps après, traita ce sujet différemment, en 1672. Sa pièce était plus régulière; mais elle était froide, et elle tomba. Thomas Corneille, en 1678, donna sa tragédie du *Comte d'Essex* : elle est la seule qu'on joue encore quelquefois. Aucun de ces trois auteurs ne s'est attaché scrupuleusement à l'histoire.

> « Pictoribus atque poetis
> « Quidlibet audendi semper fuit æqua potestas. »

Mais cette liberté a ses bornes, comme toute autre espèce de liberté. Il ne sera pas inutile de donner ici un précis de cet événement.

Élisabeth, reine d'Angleterre, qui régna avec beaucoup de prudence et de bonheur, eut pour base de sa conduite, depuis qu'elle fut sur le trône, le dessein de ne se jamais donner de mari, et de ne se soumettre jamais à un amant. Elle aimait à plaire, et elle n'était pas insensible. Robert Dudley, fils du duc de Northumberland, lui inspira d'abord quelque inclination et fut regardé quelque temps comme un favori déclaré, sans qu'il fût un amant heureux.

Le comte de Leicester succéda dans la faveur à Dudley; et enfin, après la mort de Leicester, Robert d'Évreux, comte d'Essex, fut dans ses bonnes graces. Il était fils d'un comte d'Essex, créé par la reine comte-maréchal d'Irlande : cette famille était originaire de Normandie, comme le nom d'Évreux le témoigne assez. Ce n'est pas que la ville d'Evreux eût jamais appartenu à cette maison; elle avait été érigée en comté par Richard Ier, duc de Normandie, pour un de ses fils, nommé *Robert*, archevêque de Rouen, qui, étant archevêque, se maria solennellement avec une demoiselle nommée *Herlève*. De ce mariage, que l'usage approuvait alors, naquit une fille qui porta le comté d'Évreux dans la maison de Montfort. Philippe-Auguste acquit Évreux en 1200 par une transaction; ce comté fut depuis réuni à la couronne, et cédé ensuite en pleine propriété, en 1651, par Louis XIV, à la maison de La Tour d'Auvergne de Bouillon. La maison d'Essex, en Angleterre, descendait d'un of-

ficier subalterne, natif d'Évreux, qui suivit Guil-
laume-le-Bâtard à la conquête de l'Angleterre, et
qui prit le nom de la ville où il était né. Jamais
Évreux n'appartint à cette famille, comme quelques uns l'ont cru. Le premier de cette maison qui
fut comte d'Essex, fut Gautier d'Évreux, père du
favori d'Élisabeth, et ce favori, nommé *Guillaume*,
laissa un fils qui fut fort malheureux, et dans qui
la race s'éteignit.

Cette petite observation n'est que pour ceux qui
aiment les recherches historiques, et n'a aucun
rapport avec la tragédie que nous examinerons.

Le jeune Guillaume, comte d'Essex, qui fait le
sujet de la pièce, s'étant un jour présenté devant
la reine, lorsqu'elle allait se promener dans un
jardin, il se trouva un endroit rempli de fange sur
le passage; Essex détacha sur-le-champ un manteau
broché d'or qu'il portait, et l'étendit sous les pieds
de la reine; elle fut touchée de cette galanterie;
celui qui la fesait était d'une figure noble et aimable; il parut à la cour avec beaucoup d'éclat.
La reine, âgée de cinquante-huit ans, prit bientôt
pour lui un goût que son âge mettait à l'abri des
soupçons : il était aussi brillant par son courage
et par la hauteur de son esprit, que par sa bonne
mine. Il demanda la permission d'aller conquérir,
à ses dépens, un canton de l'Irlande, et se signala
souvent en volontaire. Il fit revivre l'ancien esprit

de la chevalerie, portant toujours à son bonnet un gant de la reine Élisabeth. C'est lui qui, commandant les troupes anglaises au siége de Rouen, proposa un duel à l'amiral de Villars-Brancas, qui défendait la place, pour lui prouver, disait-il, dans son cartel, que sa maîtresse était plus belle que celle de l'amiral. Il fallait qu'il entendît par là quelque autre dame que la reine Élisabeth, dont l'âge et le grand nez n'avaient pas de puissans charmes. L'amiral lui répondit qu'il se souciait fort peu que sa maîtresse fût belle ou laide, et qu'il l'empêcherait bien d'entrer dans Rouen. Il défendit très bien la place, et se moqua de lui.

La reine le fit grand-maître de l'artillerie, lui donna l'ordre de la jarretière, et enfin le mit de son conseil privé. Il y eut quelque temps le premier crédit; mais il ne fit jamais rien de mémorable; et, lorsqu'en 1599 il alla en Irlande contre les rebelles, à la tête d'une armée de plus de vingt mille hommes, il laissa dépérir entièrement cette armée qui devait subjuguer l'Irlande en se montrant. Obligé de rendre compte d'une si mauvaise conduite devant le conseil, il ne répondit que par des bravades qui n'auraient pas même convenu après une campagne heureuse. La reine, qui avait encore pour lui quelque bonté, se contenta de lui ôter sa place au conseil, de suspendre l'exercice de ses autres dignités, et de lui défendre la cour.

Elle avait alors soixante et huit ans. Il est ridicule d'imaginer que l'amour pût avoir la moindre part dans cette aventure. Le comte conspira indignement contre sa bienfaitrice; mais sa conspiration fut celle d'un homme sans jugement. Il crut que Jacques, roi d'Écosse, héritier naturel d'Élisabeth, pourrait le secourir et venir détrôner la reine. Il se flatta d'avoir un parti dans Londres; on le vit dans les rues, suivi de quelques insensés attachés à sa fortune, tenter inutilement de soulever le peuple. On le saisit, ainsi que plusieurs de ses complices. Il fut condamné et exécuté selon les lois, sans être plaint de personne. On prétend qu'il était devenu dévot dans sa prison, et qu'un malheureux prédicant presbytérien, lui ayant persuadé qu'il serait damné s'il n'accusait pas tous ceux qui avaient part à son crime, il eut la lâcheté d'être leur délateur, et de déshonorer ainsi la fin de sa vie. Le goût qu'Élisabeth avait eu autrefois pour lui, et dont il était en effet très peu digne, a servi de prétexte à des romans et à des tragédies. On a prétendu qu'elle avait hésité à signer l'arrêt de mort que les pairs du royaume avaient prononcé contre lui. Ce qui est sûr, c'est qu'elle le signa; rien n'est plus avéré, et cela seul dément les romans et les tragédies.

LE COMTE D'ESSEX,

TRAGÉDIE.

ACTE PREMIER.
SCÈNE I.

V. 1.   Non, mon cher Salsbury, vous n'avez rien à craindre.

Il n'y eut point de Salsbury (Salisbury) mêlé dans l'affaire du comte d'Essex : son principal complice était un comte de Southampton; mais apparemment que le premier nom parut plus sonore à l'auteur, ou plutôt il n'était pas au fait de l'histoire d'Angleterre.

V. 67.   Comme il hait les méchans, il me serait utile
          A chasser un Coban, un Raleigh, un Cécile,
          Un tas d'hommes sans nom, etc.

Robert Cecil, lord Burleigh, fils de William Cecil, lord Burleigh, principal ministre d'état sous Élisabeth, fut depuis comte de Salisbury. Il s'en fallait beaucoup que ce fût un homme sans nom. L'auteur ne devait pas faire d'un comte de Salisbury un confident du comte d'Essex, puisque le véritable comte de Salisbury était ce même Cecil, son ennemi personnel, un des seigneurs qui le condamnèrent. Walter Raleigh était un vice-amiral célèbre par ses grandes actions et par son génie, et dont le mérite solide était fort supérieur au brillant du comte d'Essex. Il n'y eut jamais de Coban, mais bien un lord Cobham d'une des plus illustres maisons du pays, qui, sous le roi Jacques Ier, fut mis en prison pour une conspiration vraie ou prétendue. Il n'est pas permis de falsifier à ce point une histoire si récente, et de traiter avec tant d'indignité des hommes de la plus grande naissance et du plus grand mérite : les personnes instruites en sont révoltées, sans que les ignorans y trouvent beaucoup de plaisir.

V. 68.   Avez-vous de la reine assiégé le palais,
          Lorsque le duc d'Irton épousant Henriette...

Il n'y a jamais eu ni duc d'Irton, ni aucun homme de ce nom à la cour de Londres. Il est bon de savoir que dans ce temps-là on n'accordait le titre de duc qu'aux seigneurs alliés des rois et des reines.

V. 87.   Pour elle, chaque jour, réduite à me parler,
          Elle a voulu me vaincre, et n'a pu m'ébranler.

Il semblerait qu'Élisabeth fût une Roxane qui, n'osant entretenir le comte d'Essex, lui fit parler d'amour sous le nom d'une Atalide. Quand on sait que la reine d'Angleterre était presque septuagénaire, ces petites intrigues, ces petites sollicitations amoureuses deviennent bien extraordinaires.

Quant au style, il est faible, mais clair, et entièrement dans le genre médiocre.

V. 123. Pour ne hasarder pas un objet si charmant,
De la sœur de Suffolk je me feignis amant.

Il n'y avait pas plus de sœur de Suffolk que de duc d'Irton. Le comte d'Essex était marié. L'intrigue de la tragédie n'est qu'un roman; le grand point est que ce roman puisse intéresser. On demande jusqu'à quel point il est permis de falsifier l'histoire dans un poëme. Je ne crois pas qu'on puisse changer, sans déplaire, les faits ni même les caractères connus du public. Un auteur qui représenterait César battu à Pharsale serait aussi ridicule que celui qui, dans un opéra, introduisait César sur la scène, chantant *alla fuga, allo scampo, signori*. Mais quand les événemens qu'on traite sont ignorés d'une nation, l'auteur en est absolument le maître. Presque personne en France, du temps de Thomas Corneille, n'était instruit de l'histoire d'Angleterre; aujourd'hui un poëte devrait être plus circonspect.

SCÈNE II.

V. 114. Et si l'on vous arrête? — On n'oserait, madame.

C'est la réponse que fit le duc de Guise-le-Balafré

à un billet dans lequel on l'avertissait que Henri III devait le faire saisir; il mit au bas du billet : *On n'oserait.* Cette réponse pouvait convenir au duc de Guise, qui était alors aussi puissant que son souverain, et non au comte d'Essex, déchu alors de tous ses emplois; mais les spectateurs n'y regardent pas de si près.

SCÈNE III.

V. 55.   Et j'aurai tout loisir, après de longs outrages,
          D'apprendre qui je suis à des flatteurs à gages.

On ne peut guère traiter ainsi un principal ministre d'état; toutes les expressions du comte d'Essex sont peu mesurées et ne sont pas assez nobles.

ACTE SECOND.

SCÈNE I.

V. 7.   Il a trop de ma bouche, il a trop de mes yeux
         Appris qu'il est, l'ingrat, ce que j'aime le mieux.

Je n'examine point si ces vers sont mauvais. Une reine telle qu'Élisabeth presque décrépite, qui parle du poison qui dévore son cœur, et de ce que ses yeux et sa bouche ont dit à son ingrat, est un personnage comique. C'est là peut-être un des plus grands exemples du défaut qu'on a si souvent reproché à notre nation, de changer la tragédie en roman amoureux.

S'il s'agissait d'une jeune reine, ce roman serait tolérable; et on ne peut attribuer le succès de cette pièce qu'à l'ignorance où était le parterre de l'âge d'Élisabeth. Tout ce qu'elle pouvait raisonnablement dire, c'est qu'autrefois elle avait eu de l'inclination pour Essex : mais alors il n'y aurait eu rien d'intéressant. L'intérêt ne peut donc subsister qu'aux dépens de la vraisemblance. Qu'en doit-on conclure? que l'aventure du comte d'Essex est un sujet mal choisi.

V. 15.   Au crime, pour lui plaire, il s'ose abandonner,
        Et n'en veut à mes jours que pour la couronner.

Quelle était donc cette jeune Suffolk que ce comte d'Essex voulait ainsi couronner? Il n'y en avait point alors; et comment le comte d'Essex aurait-il donné la couronne d'Angleterre? Il fallait au moins expliquer une chose si peu vraisemblable, et lui donner quelque couleur. Voilà une jeune Suffolk tombée des nues, qu'Essex veut faire reine d'Angleterre, sans qu'on sache pourquoi, ni par quels moyens. Une chose si importante ne devait pas être dite en passant. La reine se plaint qu'on en veut à ses jours; cela est bien plus grave : et elle n'y insiste pas, elle n'en parle que comme d'un petit incident; cela n'est pas dans la nature. Mais telle est la force du préjugé, que le peuple aima cette tragédie, sans considérer autre chose

que l'amour d'une reine et l'orgueil d'un héros
infortuné, quoique Élisabeth n'eût point été en
effet amoureuse, et qu'Essex n'eût pas été un héros
du premier ordre. Aussi cet ouvrage, qui séduisit
le peuple, ne fut jamais du goût des connaisseurs.

V. 22.   Mais, madame, un sujet doit-il aimer sa reine?
         Et, quand l'amour naîtrait, a-t-il à triompher
         Où le respect plus fort combat pour l'étouffer?

Il est bien question de savoir s'il est permis ou
non à un sujet d'avoir de l'amour pour sa reine,
quand un sujet est accusé d'un crime d'état si
grand? Ces mauvais vers servent encore à faire
voir combien il faut d'art pour développer les ressorts du cœur humain ; quel choix de mots, quels
tours délicats, quelle finesse, on doit employer.

V. 30.   Je lui donnais sujet de ne se point contraindre, etc.

Quelles faibles et prosaïques expressions! et
que veut dire une femme quand elle avoue
qu'elle n'a point donné à son amant sujet de se
contraindre avec elle?

SCÈNE II.

V. 17.   Ciel! faut-il que ce cœur qui se sent déchirer,
         Contre un sujet ingrat tremble à se déclarer?
         Que ma mort qu'il résout me demandant la sienne,
         Une indigne pitié m'étonne, me tienne, etc.

Il est clair que si Essex a conspiré contre la vie

d'Élisabeth elle ne doit pas se borner à dire : *Il verra ce que c'est que d'outrager sa reine;* et, s'il s'en est tenu *à s'être caché cet amour où pour lui le cœur d'Élisabeth est attaché,* elle ne doit pas dire qu'il a conspiré sa mort. Ce n'est point ici une amante désespérée, qui dit à son amant infidèle *qu'il la tue;* c'est une vieille et grande reine qui dit positivement qu'on a voulu la détrôner et la tuer. Elle ne dit donc point du tout ce qu'elle doit dire; elle ne parle ni en amante abandonnée, ni en reine contre laquelle on conspire; elle mêle ensemble ces deux attentats si différens l'un de l'autre; elle dit : *J'ai souffert jusqu'ici malgré ses injustices.* L'injustice était un peu forte de vouloir lui ôter la vie. *Il faut en l'abaissant étonner les ingrats.* Quoi! elle prétend qu'Essex est coupable de haute trahison, de lèse-majesté au premier chef, et elle se contente de dire qu'*il faut l'abaisser,* qu'*il faut étonner les ingrats!* J'avoue que tous ces termes si mal mesurés, si peu convenables à la situation, et qui ne disent rien que de vague, cette obscurité, cette incertitude, ne me permettent pas de prendre le moindre intérêt à ces personnages. Le lecteur, le spectateur éclairé veut savoir précisément de quoi il s'agit. Il est tenté d'interrompre la reine Élisabeth, et de lui dire: De quoi vous plaignez-vous? Expliquez-vous nettement : le comte d'Essex a-t-il voulu vous poignarder, se faire reconnaître roi d'Angleterre en épousant la sœur de ce Suffolk? développez-nous donc comment un dessein si atroce et si fou a pu se former ; comment votre général de l'artillerie dépossédé par vous, comment un simple gentilhomme s'est mis dans la tête de vous succéder : cela vaut bien la peine d'être expliqué. Ce que vous dites est aussi incroyable que vos lamentations de n'être point aimée à l'âge de près de soixante et dix ans sont ridicules. J'ajouterais encore : Parlez en plus beaux vers, si vous voulez me toucher.

V. 38.   Les témoins sont ouïs, son procès est tout fait, etc.

Ce n'est pas la peine d'écrire en vers, quand on se permet un style si commun ; ce n'est là que rimer de la prose triviale. Il y a dans cette scène quelques mouvemens de passion, quelques combats du cœur ; mais qu'ils sont mal exprimés ! Il semble qu'on ait applaudi dans cette pièce plutôt ce que les acteurs devaient dire que ce qu'ils disent, plutôt leur situation que leurs discours. C'est ce qui arrive souvent dans les ouvrages fondés sur les passions ; le cœur du spectateur s'y prête à l'état des personnages, et n'examine point. Ainsi tous les jours nous nous attendrissons à la vue des personnes malheureuses, sans faire attention à la manière dont elles expriment leurs infortunes.

SCÈNE III.

V. 10.   Dans un projet coupable il le fait affermi.

On ne peut guère écrire plus mal; mais le rôle de Cecil est plus mauvais que ce style : il est froid, il est subalterne. Quand on veut peindre de tels hommes, il faut employer les couleurs dont Racine a peint Narcisse.

SCÈNE V.

V. 1.   Comte, j'ai tout appris.

Cette scène était aussi difficile à faire que le fond en est tragique. C'est un sujet accusé d'avoir trahi sa souveraine, comme Cinna; c'est un amant convaincu d'être ingrat envers sa souveraine, comme Bajazet. Ces deux situations sont violentes, mais l'une fait tort à l'autre. Deux accusations, deux caractères, deux embarras à soutenir à la fois, demandent le plus grand art. Élisabeth est ici reine et amante, fière et tendre, indignée en qualité de souveraine, et outragée dans son cœur. L'entrevue est donc très intéressante. Le dialogue répond-il à l'importance et à l'intérêt de la scène?

V. 19.   Je sais trop que le trône, où le ciel vous fait seoir,
Vous donne sur ma vie un absolu pouvoir.

Notandi sunt tibi mores. Le *costume* n'est pas observé ici. *Le trône où le ciel fait seoir Élisabeth* ne lui donne un pouvoir absolu sur la vie de personne, encore moins sur celle d'un pair du royaume. Cette maxime serait peut-être convenable dans Maroc ou dans Ispahan; mais elle est absolument fausse à Londres.

V. 3o.   Si pour l'état tremblant la suite en est à craindre,
C'est à voir des flatteurs s'efforcer aujourd'hui,
En me rendant suspect, d'en abattre l'appui.

Cette tirade, écrite d'un style prosaïque et froid, en prose rimée, finit par une rodomontade qu'on excuse, parce que le poëte suppose que le comte d'Essex est un grand homme qui a sauvé l'Angleterre; mais, en général, il est toujours beaucoup plus beau de faire sentir ses services que de les étaler, de laisser juger ce qu'on est, plutôt que de le dire : et, quand on est forcé de le dire pour repousser la calomnie, il faut le dire en très beaux vers.

V. 37.   Des traîtres, des méchans, accoutumés au crime,
M'ont, par leurs faussetés, arraché votre estime.

C'est se défendre trop vaguement. Il n'est ni grand, ni tragique, ni décent, de répondre ainsi; la vérité de l'histoire dément trop ces accusations générales et ces vaines récriminations. Tout d'un coup il se contredit lui-même; il se rend coupable par ces vers, d'ailleurs très faibles :

C'est au trône, où peut-être on m'eût laissé monter,
Que je me fusse mis en pouvoir d'éclater.

Le lord Essex au trône! de quel droit? comment? sur quelle apparence? par quel moyen? La reine Élisabeth devait ici l'interrompre; elle devait être surprise d'une telle folie. Quoi! un membre ordinaire de la chambre haute, convaincu d'avoir voulu en vain exciter une sédition, ose dire qu'il pouvait se faire roi! Si la chose dont il se vante si imprudemment est fausse, la reine ne peut voir en lui qu'un homme réellement fou; si elle est vraie, ce n'est pas là le temps de lui parler d'amour.

V. 57.   .... Et qu'avait fait ta reine
        Qui dût à sa ruine intéresser ta haine ?

Élisabeth, dans ce couplet, ne fait autre chose que donner au comte d'Essex des espérances de l'épouser. Est-ce ainsi qu'Élisabeth aurait répondu à un grand maître de l'artillerie hors d'exercice, à un conseiller privé hors de charge, qui lui aurait fait entendre qu'il n'avait tenu qu'à ce conseiller privé de se mettre sur le trône d'Angleterre? Élisabeth à soixante et huit ans pouvait-elle parler ainsi? Cette idée choquante se présente toujours au lecteur instruit.

V. 94.   Le trône te plairait, mais avec ma rivale.

Cette rivale imaginaire qu'on ne voit point rend les reproches d'Élisabeth aussi peu convenables que les discours d'Essex sont inconséquens. Si

cette Suffolk a quelques droits au trône, si Essex
a conspiré pour la faire reine, Élisabeth a donc
dû s'assurer d'elle. Thomas Corneille a bien senti
en général que la rivalité doit exciter la colère,
que l'intérêt d'une couronne et celui d'une passion
doivent produire des mouvemens au théâtre; mais
ces mouvemens ne peuvent toucher quand ils ne
sont pas fondés. Une conspiration, une reine en
danger d'être détrônée, une amante sacrifiée, sont
assurément des sujets tragiques; ils cessent de
l'être dès que tout porte à faux.

V. 109. ... J'accepterais un pardon? Moi, madame?

Cela est beau, et digne de Pierre Corneille. Ce
vers est sublime parce que le sentiment est grand,
et qu'il est exprimé avec simplicité; mais, quand
on sait qu'Essex était véritablement coupable, et
que sa conduite avait été celle d'un insensé, cette
belle réponse n'a plus la même force.

V. 117. Vous le savez, madame, et l'Espagne confuse
Justifie un vainqueur que l'Angleterre accuse.

En effet, le comte d'Essex était entré dans Cadix
quand l'amiral Howard, sous qui il servait, battit
la flotte espagnole dans ces parages. C'était le seul
service un peu signalé que le comte d'Essex eût
jamais rendu. Il n'y avait pas là de quoi se faire
tant valoir. Tel est l'inconvénient de choisir un
sujet de tragédie dans un temps et chez un peuple

si voisins de nous. Aujourd'hui que l'on est plus éclairé, on connaît la reine Élisabeth et le comte d'Essex; et on sait trop que l'un et l'autre n'étaient point ce que la tragédie les représente, et qu'ils n'ont rien dit de ce qu'on leur fait dire. Il n'en est pas ainsi de la fable de *Bajazet* traitée par Racine; on ne peut l'accuser d'avoir falsifié une histoire connue. Personne ne sait ce qu'était Roxane; l'histoire ne parle ni d'Atalide ni du visir Acomat. Racine était en droit de créer ses personnages.

SCÈNE VI.

V. 3. Et ne voyez-vous pas que vous êtes perdu,
Si vous souffrez l'arrêt qui peut être rendu? etc.

Assurément le comte d'Essex est perdu s'il est condamné et exécuté; mais quelles façons de parler, *souffrir un arrêt, avoir des juges pour y trouver asile!*

La duchesse prétendue d'Irton est une femme vertueuse et sage, qui n'a voulu ni se perdre auprès d'Élisabeth en aimant le comte, ni épouser son amant. Ce caractère serait beau s'il était animé, s'il servait au nœud de la pièce; elle ne fait là qu'office d'ami. Ce n'est pas assez pour le théâtre.

SCÈNE VII.

V. 10. Vous avez dans vos mains ce que toute la terre
A vu plus d'une fois utile à l'Angleterre.

Ces vers et la situation frappent; on n'examine

pas si *toute la terre* est un mot un peu oiseux, amené pour rimer à l'Angleterre, si *cette épée* a été si utile : on est touché. Mais lorsque Essex ajoute :

> ...Quelque douleur que j'en puisse sentir,
> La reine veut se perdre, il faut y consentir;

tout homme un peu instruit se révolte contre une bravade si déplacée. En quoi, comment Élisabeth est-elle perdue, si on arrête un fou insolent qui a couru dans les rues de Londres, et qui a voulu ameuter la populace, sans avoir pu seulement se faire suivre de dix misérables?

ACTE TROISIÈME.

SCÈNE II.

V. 11.   J'en saurai le coup prêt d'éclater, le verrai...
       Non, puisqu'en moi toujours l'amante te fit peine,
       Tu le veux, pour te plaire, il faut paraître reine, etc.

Il n'est pas permis de faire de tels vers. Presque tout ce que dit Élisabeth manque de convenance, de force et d'élégance; mais le public voit une reine qui a fait condamner à la mort un homme qu'elle aime, on s'attendrit : on est indulgent au théâtre sur la versification, du moins on l'était encore du temps de Thomas Corneille.

V. 55.   O vous, rois, que pour lui ma flamme a négligés!
       Jetez les yeux sur moi, vous êtes bien vengés.

Ce sont là des vers heureux. Si la pièce était

écrite de ce style, elle serait bonne, malgré ses défauts ; car quelle critique pourrait faire tort à un ouvrage intéressant par le fond, et éloquent dans les détails ?

V. 66. Doutes-tu qu'il ne veuille implorer ma clémence ?
   Que, sûr que mes bontés passent ses attentats...

Ce vers ne signifie rien : non seulement le sens en est interrompu par ces points qu'on appelle *poursuivans*, mais il serait difficile de le remplir. C'est une très grande négligence de ne point finir sa phrase, sa période, et de se laisser ainsi interrompre, surtout quand le personnage qui interrompt est un subalterne qui manque aux bienséances en coupant la parole à son supérieur. Thomas Corneille est sujet à ce défaut dans toutes ses pièces. Au reste, ce défaut n'empêchera jamais un ouvrage d'être intéressant et pathétique ; mais un auteur soigneux de bien écrire doit éviter cette négligence.

V. 74. Je frémis de le perdre, et tremble à m'y résoudre ;
   Si, me bravant toujours, il ose m'y forcer,
   Moi reine, lui sujet, puis-je m'en dispenser ?

Il me semble qu'il y a toujours quelque chose de louche, de confus, de vague, dans tout ce que les personnages de cette tragédie disent et font. Que toute action soit claire, toute intrigue bien connue, tout sentiment bien développé ; ce sont là des règles inviolables : mais ici que veut le comte d'Essex? que veut Élisabeth? quel est le crime du comte? est-il accusé faussement? est-il coupable? Si la reine le croit innocent, elle doit prendre sa défense; s'il est reconnu criminel, est-il raisonnable que la confidente dise qu'il n'implorera jamais sa grace, qu'il est trop fier? La fierté est très convenable à un guerrier vertueux et innocent, non à un homme convaincu de haute trahison. *Qu'il fléchisse*, dit la reine : est-ce bien là le sentiment qui doit l'occuper si elle l'aime? Quand il aura fléchi, quand il aura obtenu sa grace, Élisabeth en sera-t-elle plus aimée? *Je l'aime*, dit la reine, *cent fois plus que moi-même.* Ah! madame, si vous avez la tête tournée à ce point, si votre passion est si grande, examinez donc l'affaire de votre amant, et ne souffrez pas que ses ennemis l'accablent et le persécutent injustement sous votre nom, comme il est dit, quoique faussement dans toute la pièce.

SCÈNE III.

La scène du prétendu comte de Salsbury avec la reine a quelque chose de touchant; mais il reste toujours cette incertitude et cet embarras qui font peine. On ne sait pas précisément de quoi il s'agit. *Le crime ne suit pas toujours l'apparence : craignez les injustices de ceux qui de sa mort se rendent les complices.* La reine doit donc alors, séduite par sa passion, penser comme Salsbury, croire Essex innocent, mettre ses accusateurs entre les mains de la justice, et faire condamner celui qui sera trouvé coupable.

Mais, après que ce Salsbury a dit que les injustices rendent complices les juges du comte d'Essex, il parle à la reine de clémence; il lui dit *que la clémence a toujours eu ses droits, et qu'elle est la vertu la plus digne des rois.* Il avoue donc que le comte d'Essex est criminel. A laquelle de ces deux idées faudra-t-il s'arrêter? à quoi faudra-t-il se fixer? La reine répond qu'Essex est trop fier, que *c'est l'ordinaire écueil des ambitieux,* qu'*il s'est fait un outrage des soins qu'elle a pris pour détourner l'orage,* et que *si la tête du comte fait raison à la reine de sa fierté, c'est sa faute.* Le spectateur a pu passer de tels discours; le lecteur est moins indulgent.

V. 45.   Il mérite sans doute une honteuse peine,
           Quand sa fierté combat les bontés de sa reine.

Pourquoi mérite-t-il une honteuse peine, s'il n'est que fier? Il la mérite s'il a conspiré; si, comme Cecil l'a dit, du *comte de Tyron de l'Irlandais suivi, il en voulait au trône,* et qu'il *l'aurait ravi.* On ne sait jamais à quoi s'en tenir dans cette pièce; ni la conspiration du comte d'Essex, ni les sentimens d'Élisabeth ne sont jamais assez éclaircis.

V. 74.   **Mais, madame, on se sert de lettres contrefaites.**

Il est bien étrange que Salsbury dise qu'on a contrefait l'écriture du comte d'Essex, et que la reine ne songe pas à examiner une chose si importante. Elle doit assurément s'en éclaircir, et comme amante, et comme reine. Elle ne répond pas seulement à cette ouverture qu'elle devait saisir, et qui demandait l'examen le plus prompt et le plus exact; elle répète encore en d'autres mots que le comte est trop fier.

SCÈNE IV.

V. 14.   **Le lâche impunément aura su me braver.**

Élisabeth devait dire à sa confidente, la duchesse prétendue d'Irton : Savez-vous ce que le comte de Salsbury vient de m'apprendre? Essex n'est point coupable. Il assure que les lettres qu'on lui impute sont contrefaites. Il a récusé les faux témoins que Cecil aposte contre lui. Je dois justice au moindre de mes sujets, encore plus à un homme que j'aime. Mon devoir, mes sentimens, me forcent à chercher tous les moyens possibles de constater son innocence. Au lieu de parler d'une manière si naturelle et si juste, elle appelle Essex *lâche*. Ce mot *lâche* n'est pas compatible avec *braver*, elle ne dit rien de ce qu'elle doit dire.

V. 20.   La prison vous pourrait... — Non, je veux qu'il fléchisse;
         Il y va de ma gloire, il faut qu'il cède...

Élisabeth s'obstine toujours à cette seule idée qui ne paraît guère convenable; car, lorsqu'il s'agit de la vie de ce qu'on aime, on sent bien d'autres alarmes. Voici ce qui a probablement engagé Thomas Corneille à faire le fondement de sa pièce de cette persévérance de la reine à vouloir que le comte d'Essex s'humilie. Elle lui avait ôté précédemment toutes ses charges après sa mauvaise conduite en Irlande. Elle avait même poussé l'emportement honteux de la colère jusqu'à lui donner un soufflet. Le comte s'était retiré à la campagne; il avait demandé humblement pardon par écrit, et il disait dans sa lettre *qu'il était pénitent comme Nabuchodonosor, et qu'il mangeait du foin.* La reine alors n'avait voulu que l'humilier, et il pouvait espérer son rétablissement. Ce fut alors qu'il imagina pouvoir profiter de la vieillesse de la reine pour soulever le peuple, qu'il crut qu'on pourrait faire venir d'Écosse le roi Jacques, successeur naturel d'Élisabeth, et qu'il forma une conspiration aussi mal digérée que criminelle. Il fut pris précisément en flagrant délit, condamné et exécuté avec ses complices; il n'était plus alors question de *fierté.*

Cette scène de la duchesse d'Irton avec Élisabeth a quelque ressemblance à celle d'Atalide avec

Roxane. La duchesse avoue qu'elle est aimée du comte d'Essex, comme Atalide avoue qu'elle est aimée de Bajazet. La duchesse est plus vertueuse, mais moins intéressante; et ce qui ôte tout intérêt à cette scène de la duchesse avec la reine, c'est qu'on n'y parle que d'une intrigue passée; c'est que la reine a cessé, dans les scènes précédentes, de penser à cette prétendue Suffolk dont elle a cru le comte d'Essex amoureux; c'est qu'enfin la duchesse d'Irton étant mariée, Élisabeth ne peut plus être jalouse avec bienséance : mais surtout une jalousie d'Élisabeth à son âge ne peut être touchante. Il en faut toujours revenir là. C'est le grand vice du sujet. L'amour n'est fait ni pour les vieux ni pour les vieilles.

V. 92. Sur le crime apparent je sauverai ma gloire, etc.

On voit assez quel est ici le défaut de style, et ce que c'est qu'*une gloire sauvée sur un crime apparent.*

Mais pourquoi Élisabeth est-elle plus fâchée contre la dame prétendue d'Irton que contre la dame prétendue de Suffolk? Que lui importe d'être négligée pour l'une ou pour l'autre? Elle n'est point aimée, cela doit lui suffire.

La fin de cette scène paraît belle; elle est passionnée et attendrissante. Il serait pourtant à désirer qu'Élisabeth ne dît pas toujours la même

chose; elle recommande tantôt à Tilney, tantôt à
Salsbury, tantôt à Irton d'engager le comte d'Essex à n'être plus *fier* et à demander grace. C'est là
le seul sentiment dominant; c'est là le seul nœud.
Il ne tenait qu'à elle de pardonner, et alors il n'y
avait plus de pièce.

On doit, autant qu'on le peut, donner aux
personnages des sentimens qu'ils doivent nécessairement avoir dans la situation où ils se trouvent.

ACTE QUATRIÈME.

SCÈNE I.

V. 3.   Si l'arrêt qui me perd te semble à redouter,
         J'aime mieux le souffrir que de le mériter.

Voilà donc le comte d'Essex qui proteste nettement de son innocence. Élisabeth, dans cette supposition de l'auteur, est donc inexcusable d'avoir
fait condamner le comte : la duchesse d'Irton s'est
donc très mal conduite en n'éclaircissant pas la
reine. Il est condamné sur de faux témoignages;
et la reine, qui l'adore, ne s'est pas mise en peine
de se faire rendre compte des pièces du procès,
qu'on lui a dit vingt fois être fausses. Une telle
négligence n'est pas naturelle; c'est un défaut capital. Faites toujours penser et dire à vos personnages ce qu'ils doivent dire et penser; faites-les
agir comme ils doivent agir. L'amour seul d'Élisa-

beth, dira-t-on, l'aura forcée à mettre Essex entre
les mains de la justice ; mais ce même amour devait
lui faire examiner un arrêt qu'on suppose injuste :
elle n'est pas assez furieuse d'amour pour qu'on
l'excuse. Essex n'est pas assez passionné pour sa
duchesse ; sa duchesse n'est pas assez passionnée
pour lui. Tous les rôles paraissent manqués dans
cette tragédie ; et cependant elle a eu du succès.
Quelle en est la raison ? je le répète, la situation
des personnages attendrissante par elle-même, et
l'ignorance où le parterre a été long-temps.

SCÈNE II.

V. 1.   O fortune ! ô grandeur, dont l'amorce flatteuse
         Surprend, touche, éblouit une ame ambitieuse !
         De tant d'honneurs reçus c'est donc là tout le fruit ! etc.

Cette scène, ce monologue est encore une des
raisons du succès. Ces réflexions naturelles sur la
fragilité des grandeurs humaines plaisent, quoique faiblement écrites. Un grand seigneur qu'on
va mener à l'échafaud intéresse toujours le public ;
et la représentation de ces aventures, sans aucun
secours de la poésie, fait le même effet à peu près
que la vérité même.

SCÈNE III.

V. 1.   Hé bien ! de ma faveur vous voyez les effets.

Ce vers naturel devient sublime, parce que le
comte d'Essex et Salsbury supposent tous deux

que c'est en effet la faveur de la reine qui le conduit à la mort.

Le succès est encore ici dans la situation seule. En vain Thomas imite faiblement ces vers de son frère :

> Enfin tout ce qu'adore en ma haute fortune,
> D'un courtisan flatteur la présence importune.

En vain il s'étend en lieux communs et vagues :

> Qui vit de son bonheur tout l'univers jaloux, etc.

En vain il affaiblit le pathétique du moment par ces mauvais vers : *Tout passe, et qui m'eût dit, après ce qu'on m'a vu, etc.* Le pathétique de la chose subsiste malgré lui, et le parterre est touché.

V. 14. Votre seule fierté, qu'elle voudrait abattre,
S'oppose à ses bontés, s'obstine à les combattre.

Cette fierté de la reine qui lutte sans cesse contre la fierté d'Essex est toujours le sujet de la tragédie. C'est une illusion qui ne laisse pas de plaire au public. Cependant si cette fierté seule agit, c'est un pur caprice de la part d'Élisabeth et du comte d'Essex. Je veux qu'il me demande pardon ; je ne veux pas demander pardon : voilà la pièce. Il semble qu'alors le spectateur oublie qu'Élisabeth est extravagante, si elle veut qu'on lui demande pardon d'un crime imaginaire ; qu'elle est injuste et barbare de ne pas examiner ce crime avant d'exiger qu'on lui demande pardon. On oublie l'essentiel pour ne s'occuper que de ces sentimens de fierté qui séduisent presque toujours.

V. 33.   Le crime fait la honte, et non pas l'échafaud.

Ce vers a passé en proverbe, et a été quelque-fois cité à propos dans des occasions funestes.

V. 34.   Ou si dans mon arrêt quelque infamie éclate,
          Elle est, lorsque je meurs, pour une reine ingrate,
          Qui, voulant oublier cent preuves de ma foi,
          Ne mérita jamais un sujet tel que moi.

Ou Essex est ici le fou le plus insolent, ou l'homme le plus innocent. Sûrement il n'est coupable dans la tragédie d'aucun des crimes dont on l'accuse. C'est ici un héros; c'est un homme dont le destin de l'Angleterre a dépendu; c'est l'appui d'Élisa-beth. Elle est donc, en ce cas, une femme détes-table qui fait couper le cou au premier homme du pays, parce qu'il a aimé une autre femme qu'elle. Que deviennent alors ses irrésolutions, ses tendresses, ses remords, ses agitations? Rien de tout cela ne doit être dans son caractère.

V. 44.   Pour la seule duchesse il m'aurait été doux
          De passer... Mais, hélas! un autre est son époux.

Je ne relève point cette réticence à ce mot de passer, figure si mal à propos prodiguée. La réti-cence ne convient que quand on craint ou qu'on rougit d'achever ce qu'on a commencé. Le grand défaut, c'est que les amours du comte d'Essex et de la duchesse, mariée à un autre, ont été trop légèrement touchés, ont à peine effleuré le cœur.

On ne voit pas non plus pourquoi le comte veut mourir sans être justifié, lui qui se croit entièrement innocent. On ne voit pas pourquoi, étant calomnié par les prétendus faussaires, Cécil et Raleigh, qu'il déteste, il n'instruit pas la reine du crime de faux qu'il leur impute. Comment se peut-il qu'un homme si fier, pouvant d'un mot se venger des ennemis qui l'écrasent, néglige de dire ce mot? Cela n'est pas dans la nature. Aime-t-il assez la duchesse d'Irton? est-il assez furieux, assez enivré de sa passion, pour déclarer qu'il aime mieux être décapité que de vivre sans elle? Il aurait donc fallu lui donner dans la pièce toutes les fureurs de l'amour qu'il n'a pas eues.

L'excès de la passion peut excuser tout, et si le comte d'Essex était un jeune homme comme le Ladislas de Rotrou, toujours emporté par un amour violent, il ferait un très grand effet. Il fait paraître au moins quelques touches, quelques nuances légères de ces grands traits nécessaires à la vraie tragédie, et par là il peut intéresser. C'est un crayon faible et peu correct; mais c'est le crayon de ce qui affecte le plus le cœur humain.

SCÈNE IV.

V. 1.   Venez, venez, madame, on a besoin de vous.

Un héros condamné, un ami qui le pleure, une
maîtresse qui se désespère, forment un tableau
bien touchant. Il y manque le coloris. Que cette
scène eût été belle, si elle avait été bien traitée!
Préparez, quand vous voulez toucher. N'inter-
rompez jamais les assauts que vous livrez au cœur.
Voilà le comte d'Essex qui veut mourir, parce
qu'il ne peut vivre avec la duchesse d'Irton; il
lui dit :

> Mais vivre, et voir sans cesse un rival odieux...
> Ah, madame! à ce nom je deviens furieux.

Ce sont là de bien mauvais vers, il est vrai. Il
ne faut pas dire *je deviens furieux;* il faut faire
voir qu'on l'est; mais, si cet Essex avait, dans les
premiers actes, parlé en effet avec fureur de ce
rival odieux; s'il avait été *furieux* en effet; si l'amour
emporté et tragique avait déployé en lui tous les
sentimens de cette passion fatale; si la duchesse
les avait partagés, que de beautés alors, que d'intérêt, et que de larmes! Mais ce n'est que par manière d'acquit qu'ils parlent de leurs amours. Ne
passez point ainsi d'un objet à un autre, si vous
voulez toucher. Cette interruption est nécessaire
dans l'histoire, admise dans le poëme épique, dont

la longueur exige de la variété; réprouvée dans la tragédie, qui ne doit présenter qu'un objet, quoique résultant de plusieurs objets, qu'une passion dominante, qu'un intérêt principal. L'unité en tout y est une loi fondamentale.

ACTE CINQUIÈME.

SCÈNE I.

V. 3.   Et l'ingrat dédaignant mes bontés pour appui,
         Peut ne s'étonner pas quand je tremble pour lui ?

Elle se plaint toujours, et en mauvais vers, de cet ingrat qui dédaigne ses *bontés pour appui*, et qui ne veut pas demander pardon. C'est toujours le même sentiment sans aucune variété. Ce n'est pas là, sans doute, où l'unité est une perfection. Conservez l'unité dans le caractère; mais variez-la par mille nuances, tantôt par des soupçons, par des craintes, par des espérances, par des réconciliations et des ruptures, tantôt par un incident qui donne à tout une face nouvelle.

V. 11. .... Il veut, le lâche, il veut
         Montrer que sur sa reine il connaît ce qu'il peut.

Elle appelle deux fois *lâche* cet homme si fier : elle voulait, dit-elle, pour se faire aimer, *l'envoyer à l'échafaud*, seulement pour lui faire peur : c'est là un excellent moyen d'inspirer de la tendresse.

V. 37.   N'est-il pas, n'est-il pas ce sujet téméraire,
Qui, fesant son malheur d'avoir trop su te plaire,
S'obstiné à préférer une honteuse fin
Aux honneurs dont ta flamme eût comblé son destin?

Que le mot propre est nécessaire! et que sans lui tout languit ou révolte! Peut-on appeler *sujet téméraire* un homme qui ne peut avoir de l'amour pour une vieille reine? Le dégoût est-il une témérité? Essex est téméraire d'ailleurs, mais non pas en amour, non pas parce qu'il aime mieux mourir que d'aimer la reine. Ces répétitions, *n'est-il pas*, *n'est-il pas*, ne doivent être employées que bien rarement et dans les cas où la passion effrénée s'occupe de quelque grande image.

SCÈNE III.

V. 9.   Ton cœur s'est fait esclave; obéis, il est juste.

Ce vers est parfait, et ce retour de l'indignation à la clémence est bien naturel. C'est une belle péripétie, une belle fin de tragédie, quand on passe de la crainte à la pitié, de la rigueur au pardon, et qu'ensuite on retombe par un accident nouveau, mais vraisemblable, dans l'abyme dont on vient de sortir.

SCÈNE IV.

V. 10.   C'est moi sur cet arrêt que l'on doit consulter;
Et sans que je le signe on l'ose exécuter?

C'est ce qui peut arriver en France, où les cours

de justice sont en possession depuis long-temps
de faire exécuter les citoyens, sans en avertir le
souverain, selon l'ancien usage qui subsiste encore dans presque toute l'Europe; mais c'est ce
qui n'arrive jamais en Angleterre : il faut absolument ce qu'on appelle le *death warrant, la garantie
de mort.*

La signature du monarque est indispensable,
et il n'y a pas un seul exemple du contraire, excepté dans les temps de trouble où le souverain
n'était pas reconnu. C'est un fait public qu'Élisabeth signa l'arrêt rendu par les pairs contre le
comte d'Essex. Le droit de la fiction ne s'étend
pas jusqu'à contredire sur le théâtre les lois d'une
nation si voisine de nous; et surtout la loi la plus
sage, la plus humaine, qui laisse à la clémence le
temps de désarmer la sévérité, et quelquefois l'injustice.

V. 15.   D'autre sang, mais plus vil, expiera l'attentat.

Le sang de Cecil n'était point vil; mais enfin
on peut le supposer, et la faute est légère. Cette
injure, faite à la mémoire d'un très grand ministre,
peut se pardonner. Il est permis à l'auteur de
représenter Élisabeth égarée, qui permet tout à
sa douleur. C'est à peu près la situation d'Hermione qui a demandé vengeance, et qui est au
désespoir d'être vengée. Mais que cette imitation

est faible, qu'elle est dépourvue de passion, d'éloquence et de génie! tout est animé dans le cinquième acte où Racine présente Hermione furieuse
d'avoir été obéie; tout est languissant dans Élisabeth. Il n'y a rien de plus sublime et de plus passionné tout ensemble que la réponse d'Hermione,
Qui te l'a dit? Aussi Hermione a-t-elle été vivement
agitée d'amour, de jalousie et de colère pendant
toute la pièce. Élisabeth a été un peu froide. Sans
cette chaleur que la seule nature donne aux véritables poëtes, il n'y a point de bonne tragédie.

Tout ce qu'on peut dire de l'*Essex* de Thomas
Corneille, c'est que la pièce est médiocre, et par
l'intrigue, et par le style; mais il y a quelque intérêt, quelques vers heureux; et on l'a jouée long-
temps sur le même théâtre où l'on représentait
Cinna et *Andromaque*. Les acteurs, et surtout ceux
de province, aimaient à faire le rôle du comte
d'Essex, à paraître avec une jarretière brodée au
dessous du genou, et un grand ruban bleu en
bandoulière. Le comte d'Essex, donné pour un
héros du premier ordre, persécuté par l'envie, ne
laisse pas d'en imposer. Enfin le nombre des
bonnes tragédies est si petit chez toutes les nations
du monde, que celles qui ne sont pas absolument
mauvaises attirent toujours des spectateurs, quand
de bons acteurs les font valoir.

On a fait environ mille tragédies depuis Mairet

et Rotrou. Combien en est-il resté qui puissent avoir le sceau de l'immortalité, et qu'on puisse citer comme des modèles? Il n'y en a pas une vingtaine. Nous avons une collection intitulée : *Recueil des meilleures pièces de théâtre*, en douze volumes; et, dans ce recueil, on ne trouve que le seul *Venceslas* qu'on représente encore, en faveur de la première scène et du quatrième acte, qui sont en effet de très beaux morceaux.

Tant de pièces, ou refusées au théâtre depuis cent ans, ou qui n'y ont paru qu'une ou deux fois, ou qui n'ont point été imprimées, ou qui l'ayant été sont oubliées, prouvent assez la prodigieuse difficulté de cet art.

Il faut rassembler dans un même lieu, dans une même journée, des hommes et des femmes au dessus du commun, qui, par des intérêts divers, concourent à un même intérêt, à une même action. Il faut intéresser des spectateurs de tout rang et de tout âge, depuis la première scène jusqu'à la dernière; tout doit être écrit en vers, sans qu'on puisse s'en permettre ni de durs, ni de plats, ni de forcés, ni d'obscurs.

SCÈNE VIII.

V. 5o. .... C'est par lui que je règne.

Rien ne prouve mieux l'ignorance où le public était alors de l'histoire de ses voisins. Il ne serait

pas permis aujourd'hui de dire qu'Élisabeth régnait par le comte d'Essex, qui venait de laisser
détruire honteusement, en Irlande, la seule armée qu'on lui eût jamais confiée.

V. 52.   Par lui, par sa valeur, ou tremblans, ou défaits,
Les plus grands potentats m'ont demandé la paix.

Il n'y a guère rien de plus mauvais que la dernière tirade d'Élisabeth. *Les plus grands potentats,
par Essex tremblans, lui ont demandé la paix, après
qu'elle doit tout à ses fameux exploits. Qui eût jamais
pensé qu'il dût mourir sur un échafaud ! Quel revers!*
On voit assez que ces froides réflexions font tout
languir; mais le dernier vers est fort beau, parce
qu'il est touchant et passionné.

Fesons que d'un infame et rigoureux supplice
Les honneurs du tombeau réparent l'injustice.
Si le ciel à mes vœux peut se laisser toucher,
Vous n'aurez pas long-temps à me le reprocher.

APPENDICE.

AVERTISSEMENT.

Les trois pièces qu'on va lire font partie des *Mélanges littéraires*, dans les éditions précédentes. Nous avons pensé qu'elles seraient plus convenablement placées ici, où elles forment le complément des *Commentaires dramatiques*, dont se compose cette section.

La première de ces pièces, qui a pour titre : *Lettre à M. l'abbé d'Olivet, chancelier de l'Académie française*, finissait, page 445, à ces mots : « Engagez l'Académie à me continuer ses bontés, ses leçons, et surtout donnez-lui l'exemple »; nous l'avons complétée, en y ajoutant seize alinéas que nous avons extraits d'un recueil intitulé : *Lettres de M. de Voltaire à ses amis du Parnasse, avec des notes historiques et critiques*; Genève, 1766, où cette lettre se trouve en entier. (*Nouv. édit.*)

A M. L'ABBÉ D'OLIVET,

CHANCELIER DE L'ACADÉMIE FRANÇAISE.

Au château de Ferney, ce 20 auguste 1761.

Vous m'aviez donné, mon cher chancelier, le conseil de ne commenter que les pièces de Corneille qui sont restées au théâtre. Vous vouliez me soulager ainsi d'une partie de mon fardeau; et j'y avais consenti, moins par paresse que par le désir de satisfaire plus tôt le public; mais j'ai vu que dans la retraite j'avais plus de temps qu'on ne pense; et ayant déja commenté toutes les pièces de Corneille qu'on représente, je me vois en état de faire quelques notes utiles sur les autres.

Il y a plusieurs anecdotes curieuses qu'il est agréable de savoir. Il y a plus d'une remarque à faire sur la langue. Je trouve, par exemple, plusieurs mots qui ont vieilli parmi nous, qui sont même entièrement oubliés, et dont nos voisins les Anglais se servent heureusement. Ils ont un terme pour signifier cette plaisanterie, ce vrai comique, cette gaieté, cette urbanité, ces saillies qui échappent à un homme sans qu'il s'en doute; et ils rendent cette idée par le mot humeur, *humour*, qu'ils prononcent *yumor;* et ils croient

qu'ils ont seuls cette humeur, que les autres nations n'ont point de terme pour exprimer ce caractère d'esprit. Cependant c'est un ancien mot de
notre langue, employé en ce sens dans plusieurs
comédies de Corneille. Au reste, quand je dis
que cette *humeur* est une espèce d'urbanité, je
parle à un homme instruit, qui sait que nous
avons appliqué mal à-propos le mot d'*urbanité* à
la politesse, et qu'*urbanitas* signifiait à Rome précisément ce qu'*humour* signifie chez les Anglais.
C'est en ce sens qu'Horace dit, *Frontis ad urbanæ
descendi præmia*; et jamais ce mot n'est employé
autrement dans cette satire que nous avons sous
le nom de *Pétrone*, et que tant d'hommes sans
goût ont prise pour l'ouvrage d'un consul Pe-
tronius.

Le mot *partie* se trouve encore dans les comédies
de Corneille pour *esprit*. Cet homme a des *parties*.
C'est ce que les Anglais appellent *parts*. Ce terme
était excellent; car c'est le propre de l'homme de
n'avoir que des parties : on a une sorte d'esprit,
une sorte de talent, mais on ne les a pas tous. Le
mot *esprit* est trop vague; et, quand on vous dit,
cet homme a *de l'esprit*, vous avez raison de demander, du quel?

Que d'expressions nous manquent aujourd'hui,
qui étaient énergiques du temps de Corneille; et
que de pertes nous avons faites, soit par pure né-

gligence, soit par trop de délicatesse? On assignait,
on *appointait* un temps, un rendez-vous; celui
qui, dans le moment marqué, arrivait au lieu
convenu, et qui n'y trouvait pas son *prometteur*,
était *désappointé*. Nous n'avons aucun mot pour
exprimer aujourd'hui cette situation d'un homme
qui tient sa parole, et à qui on en manque.

Qu'on arrive aux portes d'une ville fermée, on
est, quoi? nous n'avons plus de mot pour exprimer cette situation : nous disions autrefois *forclos;*
ce mot très expressif n'est demeuré qu'au barreau.
Les *affres* de la mort, les *angoisses* d'un cœur *navré*
n'ont point été remplacés.

Nous avons renoncé à des expressions absolument nécessaires, dont les Anglais se sont heureusement enrichis. Une rue, un chemin sans
issue s'exprimait si bien par *non-passe, impasse,*
que les Anglais ont imité; et nous sommes réduits
au mot bas et impertinent de *cul-de-sac,* qui
revient si souvent, et qui déshonore la langue
française.

Je ne finirais point sur cet article, si je voulais
surtout entrer ici dans le détail des phrases heureuses que nous avions prises des Italiens, et que
nous avons abandonnées. Ce n'est pas d'ailleurs
que notre langue ne soit abondante et énergique;
mais elle pourrait l'être bien davantage. Ce qui
nous a ôté une partie de nos richesses, c'est cette

multitude de livres frivoles dans lesquels on ne
trouve que le style de la conversation, et un vain
ramas de phrases usées et d'expressions impropres.
C'est cette malheureuse abondance qui nous ap-
pauvrit.

Je passe à un article plus important, qui me
détermine à commenter jusqu'à *Pertharite*. C'est
que, dans ses ruines, on trouve des trésors cachés. Qui croirait, par exemple, que le germe de
Pyrrhus et d'Andromaque est dans *Pertharite?*
qui croirait que Racine en ait pris les sentimens,
les vers même? Rien n'est pourtant plus vrai, rien
n'est plus palpable. Un Grimoald, dans Corneille,
menace une Rodelinde de faire périr son fils au
berceau, si elle ne l'épouse :

> Son sort est en vos mains : aimer ou dédaigner
> Le va faire périr, ou le faire régner.

Pyrrhus dit précisément dans la même situation :

> Je vous le dis, il faut ou périr ou régner.

Grimoald, dans Corneille, veut punir

> . . . . Sur ce fils innocent
> La dureté d'un cœur si peu reconnaissant.

Pyrrhus dit, dans Racine :

> Le fils me répondra des mépris de la mère.

Rodelinde dit à Garibalde :

Comte, pense-s-y bien ; et, pour m'avoir aimée,
N'imprime point de tache à tant de renommée ;
Ne crois que ta vertu, laisse-la seule agir,
De peur qu'un tel affront ne te donne à rougir.
On publierait de toi que les yeux d'une femme,
Plus que ta propre gloire, auraient touché ton ame.
On dirait qu'un héros si grand, si renommé,
Ne serait qu'un tyran s'il n'avait point aimé.

Andromaque dit à Pyrrhus :

Seigneur, que faites-vous, et que dira la Grèce ?
Faut-il qu'un si grand cœur montre tant de faiblesse ?
Voulez-vous qu'un dessein si beau, si généreux,
Passe pour le transport d'un esprit amoureux ?
. . . .
Non, non ; d'un ennemi respecter la misère,
Sauver des malheureux, rendre un fils à sa mère ;
De cent peuples pour lui combattre la rigueur,
Sans me faire payer son salut de mon cœur,
Malgré moi, s'il le faut, lui donner un asile,
Seigneur, voilà des soins dignes du fils d'Achille.

L'imitation est visible ; la ressemblance est entière. Il y a bien plus, et je vais vous étonner. Tout le fond des scènes d'Oreste et d'Hermione est pris d'un Garibalde et d'une Édwige, personnages inconnus de cette malheureuse pièce inconnue. Quand il n'y aurait que ces noms barbares, ils eussent suffi pour faire tomber *Pertharite* ; et c'est à quoi Boileau fait allusion, quand il dit (*Art poétique*, ch. III) :

Qui de tant de héros va choisir Childebrand.

Mais Garibalde, tout Garibalde qu'il est, ne laisse pas de jouer avec son Edwige absolument le même rôle qu'Oreste avec Hermione. Edwige aime encore Grimoald, comme Hermione aime Pyrrhus. Elle veut que Garibalde la venge d'un traître qui la quitte pour Rodelinde. Hermione veut qu'Oreste la venge de Pyrrhus, qui la quitte pour Andromaque.

EDWIGE.

Pour gagner mon amour, il faut servir ma haine.

HERMIONE.

Vengez-moi, je crois tout.

GARIBALDE.

Le pourrez-vous, madame, et savez-vous vos forces ?
Savez-vous de l'amour quelles sont les amorces ?
Savez-vous ce qu'il peut, et qu'un visage aimé
Est toujours trop aimable à ce qu'il a charmé ?
Si vous ne m'abusez, votre cœur vous abuse, etc.

ORESTE.

Et vous le haïssez ! avouez-le, madame,
L'amour n'est pas un feu qu'on renferme en une ame ;
Tout nous trahit, la voix, le silence, les yeux,
Et les feux mal couverts n'en éclatent que mieux.

Ces idées, que le génie de Corneille avait jetées au hasard sans en profiter, le goût de Racine les a recueillies et les a mises en œuvre; il a tiré de l'or, en cette occasion, *de stercore Ennii.*

Corneille ne consultait personne, et Racine consultait Boileau : aussi l'un tomba toujours depuis *Héraclius,* et l'autre s'éleva continuellement.

On croit assez communément que Racine amollit et avilit même le théâtre par ces déclarations d'amour qui ne sont que trop en possession de notre scène. Mais la vérité me force d'avouer que Corneille en usait ainsi avant lui, et que Rotrou n'y manquait pas avant Corneille.

Il n'y a aucune de leurs pièces qui ne soit fondée en partie sur cette passion : la seule différence est qu'ils ne l'ont jamais bien traitée, qu'ils n'ont jamais parlé au cœur, qu'ils n'ont jamais attendri. L'amour n'a été touchant que dans les scènes du *Cid* imitées de Guillem de Castro. Corneille a mis de l'amour jusque dans le sujet terrible d'*OEdipe*.

Vous savez que j'osai traiter ce sujet il y a quarante-sept ans. J'ai encore la lettre de M. Dacier, à qui je montrai le quatrième acte, imité de Sophocle. Il m'exhorte, dans cette lettre de 1714, à introduire les chœurs, et à ne point parler d'amour dans un sujet où cette passion est si impertinente. Je suivis son conseil; je lus l'esquisse de la pièce aux comédiens; ils me forcèrent à retrancher une partie des chœurs, et à mettre au moins quelque souvenir d'amour dans Philoctète, afin disaient-ils, qu'on pardonnât l'insipidité de Jocaste et d'OEdipe en faveur des sentimens de Philoctète.

Le peu de chœurs même que je laissai ne furent point exécutés. Tel était le détestable goût de ce temps-là. On représenta, quelque temps après, *Athalie*, ce chef-d'œuvre du théâtre. La nation dut apprendre que la scène pouvait se passer d'un genre qui dégénère quelquefois en idylle et en églogue. Mais, comme *Athalie* était soutenue par le pathétique de la religion, on s'imagina qu'il fallait toujours de l'amour dans les sujets profanes.

Enfin *Mérope*, et en dernier lieu *Oreste*, ont ouvert les yeux du public. Je suis persuadé que l'auteur d'*Électre* pense comme moi, et que jamais il n'eût mis deux intrigues d'amour dans le plus sublime et le plus effrayant sujet de l'antiquité, s'il n'y avait été forcé par la malheureuse habitude qu'on s'était faite de tout défigurer par ces intrigues puériles étrangères au sujet : on en sentait le ridicule, et on l'exigeait dans les auteurs.

Les étrangers se moquaient de nous, mais nous n'en savions rien. Nous pensions qu'une femme ne pouvait paraître sur la scène sans dire *J'aime*, en cent façons et en vers chargés d'épithètes et de chevilles. On n'entendait que *ma flamme* et *mon ame* ; *mes feux* et *mes vœux* ; *mon cœur* et *mon vainqueur*. Je reviens à Corneille, qui s'est élevé au dessus de ces petitesses dans ses belles scènes des *Horaces*, de *Cinna*, de *Pompée*, *etc.* Je reviens à vous dire que toutes ces pièces pourront fournir quelques anecdotes et quelques réflexions intéressantes.

Ne vous effrayez pas si tous ces commentaires produisent autant de volumes que votre Cicéron.

Engagez l'Académie à me continuer ses bontés, ses leçons, et surtout donnez-lui l'exemple.

Les libraires de Genève qui entreprennent cette édition avec le consentement de la compagnie, disent que jamais livre n'aura été donné à si bas prix; il faut que cela soit ainsi, afin que ceux dont la fortune n'égale pas le goût et les lumières puissent jouir commodément de ce petit avantage; on compte même le présenter aux gens de lettres qui ne seraient pas en état de l'acquérir; c'est d'ordinaire aux grands seigneurs, aux hommes puissans et riches qu'on donne son ouvrage; on doit faire précisément le contraire; c'est à eux à le payer noblement, et c'est aussi le parti que prennent dans cette entreprise les premiers de la nation, et ceux qui ont des places considérables; ils se sont fait un honneur de rendre ce qu'on doit au grand Corneille, près de cent ans après sa mort, et dans les temps les plus difficiles.

Je crois même qu'il n'y a point d'exemple dans l'histoire de notre littérature de ce qui vient d'arriver. Figurez-vous que deux personnes, que je n'ai jamais eu l'honneur de voir, à qui je n'avais même jamais écrit, et que je n'avais point fait solliciter, ont seules commencé cette entreprise avec un zèle sans lequel elle n'aurait jamais réussi.

L'une est madame la duchesse de Grammont qui l'a protégée, l'a recommandée, a fait souscrire un nombre considérable d'étrangers, et qui enfin, n'écoutant que sa générosité et sa grandeur d'ame, a fait pour mademoiselle Corneille tout ce qu'elle aurait fait, si cette jeune héritière d'un si beau nom avait eu le bonheur d'être connue d'elle.

Je vous avoue, mon cher confrère, que les pièces du grand Corneille ne m'ont pas plus touché que cet événement; notre autre bienfaiteur, le croiriez-vous? est le banquier de la cour, M. Delaborde, qui, sans me connaître, sans m'en prévenir, a procuré plus de cent souscriptions; et c'est une chose que nous n'avons apprise que quand elle a été faite.

Pendant qu'on favorisait ainsi notre entreprise avec tant de générosité sans que je le susse, je prenais la liberté de faire supplier le roi notre protecteur, de permettre que son nom fût à la tête de nos souscripteurs, je proposais qu'il voulût bien nous encourager pour la valeur de cinquante exempláires, il en prenait deux cents; j'en demandais une douzaine à son altesse royale monseigneur l'infant duc de Parme, il a souscrit pour trente; nos princes du sang ont presque tous souscrit; M. le duc de Choiseul s'est fait inscrire pour vingt, madame la marquise de Pompadour, à qui je n'en avais pas même écrit, en a pris cinquante, monsieur son frère, douze...

Parmi nos académiciens, M. le comte de Clermont, M. le cardinal de Bernis, M. le maréchal de Richelieu, M. le duc de Nivernois, se sont signalés les premiers.

Non seulement M. Watelet prend cinq exemplaires, mais il a la bonté de dessiner et de graver le frontispice; il nous aide de ses talens et de son argent.

Enfin, que direz-vous quand je vous apprendrai que M. Bouret, qui me connaît à peine, a souscrit pour vingt-quatre exemplaires.

Tout cela s'est fait avant qu'il y eût la moindre annonce imprimée, avant qu'on sût de quel prix serait le livre; la compagnie de la ferme générale a souscrit pour soixante; plusieurs autres compagnies ont suivi cet exemple.

Cette noble émulation devient générale : à peine le premier bruit de cette édition projetée s'est répandu en Allemagne, que monseigneur l'électeur Palatin, madame la duchesse de Saxe-Gotha, se sont empressés de la favoriser.

A Londres, nous avons eu milord Chesterfield, milord Mittleton, M. Fox le secrétaire d'état, monseigneur le duc de Gordon, M. Crawford et plusieurs autres.

Vous voyez, mon cher confrère, que tandis que la politique divise les nations, et que le fanatisme divise les citoyens, les belles lettres les réunissent; quel plus bel éloge des arts, et quel éloge

plus vrai! Autant on a de mépris pour des misérables qui déshonorent la littérature par leurs infamies périodiques, et pour d'autres misérables
qui la persécutent, autant on a de respect pour
Corneille dans toute l'Europe.

Les libraires de Genève qui entreprennent cette
édition, entrent généreusement dans toutes nos
vues; ils sont d'une famille qui depuis long-temps
est dans les conseils; l'un d'eux en est membre;
ils pensent comme on doit penser, nul intérêt,
tout pour l'honneur.

Ils ne recevront d'argent de personne, avant
d'avoir donné le premier volume; ils livreront,
pour deux louis d'or, douze ou treize tomes in-8°,
avec trente-trois belles estampes; il y a certainement beaucoup de perte; ce n'est donc point par
précaution, pour s'assurer du débit des exemplaires; c'était une nécessité absolue, et sans les
bienfaits du roi, sans les générosités qui viennent à
notre secours, l'entreprise était au rang de tant de
projets approuvés et évanouis.

Je vous demande pardon d'une si longue lettre;
vous savez que les commentateurs ne finissent
point, et souvent ne disent que ce qui est inutile.

Si vous voulez que je dise de bonnes choses,
écrivez-moi, etc.

AUX AUTEURS

DE LA GAZETTE LITTÉRAIRE.

ANECDOTES SUR LE CID.

1ᵉʳ auguste 1764.

Nous avions toujours cru que le *Cid* de Guillem de Castro était la seule tragédie que les Espagnols eussent donnée sur ce sujet intéressant; cependant il y avait encore un autre *Cid* qui avait été représenté sur le théâtre de Madrid avec autant de succès que celui de Guillem. L'auteur est don Juan Bautista Diamante, et la pièce est intitulée : *Comedia famosa del Cid, honrador de su padre;* « la fameuse comédie du *Cid*, qui honore son père » (à la lettre, *honorateur de son père*).

Il y a même encore un troisième *Cid* de don Fernando de Zarate, tant ce nom de *Cid* était illustre en Espagne et cher à la nation.

On peut observer que ces trois pièces portent pour titre, *Comedia famosa,* fameuse Comédie; ce qui prouve qu'elles furent très applaudies dans leur temps. Toutes les pièces de théâtre étaient alors appelées *comédies*. On est étonné que madame de Sévigné, dans ses lettres, dise qu'elle est allée à la comédie d'*Andromaque*, à la comédie de *Bajazet;*

elle se conformait à l'ancien usage. Scudéri, dans
sa *Critique du Cid*, dit : « Le *Cid* est une comédie
« espagnole dont presque tout l'ordre, les scènes,
« et les pensées de la française, sont tirées, etc. »

Nous ne dirons rien ici de la fameuse comédie
de don Fernando de Zarate; il n'a point traité le
sujet du Cid et de Chimène; la scène est dans une
ville des Maures; c'est un amas de prouesses de
chevalerie.

Pour *le Cid honorateur de son père*, de don Juan
Bautista Diamante, on la croit antérieure à celle
de Guillem de Castro de quelques années. Cet ouvrage est très rare, et il n'y en a peut-être pas aujourd'hui trois exemplaires en Espagne.

Les personnages sont don Rodrigue, Chimène;
don Diègue, père de don Rodrigue; le comte Lo-
zano, le roi don Fernand, l'infante dona Urraca;
Elvira, confidente de Chimène; un *criado de Ximena*; don Sancho, qui joue à peu près le même
rôle que le don Sanche de Corneille; et enfin un
bouffon qu'on appelle *Nuno, gracioso*.

On a déja dit ailleurs que ces bouffons jouaient
presque toujours un grand rôle dans les ouvrages
dramatiques du xvie et du xviie siècle, excepté
en Italie. Il n'y a guère d'ancienne tragédie espagnole ou anglaise dans laquelle il n'y ait un plaisant de profession, une espèce de gilles. On a
remarqué que cette honteuse coutume venait de

la plupart des cours de l'Europe, dans lesquelles il y avait toujours un fou à titre d'office. Les plaisirs de l'esprit demandent de la culture dans l'esprit; et alors l'extrême ignorance ne permettait que des plaisirs grossiers. C'était insulter à la nature humaine de penser qu'on ne pouvait se sauver de l'ennui qu'en prenant des insensés à ses gages. Le fou qui fait un personnage dans *le Cid* espagnol y est aussi déplacé que les fous l'étaient à la cour.

Don Sanche vient annoncer au roi Ferdinand que le comte est mort de la main de Rodrigue. Le valet gracieux, *Nuno*, prétend qu'il a servi de second dans le combat, et que c'est lui qui a tué le comte. « Car, dit-il, il en coûte peu de paraître « vaillant. »

« Por que parecer valiente es á poquissima costa. »

On lui demande pourquoi il a tué le comte; il répond : « J'ai vu qu'il avait faim, et je l'ai envoyé « souper dans le ciel. »

« Vi que el conde tenia hambre,
« Le envié á cenar con Cristo. »

Cette scène se passe presque tout entière en quolibets et en jeux de mots, dans le moment le plus intéressant de la pièce.

Qui croirait qu'à de si basses bouffonneries pût immédiatement succéder cette admirable scène que Guillem de Castro imita, et que Corneille traduisit, dans laquelle Chimène vient demander vengeance de la mort de son père; et don Diègue, la grace de son fils?

CHIMÈNE.

« Justicia, buen rey, justicia,
« Pide Ximena postrada,
« A vuestros pies, sola, y triste
« Ofendida, y desdichada.

DIÈGUE.

« Yo, rey, os pido el perdon
« De mi hijo, á vuestras plantas,
« Venturoso, alegre, y libre
« Del deshonor en que estaba.

CHIMÈNE.

« Mató a mi padre Rodrigo.

DIÈGUE.

« Vengó del suyo la infamia. »

On voit dans ces deux derniers vers le modèle de celui de Corneille, qui est bien supérieur à l'original, parce qu'il est plus rapide et plus serré :

Il a tué mon père. — Il a vengé le sien.

D'ailleurs la scène entière, les sentimens, la description douloureuse, mais recherchée, de l'état où Chimène a trouvé son père, est dans don Juan Diamante :

« Gran señor, mi padre es muerto,
« Y yo le hallé en la estacada :
« Correr en arroyos vi
« Su sangre por la campaña;

« Su sangre que en tanto asalto
« Defendió vuestras murallas,
« Su sangre, señor, que en humo
« Su sentimiento esplicaba, etc.

Sire, mon père est mort; mes yeux ont vu son sang
Couler à gros bouillons de son généreux flanc,
Ce sang qui tant de fois défendit vos murailles, etc.

Peut-être l'Académie de Madrid, non plus que
l'Académie française, n'approuverait pas aujour-
d'hui qu'un sang défendît des murailles; mais il
ne s'agit ici que de faire voir comment les deux
auteurs espagnols rencontrèrent à peu près les
mêmes pensées sur le même sujet, et comment
Corneille les imita.

Don Juan Diamante fait parler ainsi Chimène
dans la même scène :

« Son cœur me crie vengeance par ses blessures.
« Tout expirant qu'il est, il bat encore; il semble
« sortir de sa place pour m'accuser, si je tarde à
« le venger. »

« Por las heridas me llama
« Su corazon que á un defunto
« Pienso que batia las alas
« Para salirse del pecho
« Y acusarme la tardanza. »

L'idée est à la fois poétique, naturelle et terrible. Il n'y a que *batia las alas* qui défigure ce
passage; un cœur ne bat point des ailes. Ces expressions orientales, que la raison désavoue, n'é-

tant pas justes, ne doivent jamais être admises en aucune langue.

L'auteur espagnol s'y prend, ce semble, d'une manière plus adroite et plus tragique que Guillem de Castro pour faire le nœud de la pièce. Le roi laisse à Chimène le choix de faire mourir Rodrigue ou de lui pardonner. Chimène dit tout ce que lui fait dire Corneille :

> Je sais que je suis fille, et que mon père est mort.

> « El conde es muerto, y su hija soy. »

Sa fille est bien mieux que *je suis fille*, car ce n'est pas parce que Chimène est fille, mais parce qu'elle est fille du comte, qu'elle doit demander justice de son amant.

On trouve dans la pièce de **Diamante** cette pensée singulière :

> Il est teint de mon sang. — Plonge-le dans le mien,
> Et fais-lui perdre ainsi la teinture du tien.

> « Manchado de sangre mia
> « El perderá lo tenido
> « Si con la mia le lavas. »

Quoi! souillé de mon sang! — Il ne le sera plus s'il est lavé dans le mien. *Lo tenido* n'est pas la teinture; l'espagnol est ici plus simple, plus vrai, moins recherché que le français.

C'est encore dans cette pièce que se trouve l'original de ce beau vers :

> Le poursuivre, le perdre, et mourir après lui.

« Perseguille hasta perdelle
« Y morir luego con él. »

En un mot, une grande partie des sentimens
attendrissans qui valurent au *Cid* français un
succès si prodigieux sont dans les deux *Cid* espagnols, mais noyés dans le bizarre et dans le ridicule. Comment un tel assemblage s'est-il pu faire?
c'est que les auteurs espagnols avaient beaucoup
de génie, et le public très peu de goût; c'est que,
pour peu qu'il y eût quelque intérêt dans un ouvrage, on était content, on ne se gênait sur rien;
nulle bienséance, nulle vraisemblance, point de
style, point de vraie éloquence. Croirait-on que
Chimène prend sans façon Rodrigue pour son
mari à la fin de la pièce, et que le vieux don Dié-
gue dit qu'il ne peut s'empêcher d'en rire? *Non
puedo tener la risa.* Les deux *Cid* espagnols étaient
des pièces monstrueuses, mais les deux auteurs
avaient un très grand talent. Remarquons ici que
toutes les pièces espagnoles étaient alors en vers
de quatre pieds, que les Anglais appellent *dogge-
rel*, et que du temps de Corneille on appelait *vers
burlesques*. Il faut avouer que nos vers hexamè-
tres sont plus majestueux; mais aussi ils sont
quelquefois languissans; les épithètes les éner-
vent, le défaut d'épithètes les rend quelquefois
durs. Chaque langue a ses difficultés et ses défauts.

Quant au fond de la pièce du *Cid*, ont peut observer que les deux auteurs espagnols marient
Rodrigue avec Chimène le jour même qu'il a tué
le père de sa maîtresse. L'auteur français diffère
le mariage d'une année, et le rend même indécis.
On ne pouvait garder les bienséances avec un
plus grand scrupule. Cependant les auteurs espagnols n'essuient aucun reproche; et les ennemis
de Corneille l'accusèrent de corrompre les mœurs.
Telle est parmi nous la fureur de l'envie. Plus les
arts ont été accueillis en France, plus ils ont es-
suyé de persécutions. Il faut avouer qu'il y a dans
les Espagnols plus de générosité que parmi nous.
On ferait un volume de ce que l'envie et la calomnie ont inventé contre les gens de lettres qui ont
fait honneur à leur patrie.

LETTRES DE VOLTAIRE

A L'ACADÉMIE FRANÇAISE*,

LUES DANS CETTE ACADÉMIE, A LA SOLENNITÉ DE LA SAINT-LOUIS,
LE 25 AUGUSTE 1776.

———

PREMIÈRE LETTRE.

MESSIEURS,

Le cardinal de Richelieu, le grand Corneille, et George Scudéri, qui osait se croire son rival, soumirent *le Cid* tiré du théâtre espagnol à votre jugement. Aujourd'hui nous avons recours à cette même décision impartiale, à l'occasion de quelques tragédies étrangères dédiées au roi notre protecteur; nous réclamons son jugement et le vôtre.

Une partie de la nation anglaise a érigé depuis peu un temple au fameux comédien-poëte

---

* Ces deux lettres que Voltaire appelait son *factum* contre Gilles Shakespeare et contre Pierrot Letourneur, ont long-temps été imprimées comme n'en formant qu'une divisée en deux parties. C'est d'après un exemplaire communiqué par M. Barbier, qu'on en donne le texte, corrigé par Voltaire, et augmenté de plusieurs morceaux écrits de sa main.

Shakespeare, et a fondé un jubilé en son honneur.
Quelques Français ont tâché d'avoir le même en-
thousiasme. Ils transportent chez nous une image
de la divinité de Shakespeare, comme quelques
autres imitateurs ont érigé depuis peu à Paris un
Vaux-hall; et comme d'autres se sont signalés en
appelant les aloyaux des *rost-beef,* et en se piquant
d'avoir à leur table du rost-beef de mouton. Ils se
promenaient en frac les matins, oubliant que le
mot de frac vient du français, comme viennent
presque tous les mots de la langue anglaise. La
cour de Louis XIV avait autrefois poli celle de
Charles II; aujourd'hui Londres nous tire de la
barbarie.

Enfin donc, messieurs, on nous annonce une
traduction de Shakespeare, et on nous instruit
qu'il fut le *Dieu créateur de l'art sublime du
théâtre, qui reçut de ses mains l'existence et la
perfection* [1].

Le traducteur ajoute que Shakespeare est *vraiment inconnu en France, ou plutôt défiguré.* Les
choses sont donc bien changées en France de ce
qu'elles étaient il y a environ cinquante années,
lorsqu'un homme de lettres, qui a l'honneur d'être
votre confrère, fut le premier parmi vous qui ap-
prit la langue anglaise, le premier qui fit connaître
Shakespeare, qui en traduisit librement quelques

[1] Page 3 du programme.

morceaux en vers (ainsi qu'il faut traduire les poëtes), qui fit connaître Pope, Dryden, Milton; le premier même qui osa expliquer les élémens de la philosophie* du grand Newton, et qui osa rendre justice à la sagesse profonde de Locke, le seul métaphysicien raisonnable qui eût peut-être paru jusqu'alors sur la terre.

Non seulement il y a encore de lui quelques morceaux de vers imités de Milton, mais il engagea M. Dupré de Saint-Maur à apprendre l'anglais et à traduire Milton, du moins en prose.

Quelques uns de vous savent quel fut le prix de toutes ces peines qu'il prit d'enrichir notre littérature de la littérature anglaise; avec quel acharnement il fut persécuté pour avoir osé proposer aux Français d'augmenter leurs lumières par les lumières d'une nation qu'ils ne connaissaient guère alors que par le nom du duc de Marlborough, et dont la religion était en plusieurs points différente de la nôtre. On regarda cette entreprise comme un crime de haute trahison et comme une impiété. Ce déchaînement ne discontinua point, et l'objet de tant de haine ne prit enfin d'autre parti que celui d'en rire.

Malgré cet acharnement contre la littérature et la philosophie anglaise, elles s'accréditèrent insensiblement en France. On traduisit bientôt tous

---

* VAR. Les élémens de *mathématiques* du grand Newton.

les livres imprimés à Londres. On passa d'une extrémité à l'autre. On ne goûtait plus que ce qui venait de ce pays, ou qui passait pour en venir. Les libraires, qui sont des marchands de modes, vendaient des romans anglais comme on vend des rubans et des dentelles de point sous le nom d'*Angleterre*.

Le même homme qui avait été la cause de cette révolution dans les esprits, fut obligé, en 1760, par des raisons assez connues, de commenter les tragédies du grand Corneille, et vous consulta assidûment sur cet ouvrage. Il joignit à la célèbre pièce de *Cinna* une tragédie du *Jules-César** de Shakespeare, pour servir à comparer la manière dont le génie anglais avait traité la conspiration de Brutus et de Cassius contre César, avec la manière dont Corneille a traité assez différemment la conspiration de Cinna et d'Émilie contre Auguste.

Jamais traduction ne fut si fidèle. L'original anglais est tantôt en vers, tantôt en prose, tantôt en vers blancs, tantôt en vers rimés. Quelquefois le style est d'une élévation incroyable; c'est César qui dit qu'il ressemble à l'étoile polaire et à l'Olympe. Dans un autre endroit, il s'écrie : « Le danger sait « bien que je suis plus dangereux que lui. Nous

---

* Voir tome XLVIII, *Remarques sur Cinna*, et dans le IXᵉ volume la traduction du *Jules César* de Shakespeare.

« naquîmes tous deux d'une même portée le même
« jour ; mais je suis l'aîné et le plus terrible. »
Quelquefois le style est de la plus grande naïveté ;
c'est la lie du peuple qui parle son langage ; c'est
un savetier qui propose à un sénateur de le *resse-*
meler[1]. Le commentateur de Corneille tâcha de se
prêter à cette grande variété ; non seulement il
traduisit les vers blancs en vers blancs, les vers
rimés en vers rimés, la prose en prose, mais il
rendit figure pour figure. Il opposa l'ampoulé à
l'enflure, la naïveté et même la bassesse à tout ce
qui est naïf et bas dans l'original. C'était la seule
manière de faire connaître Shakespeare. Il s'agissait d'une question de littérature, et non d'un

---

[1] Depuis la publication de ces lettres à l'Académie, une dame anglaise ne pouvant souffrir que tant de turpitudes fussent révélées en
France, a écrit, comme on le verra, un livre entier pour justifier ces
infamies. Elle accuse le premier des Français qui cultiva la langue
anglaise dans Paris de ne pas savoir cette langue : elle n'osa pas à la
vérité prétendre qu'il ait mal traduit aucune de ces inconcevables
sottises déférées à l'Académie française ; elle lui reproche de n'avoir
pas donné au mot de *course* le même sens quelle lui donne, et d'avoir
mis au propre le mot *carve*, qu'elle met au figuré. Je suis persuadé, madame, que cet académicien a pénétré le vrai sens, c'est-à-dire le sens
barbare d'un comédien du seizième siècle, homme sans éducation,
sans lettres, qui enchérit encore sur la barbarie de son temps, et
qui certainement n'écrivait pas comme Addison et Pope. Mais qu'importe ? Que gagnerez-vous en disant que du temps d'Élisabeth *course*
ne signifiait pas *course* ? Cela prouvera-t-il que des farces monstrueuses
(comme on les a si bien nommées) doivent être jouées à Paris et à
Versailles, au lieu de nos chefs-d'œuvre immortels, comme l'a osé
prétendre M. Letourneur ?

marché de typographie : il ne fallait pas tromper le public.

Quand le traducteur reproche à la France de n'avoir aucune traduction exacte de Shakespeare, il devait donc traduire exactement. Il ne devait pas, dès la première scène de *Jules César*, mutiler lui-même son *dieu de la tragédie*. Il copie fidèlement son modèle, je l'avoue, en introduisant sur le théâtre des charpentiers, des bouchers, des cordonniers, des savetiers, avec des sénateurs romains; mais il supprime tous les quolibets de ce savetier qui parle aux sénateurs. Il ne traduit pas la charmante équivoque sur le mot qui signifie ame, et sur le mot qui veut dire *semelle* de soulier. Une telle réticence n'est-elle pas un sacrilége envers son Dieu?

Quel a été son dessein quand, dans la tragédie d'*Othello*, tirée du roman de Cintio et de l'ancien théâtre de Milan, il ne fait rien dire au bas et dégoûtant Iago, et à son compagnon Roderigo, de ce que Shakespeare leur fait dire?

« Morbleu! vous êtes volé; cela est honteux,
« vous dis-je; mettez votre robe, on crève votre
« cœur, vous avez perdu la moitié de votre ame.
« Dans ce moment, oui, dans ce moment, un
« vieux belier noir saillit votre brebis blanche...
« Morbleu! vous êtes un de ceux qui ne serviraient
« Pas Dieu si le diable vous le commandait. Parce

« que nous venons vous rendre service, vous
« nous traitez de rufiens [1]. Vous avez une fille
« couverte en ce moment par un cheval de Bar-
« barie; vous entendrez hennir vos petits-fils;
« vous aurez des chevaux de course pour cousins-
« germains, et des chevaux de manége pour beaux-
« frères.

« Qui es-tu, misérable profane?

« Je suis, monsieur, un homme qui vient vous
« dire que le Maure et votre fille font maintenant
« la bête à deux dos [2]. »

Dans la tragédie de *Macbeth*, après que le héros
s'est enfin déterminé à assassiner son roi dans son
lit, lorsqu'il vient de déployer toute l'horreur de
son crime et de ses remords qu'il surmonte, arrive le portier de la maison, qui débite des plaisanteries de polichinelle; il est relevé par deux
chambellans du roi, dont l'un demande à l'autre
quelles sont les trois choses que l'ivrognerie provoque. C'est, lui répond son camarade, *d'avoir le
nez rouge, de dormir et de pisser* [3]. Il y ajoute tout
ce que le réveil peut produire dans un jeune dé-

---

[1] Terme lombard qui ne fut adopté que depuis en Angleterre.

[2] Ancien proverbe italien.

[3] Nous demandons pardon aux lecteurs honnêtes et surtout aux
dames, de traduire fidèlement; mais nous sommes obligés d'étaler
l'infamie dont les Welches ont voulu couvrir la France depuis quelques années.

bauché, et il emploie les termes de l'art avec les expressions les plus cyniques.

Si de telles idées et de telles expressions sont en effet cette belle nature qu'il faut adorer dans Shakespeare, son traducteur ne doit pas les dérober à notre culte. Si ce ne sont que les petites négligences d'un vrai génie, la fidélité exige qu'on les fasse connaître, ne fût-ce que pour consoler la France, en lui montrant qu'ailleurs il y a peut-être aussi des défauts.

Vous pourrez connaître, messieurs, comment Shakespeare développe les tendres et respectueux sentimens du roi Henri V pour Catherine, fille du malheureux roi de France Charles VI. Voici la déclaration de ce héros, dans la tragédie de son nom, au cinquième acte :

« Si tu veux, ma cateau, que je fasse des vers
« pour toi, ou que je danse, tu me perds; car je
« n'ai ni parole ni mesure pour versifier, et je n'ai
« point de force en mesure pour danser. J'ai pourtant
« une mesure raisonnable en force. S'il fallait
« gagner une dame au jeu de saute - grenouille,
« sans me vanter je pourrais bien la sauter en
« épousée, etc. »

C'est ainsi, messieurs, que le dieu de la tragédie fait parler le plus grand roi de l'Angleterre et sa femme, pendant trois scènes entières. Je ne répéterai pas les mots propres, que les crocheteurs

prononcent parmi nous, et qu'on fait prononcer
à la reine dans cette pièce. Si le secrétaire de la
librairie française * traduit la tragédie de *Henri V*
fidèlement, comme il l'a promis, ce sera une école
de bienséance et de délicatesse qu'il ouvrira pour
notre cour.

Quelques uns de vous, messieurs, savent qu'il
existe une tragédie de Shakespeare intitulée *Hamlet*, dans laquelle un esprit apparaît d'abord à
deux sentinelles et à un officier, sans leur rien
dire; après quoi il s'enfuit au chant du coq. L'un
des regardans dit que les esprits ont l'habitude de
disparaître quand le coq chante, vers la fin de dé-
cembre, à cause de la naissance de notre Sauveur.

Ce spectre est le père d'Hamlet, en son vivant
roi de Danemarck. Sa veuve Gertrude, mère
d'Hamlet, a épousé le frère du défunt, peu de
temps après la mort de son mari. Cet Hamlet,
dans un monologue, s'écrie: « Ah! *fragilité* est le
« nom de la femme! quoi! n'attendre pas un petit
« mois! quoi! avant d'avoir usé les souliers avec
« lesquels elle avait suivi le convoi de mon père!
« O ciel! les bêtes, qui n'ont point de raison, au-
« raient fait un plus long deuil. »

Ce n'est pas la peine d'observer qu'on tire le
canon aux réjouissances de la reine Gertrude et
de son nouveau mari, et à un combat d'escrime

---

* Letourneur.

au cinquième acte, quoique l'action se passe dans le neuvième siècle où le canon n'était pas inventé. Cette petite inadvertance n'est pas plus remarquable que celle de faire jurer Hamlet par saint Patrice, et d'appeler Jésus notre Sauveur, dans le temps où le Danemarck ne connaissait pas plus le christianisme que la poudre à canon.

Ce qui est important, c'est que le spectre apprend à son fils, dans un assez long tête-à-tête, que sa femme et son frère l'ont empoisonné par l'oreille. Hamlet se dispose à venger son père, et pour ne pas donner d'ombrage à Gertrude, il contrefait le fou pendant toute la pièce.

Dans un des accès de sa prétendue folie, il a un entretien avec sa mère Gertrude. Le grand-chambellan du roi se cache derrière une tapisserie. Le héros crie qu'il entend un rat; il court au rat, et tue le grand-chambellan. La fille de cet officier de la couronne, qui avait du tendre pour Hamlet, devient réellement folle; elle se jette dans la mer et se noie.

Alors le théâtre au cinquième acte représente une église et un cimetière, quoique les Danois, idolâtres au premier acte, ne fussent pas devenus chrétiens au cinquième. Des fossoyeurs creusent la fosse de cette pauvre fille; ils se demandent si une fille qui s'est noyée doit être enterrée en terre sainte. Ils chantent des vaudevilles dignes de leur profession et de leurs mœurs; ils déterrent, ils montrent au public des têtes de morts. Hamlet et le frère de sa maîtresse tombent dans une fosse, et s'y battent à coups de poing.

Un de vos confrères, messieurs, avait osé remarquer que ces plaisanteries, qui peut-être étaient convenables du temps de Shakespeare, n'étaient pas d'un tragique assez noble du temps des lords Carteret, Chesterfield, Littelton, etc. Enfin, on les avait retranchées sur le théâtre de Londres le plus accrédité; et M. Marmontel, dans un de ses ouvrages, en a félicité la nation anglaise. « On « abrége tous les jours Shakespeare, dit-il, on le « châtie; le célèbre Garrick vient tout nouvelle- « ment de retrancher sur son théâtre la scène des « fossoyeurs et presque tout le cinquième acte. La « pièce et l'auteur n'en ont été que plus applaudis.»

Le traducteur ne convient pas de cette vérité; il prend le parti des fossoyeurs. Il veut qu'on les conserve comme le monument respectable d'un génie unique. Il est vrai qu'il y a cent endroits dans cet ouvrage et dans tous ceux de Shakespeare aussi nobles, aussi décens, aussi sublimes, amenés avec autant d'art; mais le traducteur donne la préférence aux fossoyeurs; il se fonde sur ce qu'on a conservé cette abominable scène sur un autre théâtre de Londres; il semble exiger que nous imitions ce beau spectacle.

Il en est de même de cette heureuse liberté avec laquelle tous les acteurs passent en un moment d'un vaisseau en pleine mer, à cinq cents milles sur le continent, d'une cabane dans un palais, d'Europe en Asie. Le comble de l'art, selon lui, ou plutôt la beauté de la nature, est de représenter une action, ou plusieurs actions à la fois qui durent un demi-siècle. En vain le sage Despréaux, législateur du bon goût dans l'Europe entière, a dit dans son *Art poétique* (ch. III) :

> Un rimeur, sans péril, delà les Pyrénées
> Sur la scène en un jour renferme des années :
> Là, souvent le héros d'un spectacle grossier,
> Enfant au premier acte est barbon au dernier.

En vain on lui citerait l'exemple des Grecs, qui trouvèrent les trois unités dans la nature. En vain on lui parlerait des Italiens, qui long-temps avant Shakespeare ranimèrent les beaux arts au commencement du seizième siècle, et qui furent fidèles à ces trois grandes lois du bon sens : unité de lieu, unité de temps, unité d'action. En vain, on lui ferait voir la *Sophonisbe* de l'archevêque Trissino, la *Rosmonde* et l'*Oreste* du Ruccellaï, la *Didon* du Dolce, et tant d'autres pièces composées en Italie, près de cent ans avant que Shakespeare écrivît dans Londres, toutes asservies à ces règles judicieuses établies par les Grecs; en vain lui remontrerait-on que l'*Aminte* du Tasse et le *Pastor fido* de Guarini ne s'écartent point de ces mêmes règles, et que cette difficulté surmontée est un charme qui enchante tous les gens de goût.

En vain s'appuierait-on de l'exemple de tous les peintres, parmi lesquels il s'en trouve à peine un seul qui ait peint deux actions différentes sur la même toile; on décide aujourd'hui, messieurs, que les trois unités sont une loi chimérique, parce que Shakespeare ne l'a jamais observée, et parce qu'on veut nous avilir jusqu'à faire croire que nous n'avons que ce mérite.

Il ne s'agit pas de savoir si Shakespeare fut le créateur du théâtre en Angleterre. Nous accorderons aisément qu'il l'emportait sur tous ses contemporains; mais certainement l'Italie avait quelques théâtres réguliers dès le quinzième siècle. On avait commencé long-temps auparavant par jouer *la Passion* en Calabre dans les églises, et on l'y joue même encore; mais, avec le temps, quelques génies heureux avaient commencé à effacer la rouille dont ce beau pays était couvert depuis les inondations de tant de barbares. On représenta de vraies comédies du temps même du Dante; et c'est pourquoi le Dante intitula comédie son *Enfer*, son *Purgatoire* et son *Paradis*. Riccoboni nous apprend que la *Floriana* fut alors représentée à Florence.

Les Espagnols et les Français ont toujours imité l'Italie; ils commencèrent malheureusement par jouer en plein air *la Passion*, *les Mystères de l'ancien et du nouveau Testament*. Ces facéties infames ont duré en Espagne jusqu'à nos jours. Nous avons trop de preuves qu'on les jouait à l'air, chez nous, aux quatorzième et quinzième siècles; voici ce que rapporte la *Chronique de Metz*, composée par le curé de Saint-Eucher: « L'an 1437 fut fait le « jeu de la Passion de notre Seigneur en la plaine « de Veximel; et fut Dieu un sir appelé *seigneur* « *Nicole dom Neuf-Chatel*, curé de Saint-Victour « de Metz, lequel fût presque mort en croix, s'il « ne fût été secouru; et convint qu'un autre prêtre « fut mis en la croix pour parfaire le personnage « du crucifiement pour ce jour; et le lendemain « ledit curé de Saint-Victour parfit la résurrec- « tion, et fit très hautement son personnage, et « dura ledit jeu jusqu'à nuit : et autre prêtre qui « s'appelait *maître Jean de Nicey*, qui était chape- « lain de Métrange, fut Judas, lequel fut presque « mort en pendant, car le cœur lui faillit, et fut « bien hâtivement dépendu et porté en voie; et « étant la gueule d'enfer très bien faite avec deux « gros culs d'acier; et elle ouvrait et clouait quand « les diables voulaient entrer et sortir. »

Dans le même temps des troupes ambulantes jouaient les mêmes farces en Provence; mais les confrères de la Passion s'établissaient à Paris dans des lieux fermés. On sait assez que ces confrères achetèrent l'hôtel des ducs de Bourgogne, et y jouèrent leurs pieuses extravagances.

Les Anglais copièrent ces divertissemens grossiers et barbares. Les ténèbres de l'ignorance couvraient l'Europe; tout le monde cherchait le plaisir, et on ne pouvait en trouver d'honnête. On voit dans une édition de Shakespeare, à la suite de *Richard III*, qu'ils jouaient des miracles en plein champ, sur des théâtres de gazon de cinquante pieds de diamètre. Le diable y paraissait tondant les soies de ses cochons; et de là vint le proverbe anglais : *Grand cri et peu de laine.*

Dès le temps de Henri VII il y eut un théâtre permanent établi à Londres, qui subsiste encore. Il était très en vogue dans la jeunesse de Shakespeare, puisque dans son éloge on le loue d'avoir gardé les chevaux des curieux à la porte: il n'a donc point inventé l'art théâtral, il l'a cultivé avec de très grands succès. C'est à vous, messieurs, qui connaissez *Polyeucte* et *Athalie,* à voir si c'est lui qui l'a perfectionné.

Le traducteur s'efforce d'immoler la France à l'Angleterre dans un ouvrage qu'il dédie au roi de France, et pour lequel il a obtenu des souscriptions de notre reine et de nos princesses. Aucun de nos compatriotes, dont les pièces sont traduites et représentées chez toutes les nations de l'Europe, et chez les Anglais même, n'est cité dans sa préface de cent trente pages. Le nom du grand Corneille ne s'y trouve pas une seule fois.

Si le traducteur est secrétaire de la librairie de Paris, pourquoi n'écrit-il que pour une librairie étrangère? pourquoi veut-il humilier sa patrie? pourquoi dit-il : « A Paris, de légers Aristarques « ont déja pesé dans leur étroite balance le mérite « de Shakespeare; et quoiqu'il n'ait jamais été tra- «·duit ni connu en France, ils savent quelle est « la somme exacte et de ses beautés et de ses dé- « fauts; les oracles de ces petits juges effrontés des « nations et des arts sont reçus sans examen, et « parviennent, à force d'échos, à former une opi- « nion [1]?» Nous ne méritons pas, ce me semble, ce mépris que monsieur le traducteur nous prodigue. S'il s'obstine à décourager ainsi les talens naissans des jeunes gens qui voudraient travailler pour le théâtre français, c'est à vous, messieurs, de les soutenir dans cette pénible carrière. C'est surtout à ceux qui parmi vous ont fait l'étude la plus approfondie de cet art à vouloir bien leur montrer la route qu'ils doivent suivre, et les écueils qu'ils doivent éviter.

Quel sera, par exemple, le meilleur modèle d'exposition dans une tragédie? sera-ce celle de

[1] Page 30 du *Discours sur les préfaces.*

Bajazet, dont je rappelle ici quelques vers qui sont dans la bouche de tous les gens de lettres, et dont le maréchal de Villars cita les derniers avec tant d'énergie quand il alla commander les armées en Italie, à l'âge de quatre-vingts ans (acte 1, scène 1):

> Que fesaient cependant nos braves janissaires ?
> Rendent-ils au sultan des hommages sincères ?
> Dans le secret des cœurs, Osmin, n'as-tu rien lu ?
> Amurat jouit-il d'un pouvoir absolu ?
>
> OSMIN.
>
> Amurat est content, si nous le voulons croire,
> Et semblait se promettre une heureuse victoire ;
> Mais en vain par ce calme il croit nous éblouir,
> Il affecte un repos dont il ne peut jouir.
> C'est en vain que, forçant ses soupçons ordinaires,
> Il se rend accessible à tous les janissaires :
> . . . .
> Ils regrettent le temps à leur grand cœur si doux,
> Lorsque assurés de vaincre ils combattaient sous vous.
>
> ACOMAT.
>
> Quoi ! tu crois, cher Osmin, que ma gloire passée
> Flatte encor leur valeur, et vit dans leur pensée ?
> Crois-tu qu'ils me suivraient encore avec plaisir,
> Et qu'ils reconnaîtraient la voix de leur visir ? etc.

Cette exposition passe pour un chef-d'œuvre de l'esprit humain. Tout y est simple sans bassesse, et grand sans enflure; point de déclamation, rien d'inutile. Acomat développe tout son caractère en deux mots, sans vouloir se peindre. Le lecteur s'aperçoit à peine que les vers sont rimés, tant la diction est pure et facile; il voit d'un coup d'œil la situation du sérail et de l'empire; il entrevoit, sans confusion, les plus grands intérêts.

Aimeriez-vous mieux la première scène de *Roméo et Juliette*, l'un des chefs-d'œuvre de Sakespeare, qui nous tombe en ce moment sous la main? La scène est dans une rue de Vérone, entre Grégoire et Samson, deux domestiques de Capulet.

SAMSON.

« Grégoire, sur ma parole nous ne porterons pas de charbon.

GRÉGOIRE.

Non, car nous serions charbonniers [1].

SAMSON.

J'entends que quand nous serons en colère nous dégaînerons.

GRÉGOIRE.

Hé oui, pendant que tu es en vie, dégaîne ton cou du collier.

SAMSON.

Je frappe vite quand je suis poussé.

GRÉGOIRE.

Oui, mais tu n'es pas souvent poussé à frapper.

SAMSON.

Un chien de la maison de Montaigu, l'ennemie de la maison de Capulet, notre maître, suffit pour m'émouvoir.

[1] Ce sont de nobles métaphores de la canaille.

GRÉGOIRE.

S'émouvoir, c'est remuer; et être vaillant, c'est être droit. (Il y a ici une équivoque d'une obscénité grossière.) Ainsi, si tu es ému, tu t'enfuiras.

SAMSON.

Un chien de cette maison me fera tenir tout droit. Je prendrai le haut du pavé sur tous les hommes de la maison Montaigu, et sur toutes les filles.

GRÉGOIRE.

Cela prouve que tu es un poltron de laquais, car le poltron, le faible, se retire toujours à la muraille.

SAMSON.

Cela est vrai; c'est pourquoi les filles, étant les plus faibles, sont toujours poussées à la muraille. Ainsi je pousserai les gens de Montaigu hors de la muraille, et les filles de Montaigu à la muraille.

GRÉGOIRE.

La querelle est entre nos maîtres les Capulet et les Montaigu, et entre nous et leurs gens.

SAMSON.

Oui, nous et nos maîtres, c'est la même chose. Je me montrerai tyran comme eux : je serai cruel avec les filles; je leur couperai la tête.

GRÉGOIRE.

La tête des filles [1]?

---

[1] Il faut savoir que *head* signifie tête; et *maid*, pucelle. *Maidenhead*, tête de fille, signifie *pucelage*.

SAMSON.

Hé oui! les têtes des filles ou les pucelages. Tu prendras la chose dans le sens que tu voudras; etc. »

Le respect et l'honnêteté ne me permettent pas d'aller plus loin. C'est là, messieurs, le commencement d'une tragédie, où deux amans meurent de la mort la plus funeste. Il y a plus d'une pièce de Shakespeare où l'on trouve plusieurs scènes dans ce goût. C'est à vous à décider quelle méthode nous devons suivre, ou celle de Shakespeare, *le dieu de la tragédie*, ou celle de Racine.

Je vous demande encore à vous, messieurs, et à l'académie de la Crusca, et à toutes les sociétés littéraires de l'Europe, à quelle exposition de tragédie il faudra donner la préférence, ou du *Pompée* du grand Corneille, quoiqu'on lui ait reproché un peu d'enflure, ou au *Roi Léar* de Shakespeare, qui est si naïf.

Vous lisez dans Corneille (*Pompée*, acte I, scène I):

> Le destin se déclare, et nous venons d'entendre
> Ce qu'il a décidé du beau-père et du gendre;
> Quand les dieux étonnés semblaient se partager,
> Pharsale a décidé ce qu'ils n'osaient juger.
> . . . .
> *Tel est le titre* affreux dont le droit de l'épée,
> Justifiant César, a condamné Pompée;
> Ce déplorable chef du parti le meilleur,
> Que sa fortune lasse abandonne au malheur,
> Devient un grand exemple, et laisse à la mémoire
> Des changemens du sort une éclatante histoire.

Vous lisez dans l'exposition du *Roi Léar* :

LE COMTE DE KENT.

« N'est-ce pas là votre fils, milord ?

LE COMTE DE GLOCESTER.

Son éducation a été à ma charge. J'ai souvent rougi de le reconnaître ; mais à présent je suis plus hardi.

LE COMTE DE KENT.

Je ne puis vous concevoir.

LE COMTE DE GLOCESTER.

Oh ! la mère de ce jeune drôle pouvait concevoir très bien ; elle eut bientôt un ventre fort arrondi [1], et elle eut un enfant dans un berceau avant d'avoir un mari dans son lit.

Trouvez-vous quelque faute à cela ?... Quoique ce coquin soit venu impudemment dans le monde avant qu'on l'envoyât chercher, sa mère n'en était pas moins jolie, et il y a eu du plaisir à le faire. Enfin, ce fils de p... doit être reconnu, etc. »

Jugez maintenant, cours de l'Europe, académiciens de tous les pays, hommes bien élevés, hommes de goût dans tous les états.

Je fais plus, j'ose demander justice à la reine de France, à nos princesses, aux filles de tant de héros, qui savent comment les héros doivent parler.

Un grand juge d'Écosse, qui a fait imprimer

[1] Il y a dans l'original un mot plus cynique que celui de ventre,

des *Élémens de critique anglaise*, en trois volumes, dans lesquels on trouve des réflexions judicieuses et fines, a pourtant eu le malheur de comparer la première scène du monstre nommé *Hamlet* à la première scène du chef-d'œuvre de notre *Iphigénie*; il affirme que ces vers d'Arcas (acte 1, scène 1):

> Avez-vous dans les airs entendu quelque bruit?
> Les vents nous auraient-ils exaucés cette nuit?
> Mais tout dort, et l'armée, et les vents, et Neptune,

ne valent pas cette réponse vraie et convenable de la sentinelle dans *Hamlet: Je n'ai pas entendu une souris trotter* (*Not a mouse stirring*, acte 1, scène 1).

Oui, monsieur, un soldat peut répondre ainsi dans un corps-de-garde; mais non pas sur le théâtre, devant les premières personnes d'une nation qui s'exprime noblement, et devant qui il faut s'exprimer de même.

Si vous demandez pourquoi ce vers,

> Mais tout dort, et l'armée, et les vents, et Neptune,

est d'une beauté admirable, et pourquoi les vers suivans sont plus beaux encore, je vous dirai que c'est parce qu'ils expriment avec harmonie de grandes vérités, qui sont le fondement de la pièce; je vous dirai qu'il n'y a ni harmonie ni vérité intéressante dans ce quolibet d'un soldat: *Je n'ai pas entendu une souris trotter*. Que ce soldat ait vu ou n'ait pas vu passer de souris, cet événement est

très inutile à la tragédie d'*Hamlet*; ce n'est qu'un discours de *Gilles*, un proverbe bas, qui ne peut faire
aucun effet. Il y a toujours une raison pour laquelle
toute beauté est beauté, et toute sottise est sottise.

Les mêmes réflexions que je fais ici devant vous,
messieurs, ont été faites en Angleterre par plusieurs gens de lettres. Rymer même, le savant
Rymer, dans un livre dédié au fameux comte
Dorset, en 1693, sur l'excellence et la corruption
de la tragédie, pousse la sévérité de sa critique
jusqu'à dire « qu'il n'y a point de singe en Afrique[1],
« point de babouin qui n'ait plus de goût que
« Shakespeare. » Permettez-moi, messieurs, de
prendre un milieu entre Rymer et le traducteur
de Shakespeare, et de ne regarder ce Shakespeare
ni comme un dieu, ni comme un singe, mais de
vous regarder comme mes juges[2].

SECONDE LETTRE.

MESSIEURS,

J'ai exposé fidèlement à votre tribunal le sujet
de la querelle entre la France et l'Angleterre. Per-

----

[1] Page 124.
[2] On a mis dans un journal qu'il y avait des bouffonneries dans
cette lettre : certes il ne s'y trouve d'autres bouffonneries que celles
de ce Shakespeare, que l'académicien est obligé de rapporter. Nous
ne sommes pas assez grossiers en France pour bouffonner avec les
premières personnes de l'état qui composent l'Académie.

sonne assurément ne respecte plus que moi les
grands hommes que cette île a produits, et j'en
ai donné assez de preuves. La vérité, qu'on ne
peut déguiser devant vous, m'ordonne de vous
avouer que ce Shakespeare, si sauvage, si bas, si
effréné et si absurde, avait des étincelles de génie. Oui, messieurs, dans ce chaos obscur, composé de meurtres et de bouffonneries, d'héroïsme
et de turpitude, de discours de halles et de grands
intérêts, il y a des traits naturels et frappans.
C'était ainsi à peu près que la tragédie était traitée
en Espagne, sous Philippe II, du vivant de Shakespeare. Vous savez qu'alors l'esprit de l'Espagne
dominait en Europe et jusque dans l'Italie. Lope
de Véga en est un grand exemple.

Il était précisément ce que fut Shakespeare en
Angleterre, un composé de grandeur et d'extra-
vagance. Quelquefois digne modèle de Corneille,
quelquefois travaillant pour les Petites-Maisons,
et s'abandonnant à la folie la plus brutale, le sachant très bien, et l'avouant publiquement dans
des vers qu'il nous a laissés, et qui sont peut-être
parvenus jusqu'à vous. Ses contemporains, et,
encore plus, ses prédécesseurs, firent de la scène
espagnole un monstre qui plaisait à la populace.
Ce monstre fut promené sur le théâtre de Milan
et de Naples. Il était impossible que cette conta-
gion n'infectât pas l'Angleterre; elle corrompit le

génie de tous ceux qui travaillèrent pour le théâtre
long-temps avant Shakespeare. Le lord Buckurst,
l'un des ancêtres du lord Dorset, avait composé la
tragédie de *Gorboduc.* C'était un bon roi, mari
d'une bonne reine; ils partageaient, dès le premier acte, leur royaume entre deux enfans qui
se querellèrent pour ce partage : le cadet donnait
à l'aîné un soufflet au second acte; l'aîné, au troisième acte, tuait le cadet; la mère, au quatrième,
tuait l'aîné; le roi, au cinquième, tuait la reine
Gorboduc; et le peuple soulevé tuait le roi
Gorboduc : de sorte qu'à la fin il ne restait plus
personne.

Ces essais sauvages ne purent parvenir en
France; ce royaume alors n'était pas même assez
heureux pour être en état d'imiter les vices et les
folies des autres nations. Quarante ans de guerres
civiles écartaient les arts et les plaisirs. Le Fanatisme marchait dans toute la France, le poignard
dans une main et le crucifix dans l'autre. Les cam-
pagnes étaient en friche, les villes en cendre. La
cour de Philippe II n'y était connue que par le soin
qu'elle prenait d'attiser le feu qui nous dévorait.
Ce n'était pas le temps d'avoir des théâtres. Il a
fallu attendre les jours du cardinal de Richelieu
pour former un Corneille, et ceux de Louis XIV
pour nous honorer d'un Racine.

Il n'en était pas ainsi à Londres, quand Skakes-

peare établit son théâtre. C'était le temps le plus
florissant de l'Angleterre; mais ce ne pouvait être
encore celui du goût. Les hommes sont réduits,
dans tous les genres, à commencer par des Thespis
avant d'arriver à des Sophocles. Cependant, tel fut
le génie de Shakespeare, que ce Thespis fut Sophocle quelquefois. On entrevit sur sa charrette,
parmi la canaille de ses ivrognes barbouillés de lie,
des héros dont le front avait des traits de majesté.

Je dois dire que parmi ces bizarres pièces, il en
est plusieurs où l'on retrouve de beaux traits pris
dans la nature, et qui tiennent au sublime de l'art,
quoiqu'il n'y ait aucun art chez lui.

C'est ainsi qu'en Espagne Diamante et Guillem
de Castro semèrent dans leurs deux tragédies
monstrueuses du *Cid* des beautés dignes d'être
exactement traduites par Pierre Corneille. Ainsi,
quoique Caldéron eût étalé dans son *Héraclius*
l'ignorance la plus grossière, et un tissu de folies
les plus absurdes, cependant il mérita que Corneille daignât encore prendre de lui la situation
la plus intéressante de son *Héraclius* français, et
surtout ces vers admirables, qui ont tant contribué au succès de cette pièce (act. IV, sc. IV):

> O malheureux Phocas! ô trop heureux Maurice!
> Tu recouvres deux fils pour mourir après toi;
> Et je n'en puis trouver pour régner après moi!

Vous voyez, messieurs, que dans les pays et

dans les temps où les beaux arts ont été le moins
en honneur, il s'est pourtant trouvé des génies
qui ont brillé au milieu des ténèbres de leur siècle.
Ils tenaient, de ce siècle où ils vécurent, toute la
fange dont ils étaient couverts; ils ne devaient
qu'à eux-mêmes l'éclat qu'ils répandirent sur cette
fange. Après leur mort ils furent regardés comme
des dieux par leurs contemporains, qui n'avaient
rien vu de semblable. Ceux qui entrèrent dans la
même carrière furent à peine regardés. Mais enfin
quand le goût des premiers hommes d'une nation
s'est perfectionné, quand l'art est plus connu, le
discernement du peuple se forme insensiblement.
On n'admire plus en Espagne ce qu'on admirait
autrefois. On n'y voit plus un soldat servir la
messe sur le théâtre, et combattre en même temps
dans une bataille; on n'y voit plus Jésus-Christ se
battre à coups de poing avec le diable, et danser
avec lui une sarabande.

En France, Corneille commença par suivre les
pas de Rotrou; Boileau commença par imiter
Regnier; Racine, encore jeune, se modela sur les
défauts de Corneille : mais peu à peu on saisit les
vraies beautés; on finit surtout par écrire avec
sagesse et avec pureté : *Sapere est principium et
fons;* et il n'y a plus de vraie gloire parmi nous
que pour ce qui est bien pensé et bien exprimé.

Quand des nations voisines ont à peu près les

mêmes mœurs, les mêmes principes, et ont cultivé quelque temps les mêmes arts, il paraît qu'elles
devraient avoir le même goût. Aussi l'*Andromaque*
et la *Phèdre* de Racine, heureusement traduites en
anglais par de bons auteurs, ont réussi beaucoup à
Londres. Je les ai vu jouer autrefois, on y applau-
dissait comme à Paris. Nous avons encore quelques
unes de nos tragédies modernes très bien accueillies
chez cette nation judicieuse et éclairée. Heureusement il n'est donc pas vrai que Shakespeare ait fait
exclure tout autre goût que le sien, et qu'il soit un
dieu aussi jaloux que le prétend son pontife, qui
veut nous le faire adorer.

· Tous nos gens de lettres demandent comment
il se peut faire qu'en Angleterre les premiers de
l'état, les membres de la société royale, tant
d'hommes si instruits, si sages, supportent tant
d'irrégularités et de bizarreries, si contraires au
goût que l'Italie et la France ont introduit chez les
nations policées, tandis que les Espagnols ont enfin
renoncé à leurs *autos sacramentales*. Me trompé-je,
en remarquant que partout, et principalement
dans les pays libres, le peuple gouverne les esprits
supérieurs? Partout les spectacles chargés d'événemens incroyables plaisent au peuple ; il aime à
voir des changemens de scènes, des couronne-
mens de rois, des processions, des combats, des
meurtres, des sorciers, des cérémonies, des ma-

riages, des enterremens; il y court en foule, il y
entraîne long-temps la bonne compagnie qui pardonne à ces énormes défauts, pour peu qu'ils
soient ornés de quelques beautés, et même quand
ils n'en ont aucune. Songeons que la scène romaine fut plongée dans la même barbarie du
temps même d'Auguste. Horace s'en plaint à cet
empereur dans sa belle épître *Quum tot sustineas*[*];
et c'est pourquoi Quintilien prononça depuis que
les Romains n'avaient point de tragédie, *in tragœ-
dia maxime claudicamus*.

Les Anglais n'en ont pas plus que les Romains.
Leurs avantages sont assez grands d'ailleurs.

Il est vrai que l'Angleterre a l'Europe contre
elle en ce seul point; la preuve en est qu'on n'a
jamais représenté sur aucun théâtre étranger
aucune des pièces de Shakespeare [**]. Lisez ces
pièces, messieurs, et la raison pour laquelle on
ne peut les jouer ailleurs se découvrira bientôt à
votre discernement. Il en est de cette espèce de tragédie comme il en était, il n'y a pas long-temps,

---

* Livre II, *épître* I.

** Quand Ducis, successeur de Voltaire à l'Académie, reproduisit
sur notre scène plusieurs des sujets traités par Shakespeare, il imita
ce poëte plutôt qu'il ne le traduisit; et il se garda bien de faire disserter les personnages sur les *trois choses que l'ivrognerie provoque*.
Le *rat* disparut dans *Hamlet*; il ne fut plus question de *maidenhead*
dans *Roméo*, ni de *bête à deux dos* dans *le Maure de Venise* (Note de
M. Clogenson.)

de notre musique; elle ne plaisait qu'à nous.

J'avoue qu'on ne doit pas condamner un artiste qui a saisi le goût de sa nation; mais on peut le plaindre de n'avoir contenté qu'elle. Apelle et Phidias forcèrent tous les différens états de la Grèce et tout l'empire romain à les admirer. Nous voyons aujourd'hui le Transylvain, le Hongrois, le Courlandois, se réunir avec l'Espagnol, le Français, l'Allemand, l'Italien, pour sentir également les beautés de Virgile et d'Horace, quoique chacun de ces peuples prononce différemment la langue d'Horace et de Virgile. Vous ne trouvez personne en Europe qui pense que les grands auteurs du siècle d'Auguste soient *au dessous des singes et des babouins.* Sans doute Pantolabus et Crispinus écrivirent contre Horace de son vivant, et Virgile essuya les critiques de Bavius; mais après leur mort ces grands hommes ont réuni les voix de toutes les nations. D'où vient ce concert éternel? Il y a donc un bon et un mauvais goût.

On souhaite, avec justice, que ceux de messieurs les académiciens qui ont fait une étude sérieuse du théâtre, veuillent bien nous instruire sur les questions que nous avons proposées. Qu'ils jugent si la nation qui a produit *Iphigénie* et *Athalie* doit les abandonner, pour voir sur le théâtre des hommes et des femmes qu'on étrangle, des crocheteurs, des sorciers, des bouffons et des prêtres ivres; si notre cour, si long-temps renommée pour sa politesse et pour son goût, doit être changée en un cabaret de bière et de brandevin; et si le palais d'une vertueuse souveraine doit être un lieu de prostitution.

Il n'est aucune tragédie de Shakespeare où l'on ne trouve de telles scènes : j'ai vu mettre de la bière et de l'eau-de-vie sur la table dans la tragédie d'*Hamlet*; et j'ai vu les acteurs en boire. César, en allant au capitole, propose aux sénateurs de *boire un coup avec lui*. Dans la tragédie de *Cléopâtre*, on voit arriver sur le rivage de Misène la galère du jeune Pompée : on voit Auguste, Antoine, Lépide, Pompée, Agrippa, Mécène, boire ensemble. Lépide, qui est ivre, demande à Antoine, qui est ivre aussi, comment est fait un crocodile : Il est fait comme lui-même, répond Antoine; il est aussi large qu'il a de largeur, et aussi haut qu'il a de hauteur; il se remue avec ses organes; il vit de ce qui le nourrit, etc. Tous les convives sont échauffés de vin; ils chantent en chorus une chanson à boire, et Auguste dit en balbutiant, qu'*il aimerait mieux jeûner quatre jours que de trop boire en un seul.*

Je crains, messieurs, de lasser votre patience; je finis par ce trait : Il y a une tragédie de ce grand Shakespeare, intitulée *Troïlus* ou *la Guerre de*

Troie. Troïlus, fils de Priam, commence la pièce par avouer à Pandare qu'il ne peut aller à la guerre, parce qu'il est amoureux comme un fou de Cresside. « Que tous ceux qui ne sont point « amoureux, dit-il, se battent tant qu'ils vou- « dront; pour moi, je suis plus faible qu'une « larme de femme, plus doux qu'un mouton, plus « enfant et plus sot que l'ignorance elle-même, « moins vaillant qu'une pucelle pendant la nuit, « et plus simple qu'un enfant qui ne sait rien « faire... Ses yeux, ses cheveux, ses joues, sa dé- « marche, sa voix, sa main ; ah ! sa main ! En com- « paraison de sa main, toutes les mains blanches « sont de l'encre ; quand on la touche, le duvet « d'un cygne paraît rude, et les autres mains sem- « blent des mains de laboureur.»

Telle est l'exposition de la guerre de Troie. On ne laisse pas de se battre. Tersite voit Pâris qui défie Ménélas. « Voilà, dit-il, le cocu et le cocu- « fiant qui vont être en besogne ; allons, taureau, « allons, dogue ; allons, mon petit moineau, petit « Pâris ! Ma foi, le taureau a le dessus : oh ! quelles « cornes ! quelles cornes !»

Tersite est interrompu dans ses exclamations par un bâtard de Priam qui lui dit : Tourne-toi, « esclave.

TERSITE.

« Qui es-tu ?

LE BATARD DE PRIAM.

« Un bâtard de Priam.

TERSITE.

« Je suis bâtard aussi ; j'aime les bâtards : on
« m'a engendré bâtard, on m'a élevé bâtard. Je
« suis bâtard en esprit, en valeur, en toute chose
« illégitime. Un ours ne va point mordre un autre
« ours ; et pourquoi un bâtard en mordrait-il un
« autre ? Prends garde à toi ; la querelle pourrait
« être dangereuse pour nous deux. Quand un fils
« de p... rencontre un autre fils de p..., et com-
« bat pour une p..., tous deux hasardent beau-
« coup. Adieu, bâtard.

LE BATARD.

« Que le diable t'emporte, poltron ! »

Les deux bâtards s'en vont en bonne amitié.
Hector entre à leur place, désarmé. Achille arrive
dans l'instant avec ses Mirmidons ; il leur recommande de faire un cercle autour d'Hector. « Allons,
« dit-il, compagnons, frappez ; voilà l'homme que
« je cherche. Ilion va tomber, Troie va couler à
« fond, car Troie perd son cœur, ses nerfs et ses
« os. Allons, Mirmidons, criez à tue-tête : Achille
« a tué le grand Hector. »

Tout le reste de la pièce est entièrement dans
ce goût ; c'est Sophocle tout pur.

Figurez-vous, messieurs, Louis XIV dans sa
galerie de Versailles, entouré de sa cour brillante ;

un *Gilles* couvert de lambeaux perce la foule des héros, des grands hommes, et des beautés qui composent cette cour; il leur propose de quitter Corneille, Racine et Molière, pour un saltimbanque qui a des saillies heureuses, et qui fait des contorsions. Comment croyez-vous que cette offre serait reçue?

Je suis avec un profond respect, messieurs, votre très humble et très obéissant serviteur,

VOLTAIRE.

FIN DU TROISIÈME ET DERNIER VOLUME DES COMMENTAIRES.

TABLE DES MATIÈRES

CONTENUES DANS CE VOLUME.

———

Lightning Source UK Ltd.
Milton Keynes UK
UKHW012246110219
337137UK00006B/957/P